市民的
Civil Disobedience
不服従

著者
ウィリアム・E・ショイアマン
William E. Scheuerman
監訳者
森　達也
訳者
井上弘貴
藤井達夫
秋田真吾
解説
安藤丈将

人文書院

市民的不服従　目次

カバー写真：Nathan Dumalo on Unsplash

市民的不服従

両親へ

謝辞

この本を書くための最初のインスピレーションを、私はエドワード・スノーデンから受け取った。彼による二〇一三年の内部告発によって私は学問的怠惰から引き戻され、政治的に動機づけられた法律違反とそれを理解する方法について深く考えさせられることになった。その後のドナルド・トランプの権勢は、市民的不服従の理解がなぜかくも重要であるのかを、恐怖をもって思い起こさせるものとなった。この旅に同行したロビン・キャリケイツとミーヴ・クークは、同僚であるラッセル・ハンソンとジェフリー・アイザックと同様に、寛大にも私の研究を支援し、草稿の各部分にコメントを与えてくれた。私はそのすべてから非常に多くのことを学んだ。

私は本書で展開されているアイデアの以前のバージョンに関する報告を、私が所属するインディアナ大学のほか、アムステルダム大学、コペンハーゲン・ビジネススクール、人間科学研究所（バート・ホムブルク）、ゲーテ大学（フランクフルト）、ハンブルク大学、フンボルト大学（ベルリン）、ノートルダム大学（インディアナ州）、ソウル大学校、ユニバーシティ・カレッジ・ダブリン、メンフィス大学、ペンシルベニア大学、トロント大学、ヨーク大学（英国）の各機関でおこなった。哲学と社会科学に関するプラハ批判理論年次大会（幸運にも私が共同理事を務めてきた）は、いつものように、批判的なフィードバックを蓄積する豊富な機会を与えてくれた。あちこちでの活気に満ちた聴衆のおかげで、私は自分が言わんとすることについて、より明確に考えるようになった。キンバリー・ブラウンリー、シモン・チェンバース、ガブリエラ・コールマン、アウレリアン・クラィウティィウ、アリアンドロ・フェラーラ、ライナー・フォルスト、ジェフリー・グリーン、ジューヒョン・キム、ポール・クジャール、ミハエラ・ミハイ、ブライアン・ミルスタイン、ダレル・モーレンドルフ、ピーター・ニースン、ニクラス・オルセン、ダニエル・ペサブリッジ、マリア・ピア・ララ、マーティン・ソウター、サンドラ・シャープシェイ、ジョン・サイモンズ、ジュー・ソング、エルネスト・ヴェルデージャ、スーザン・ウィリアムズ、そしてテレサ・チューガーには特に感謝したい。

二〇一六年の夏から秋にかけて、ドイツのバート・ホムブルクにある牧歌的な人間科学研究所が私の家族を迎え入れてくれた。この滞在を可能にしてくれたライナー・フォルスト、そしてビータ・サタラティ、アイリス・コーバン、アンドレア・ライヒハルトの忍耐と援助に感謝を述べたい。かれらの助力がなければ、私が本書を完成させることはなかっただろう。研究滞在に際してはフンボルト財団、独米フルブライト委員会、およびインディアナ大学から資金援助を受けた。シェイラ・ベンハビーブとナンシー・フレイザーからは、寛大にも私のフェローシップ申請に推薦を与えていただいた。

Journal of International Political Theory, Journal of Political Theory, New Political Science, Philosophy and Social Criticism の各誌に掲載された論文の一部が本書に組み込まれている。初期の段階で有益な編集上の助言を与えてくれた匿名のレビュアーの方々、またジョスリン・ボリカ、ボブ・グッディン、パトリック・ヘイデン、デイヴィド・ラスムセンに感謝したい。ポリティ社では、ルイーズ・ナイトとネカン・タナカ・ガルドスと一緒に仕事ができたことを嬉しく思う。

ジュリア、ゾーイ、そしてリリーから私が受けた恩義は、私のささやかな文学的・文体的能力ではとても言い表すことができない。

最後に、本書を両親のビルとルイーズに捧げる。私たちがこれからの偉大なる半世紀を共に楽しく過ごすことができるように。感謝をこめて。

日本語版への序文

書物を弁明からはじめるのはおそらくあまりスマートなやり方ではありませんが、まさしく弁明こそ、私が日本の読者におこなうべきものです。本書には市民的不服従に関する最近の多くの事例への言及が含まれていますが、それらは圧倒的に北米とヨーロッパのものであり、日本の、あるいは東アジアの事例すらないことを、私は認めざるを得ません。

多くの欧米の議論ではしばしば無視されていますが、皆さんの国には大規模な政治的抗議の豊かな伝統があります。今や有名となった日米安全保障協定に反対する一九六〇年の安保闘争がすぐに思い浮かびますが、もっと最近の例を挙げることもできるでしょう。私が日本の（または他の東アジアの）市民的不服従の事例を論じていないのは、よくある英語圏の傲慢や偏狭さに起因するものではありません。むしろ、本書の日本語版を読んでいる皆さんの大多数を含む、他の人びとが私よりもおそらく多くのことを知っている問題の詳細について、私が語ることへのためらいによるものです。

それでは、日本やその多くの近隣諸国での政治的出来事に十分に精通していないアメリカの教授が著した市民的不服従に関する本を読む理由とは何でしょうか。

その特色は国によって異なるものの、目下の傾向はグローバルなものです。われわれは現在、政治的に動機づけられた（ときには斬新な）違法行為の急増をいたるところで目撃しており、草の根《グラスルーツ》の活動家たちはしばしば自分たちの行為を市民的不服従の実例として説明しています。権威主義的ポピュリズムの驚くべき世界的な台頭と相まって、自由民主主義が確立している地域においてさえ通常の政治メカニズムに対する広範な不満があることを考えると、ますます多くの個人や集団が、論争的で型にはまらない、そしてしばしば違法な政治活動を追求するにつれて、この傾向は続くと思われます。人種差別的な取り締まり《ポリシング》に反対する合衆国や英国のブラック・ライヴズ・マターの抗議者たち、いわゆる「デジタルの不服従者」（チェルシー・マニング、エドワード・スノーデンなど）、絶滅への反抗《エクスティンクション・リベリオン》の気候変動活動家、中華人民共和国の権威主義的弾圧に抵抗する香港市民、かれらは皆、自分たち活動の一部が市民的不服従を構成するものであると――かれら特有の企てがガンディー、キング、あるいは市民的不服従を擁護してきた多くの影響力のあるリベラルな知識人たちを驚かせたかもしれない場合でさえ――主張しています。たとえば、最近の香港の民主主義活動家たちに同情的な批評家でさえ、市民的不服従に不可欠であると広く見なされている礼節と非暴力への必要なコミットメントを放棄しているという理由で、かれらを非難しました。確かに、香港の戦闘的な活動家たちは石片や火炎瓶を投げていたし、攻撃的な治安部隊が使用する催涙ガス弾を投げ返すために耐熱手袋を用いていました。香港の抗議政治《プロテスト・ポリティクス》の現場レベルでの現実は、非暴力の法律違反と暴力的なそれとの境界がときに曖昧になるという点で日本の伝説的な安保闘争といくらか類似しており、それゆえ扱いが難しく複雑であることが明らかとなっています。

　悲劇的なことに、現代の香港ではそうした戦闘的な政治的行為が中国の権威主義的指導者の思うつぼとなり、当局は現在、香港人に残された自由権および民主的諸権利を体系的に剥奪しています。一部の活動家たちが、市民的だと識別可能なタイプの政治的不服従を放棄しているのは、かれらの政治的な憤懣を考えれば理解できるものの、望まれる成果を生んでいないようです。

市民的不服従という言葉は、活動家や政治評論家その他の人びとによってルーズに使用されることもあるため、それが実際に何を意味するのかを明確にすることが不可欠であると思われます。また一部の人びとは、無作法な不服従（*uncivil disobedience*）とでも呼びうる、乱暴者だがほぼ間違いなく近しい関係にある〔市民的不服従の〕親戚を臆面もなく擁護しているため、市民的不服従の多面的かつ必然的に論争的な特徴を解明することもまた、時宜にかなうように思われます。[1] 現在、市民的不服従の模範的な実践だと一般に見なされている運動でさえ、それらの非市民的《アンシヴィル》要素（とされるもの）ゆえにしばしば批判されています。市民的不服従と非市民的不服従の間に意味のある区別をすることは可能でしょうか。より一般的に言えば、市民的不服従は、他のタイプの政治的に動機づけられた法律違反からどのように有効に区別されるでしょうか。そして、なぜそれが重要なのでしょうか。

　私のこの小著が登場するのはこの地点です。それはひとつの単純な前提に基づいています。すなわち、われわれが「市民的不服従」という用語を使い続けるのであれば、われわれが何について話しているのかを知ることができるように、この用語を明確にする必要がある、ということです。言い換えれば、市民的不服従が過去には何を意味していたのか、そして将来それが何を意味する可能性があるのかについて、われわれはある程度の考えを持っている必要があるのです。

　市民的不服従という語は、長い間、市民的で、良心に基づく、非暴力的で、政治的に動機づけられた、公然たる法律違反への、ひとつの非常に影響力のあるアプローチを表してきました。多くの政治的コン

（1）Candace Delmas, *A Duty to Resist: When Disobedience Should Be Uncivil* (New York: Oxford University Press, 2018).

テクストにおいて、この語は、他の代替語（たとえば「抵抗《レジスタンス》」）にはない道徳的および政治的に名誉ある地位を占めており、その結果のひとつとして、検察官、裁判官、陪審員たちは、市民的不服従の範疇の下にまとめられた人びとをある程度寛大に扱うことがあります。哲学者のロナルド・ドゥオーキンは一九八三年の著述の中で次のように述べています。「われわれは、三〇年前には言えなかったことを今では言える。アメリカ人たちは、市民的不服従が自分たちのコミュニティの政治文化において、たとえ非公式であるとしても、正統な地位を有することを認めたのだ。(2)」市民的不服従がアメリカ合衆国である程度の政治的正統性を獲得したというドゥオーキンの洞察は、東アジアの一部を含む他の多くの国々や政治状況にも確実にあてはまるようになりました。このように、他の多く〔の政治的行為〕と同様に、市民的不服従は真にグローバルな実践となっています。非難され、その実行者たちが激しく糾弾されたときでさえ、市民的不服従は相対的に特権的な政治的および言論的地位を占めているのです。

ドゥオーキンも正しく把握しているように、責任ある政治的行為は、概念の明確さと理論的一貫性から恩恵を受けます。政治は、われわれの重要な用語や概念を「正す」こと以外にも、多くのことにかかわります。しかし、用語や概念について明晰に考えなければ、どうしたら実り多く潜在的に建設的な政治的議論や行為に取り組むことができるのかを理解することは困難です。

この単純な目標を念頭に置きながら、本書は市民的不服従に関する主要な、互いに競合する複数の理論的説明を再考し、それらの核となる諸要素を再検討し、それらが特別なタイプの法律違反を必要とする理路を注意深く再評価します。斬新なタイプのアクティヴィズムと抗議《プロテスト》政治の出現は、競合する複数の説明のうち、どれが今なお価値あるものであるかを決定するだけでなく、どの説明が今やおそらく時代遅れまたは擁護できないものであるのかを決定することも、われわれに促しているのです。

私のささやかな希望は、あなたの国の最近の政治的出来事を理解し、それらに応答する方法を発見しようとするときに、本書が有用なツールとして役立つかもしれないことです。有名な一九七〇年のエッセイで、政治理論家のハンナ・アーレントは、市民的不服従をすぐれてアメリカ的な政治的創造物《クリーチャー》として描きました[3]。われわれは今やアーレントが間違っていたことを知っています。市民的不服従は、日本の人びとを含む、あらゆる地域の人びとのものなのです。

ウィリアム・E・ショイアマン
アメリカ、ブルーミントン（二〇二一年九月）

（2） Ronald Dworkin, "Civil Disobedience and Nuclear Protest" [1983], in Dworkin, *A Matter of Principle* (Cambridge: Harvard University Press, 1985), 105.
（3） Hannah Arendt, "Civil Disobedience" [1970] in Arendt, *Crises of the Republic* (New York: Harcourt Brace, 1972), 49–102.

序論

なぜ市民的不服従なのか

警察のレイシズムと蛮行に抗議する活動家たちの緩やかな集合体である「ブラック・ライヴズ・マター」(BLM)。この活動の名づけ親はアリシア・ガーザである。彼女は二〇一三年に、一〇代の黒人少年トレイボン・マーティンを射殺したジョージ・ジマーマンの無罪放免を非難するフェイスブックの投稿の中でこの言葉を初めて用いた。二〇一四年に起きたマイケル・ブラウンとエリック・ガーナーの警察による殺害は、警察による他の暴力事件が立て続けに発覚したことと相まって、すぐさま若い黒人活動家たちが組織する抗議活動に火をつけた。デモンストレーション、行進、追悼集会という通常の組み合わせにとどまらず、BLMはまもなく公的機関により違法と見なされることを含む、さらに物議を醸すような戦術を取り入れたが、そこから予想されたように、ついには逮捕者を出すに至った。抗議者たちは警察署や警察の労働組合事務所を占拠し、主要な高速道路や公共交通機関を封鎖し、政治家たちの講演(ヒラリー・クリントンやバーニー・サンダースを含む)を妨害し、大規模ショッピングモールや繁華街のショッピング地区で買い物客を混乱させた。この活動は概して非暴力的ではあったが、一部では財産の破壊や警察との乱闘を招いた（Lowery 2016）。

ＢＬＭは政治的進歩主義者たちの共感を呼び、かれらの一部はこの運動を一九六〇年代アメリカの公民権運動および非暴力市民的不服従というマーティン・ルーサー・キングのヴィジョンの正当な相続人と見なしている。これときわめて対照的に、政治的右派の側ではドナルド・トランプ大統領を含む著名な人物らが、このグループが警察官に対する暴力を煽動していると非難し、その活動が「法の支配（rule of law）」――これは保守主義者たちがしばしば「法と秩序（law and order）」と混同する観念である[1]――と矛盾していると主張する。右派の専門家たちは、神聖なるキングと、かれらが嘆くＢＬＭの暴力的な白人叩きの傾向との間にしばしば明確な線を引く。

三番目の、さらに洗練された反応は、より古い世代のアフリカ系アメリカ人の活動家たちのものである。かれらの一部はキングと考えを同じくしているものの、この運動が彼の理念を放棄しているのではないかと心配している。かれらは、この運動の支持者たちが運動に必要な霊的《スピリチュアル》な原理を欠いており、良心に基づく法律違反が尊厳、礼儀、および自己規律をなぜ公に表明する必要があるのかを理解できていないと非難する。かれらが見るところ、ＢＬＭは路上の暴漢や略奪者の行動と十分に区別できるような仕方で行動していない。ＢＬＭは抗議に賛同する多数派を動員する方法についてもっと考える必要がある。最近の活動家たちは黒人の正当な不満を透徹した言葉で表現してきたものの、道徳的に健全かつ政治的に生産的な方法でそれを達成するための最善策について考え抜いていないというのである（Kennedy 2015; Reynolds 2015）。

ＢＬＭはキングからのインスピレーションを主張すると同時に、愛国主義的でしばしば保守的な宗教的見解からは距離をとる対応をおこなってきた。このグループは古い公民権運動の「上品ぶった政治的態度」を拒否しながら、より階層的でなく集権的でもない組織形態への独自の志向を表明している。昨今の黒人政治エリートによる選挙改革（およびその民主党との密接な関係）とは対照的に、活動家たちは「アメリカのシステムが救済可能である」ことを疑っている。「なぜならそれは人種階層制の考えに深く根ざしているからである。[2]」したがってこの運動は、選挙で選ばれた指導者や他の政治家たちが運動の大義をわがものとすることを、真に危険な乗っ取りとみなして拒絶している。運動の擁護者たちは、キングと彼の支持者たちが不安と暴力を煽動しているとして頻繁に非難されていた点を指摘しながら、毒を抜き取った形で彼の戦術を理解することにも反対してきた（Sebastian 2015）。

われわれはこれらの競合する解釈をどう考えればよいのだろうか。ＢＬＭは実際には法律を破り、ときにはその同調者をも苛立たせるような行動に関与してきた。この運動が合法性を明らかに軽蔑していることを強調すべきだろうか。かれらの企てを本質的に無法で犯罪的なものと見なすことは可能だろう

（1）二〇一六年七月一八日のフォックスニュースでのインタビューの中で、大統領候補のトランプは、反警察のスローガン（「何を望む？　死んだ警官を」）を唱えている抗議者の映像を指しながら、警官に対する暴力を奨励したとしてＢＬＭを非難した〔訳者注：「死んだ警官」という表現は、警察官が不当な行為をした際に用いられる慣用句「善良な警官は死んだ警官だけだ（The only good cops are dead cops）」に由来している。「死んだ警官を望む」とはつまり「善良な警官を望む」という意味である〕。その数日前、フォックスニュースのコメンテーターであるトッド・スターンズは、暴力と無政府状態を助長したとしてＢＬＭを非難し、あからさまに、戦闘的な運動参加者に向けて「法の支配が重要だ（the rule of law matters）」と唱えた（Starns 2016）。

（2）この引用は、グループのウェブサイト（http://blacklivesmatter.com）に投稿された「ブラック・ライヴズ・マター運動に関する一一の主要な誤解」（Black Lives Matter 2015）の声明の一部である。

か。運動の参加者は必ずしも自分たちの活動を市民的不服従に分類しているわけではないが、この語はこの運動をめぐる議論の中に頻繁に現れる。その理由のひとつは、「市民的不服従」という概念が、それの代替語——一番わかりやすいのは「犯罪」や「違法性」である——には欠けているところの、道徳的・政治的威信を伴っているということだ。この道徳的・政治的資本によって、若干の法的利得がもたらされる。つまり、政治的な動機による法律違反者が判事や陪審員にその行動が市民的不服従に相当すると確信させる場合、一定の法的条件の下で、かれらはそれ以外の人びとよりも寛大な扱いを受けることを期待することができるのである。(3) 抗議者たちは減刑された判決によって放免されるか、あるいはそれほど遠くない将来において温情的措置が下されることを、実際に期待することができる。かれらはまた、キングやマハトマ・ガンディーのような市民的不服従の伝説的な実践者たちとのつながりを、かれらの行動を公衆に認知してもらう有益な手段を得る過程で、うまく主張することができる。

手短に言えば、これらの問いに対するわれわれの答えは政治的に重要な帰結を伴うものであり、また現実の活動家たちに重きを置いている。たしかにＢＬＭのケースは合衆国市民にとって特別な関心事である（もちろん世界中の人びとが人種差別には反発している）(4)。しかし、他の多くの状況でも同様の問いが提起されている。われわれは政治的動機に基づく違法行為の急増を目撃しており、ある人びとは活動家たちに好意的で、他の人びとはあまり好意的でない。問題となっている違法行為を市民的不服従と呼ぶに値するかどうかが、その支持者と批判者との間で常に議論されている。

たとえば最近のドイツ、ギリシャ、トルコ、そしてオーストリアやスウェーデンのような小国に何百万もの人びとをもたらした国境を越えた大規模な移住を、市民的不服従としてうまく特徴づけることができるかどうかについても、同様の論争が起こっている。たとえば、まっとうな仕事を求めて不法に国境を越える人びとは、法律上の入国要件を明らかに不当と見なしており、かれらの自由な移動を禁止する法律に違反するとき、それを非暴力的に行っている。国境を密かに越境したとしても、後に職業に就き、より広範な人びとの目に触れるようになるかもしれない。かれらの行動はまた、移民政策や難民政策に関する公共的な議論を巻き起こし、法改正を求める声を高めている。ある解釈によると、不法移民は暗黙のうちに、国家の権限よりも人権を優先するグローバルまたはコスモポリタンな正義という、生まれたばかりの理念に訴えている（Cabrera 2010: 131-53）。かれらの行為が合法的な市民的不服従の通

（3）　しかしながら、私が書いているように、米共和党の州議会議員たちは、一部はBLMの取り締まりの目的で、市民的不服従に（たとえば、高速道路を封鎖することによって）従事する人びとに対する追加の刑事罰の可能性を議論している。

（4）　本書で言及される市民的不服従のほとんどの事例は合衆国と西ヨーロッパのものである。そのため、私のアプローチはヨーロッパ中心主義、さらに悪いことに、合衆国中心主義であると非難されるかもしれない。しかしながら、私がこれらの事例に依拠しているのは単に、それらが私にとって一番よく知る事例であるからにすぎず、それらの事例が他の場所で他の人びとによって模倣されるべきだとか、西洋以外の事例よりも啓発的で価値が高いことが明白であるとかいう理由ではない。より適切に代表されたグローバル・サンプルに依拠したこれとは別様の議論が私の全体的な概念的ストーリーを変えることになるかどうかは、正直なところ、私にはわからない。いずれにせよ、本書全体で分析された市民的不服従の概念枠組が合衆国－アメリカないしヨーロッパに適合的であり、したがっておそらく他の場所では無関係である、という風に片づけられるとは私は思わない。事実、われわれのストーリーはマハトマ・ガンディーから始められる。市民的不服従に関する以後のすべての説明は、暗黙のうちにではあるが、驚くべきグローバルな拡散を経験したガンディーと彼の思想から出発しているのである。市民的不服従についての思想は、まさにその始まりからして、本書で分析された相競合する諸々のモデルと同じく、国境横断的なものであった。

常のテストに合致していると思われるならば、なぜかれらをそのように記述しないのだろうか。

こうした問いやこれと関連する問いはますます避けられないものとなっているように思われる。長く存続している自由民主主義諸国においてさえ、通常の国家の活動に対して国民がかなりの不満を抱いていることを背景として、今や多くの人びとが非伝統的で法的に疑わしい抗議行動を行おうとしている。十分に機能している自由民主主義国家においては、政治的決定は通常の立法手段を通じてなされるべきである。法律や政策の変更を求める人びとは、個人的にリスクのある方法で法律を破ることを強いられるべきではない。残念ながら、多くの自由民主主義国家が実際に十分に機能しているかどうかはもはや明らかではない。大衆の政治的無関心の高まり、政治エリートに対する大衆の怒り、そして主流政党の衰退から明らかに見て取れる現在の民主主義の危機は、政治的動機に基づく法律違反のさらなる増加をおそらく予示している。権威主義の流行を警戒することもまた、市民的自由と民主主義に対するトップダウン型の攻撃を市民たちが押し返すような形で、草の根型《グラスルーツ》あるいは権力対抗的な法律違反が増加することをおそらく意味するだろう。

われわれは市民的不服従を、その主要な構成要素を、それが包含するものを、そしてそれが特別な種類の法律違反をどのように、またなぜ伴うのかを理解する必要がある。その行為は、その政治的大義や背後に居る活動家たちにわれわれが同意できない場合でも、原理の上で尊重に値するものかもしれない。なぜそれが重要なのだろうか。ガンディーとキング以来、市民的不服従の概念は、とりわけ社会を良い方向に変化させることを望む人びとの心を摑んできた。今日の責任ある政治的行動は、過去におけるそれと同様に、概念と用語の明確さを前提としている。われわれは市民的不服従の観念を必要としている。それは、たとえ雑然とした社会的現実が厳格な概念上の区別を妨げることが不可避であるとしても、関連する政治的用語群のより広いフィールドの中で首尾一貫した形でそれを位置づけることができるような観念である。以下で論じるように、政治的および理論的な理由による近年の傾向のひとつは、市民的不服従の観念と、それ以外の政治的に動機づけられた違法行為との間の境界線が若干曖昧になってきていることである。規範的な研究と経験的な研究のいずれも、非暴力的なものであるか否かを問わず、政治的抵抗について幅広く論じている。[5] 現代の政治言説においても同様に、抵抗は拡散的で包括的な概念《キャッチオール》として機能しているため、多様な政治的戦術やイデオロギー的観点を覆い隠している。残念なことに、この傾向はしばしば隠れた代償を伴う。つまり、市民的不服従とその明確な特徴に関する十分に正確な理解を得られない危険があるのだ。[6]

「市民的不服従」という言葉を投げ捨てて、一般的でより曖昧かもしれない別の概念を選ぶ人びととは異なり、本書ではこの言葉をしっかりと把握することを試みる。これを成功させるために、われわれはこの概念の微妙な意味合いを、その両義性や脆さと共に、掘り下げる必要がある。

(5) 有益な経験的研究が示すように、社会科学者たちが「抵抗」という用語を選好するのには十分な理由がある。色とりどりに描かれた抵抗のポートレイト――市民的不服従はその中のひとつの色にすぎない――を描くために、このより広いカテゴリーを採用する者もいる (Chenoweth and Stephan 2013; Roberts and Garton Ash 2011; Schock 2005; 2015)。しかしながらこの動きは、より一般的な「不服従」を選択して「市民的不服従」という用語を放棄するという密接に関連する政治理論内部の傾向と同様に、重要な区別を消し去る傾向がある (Caygill 2013; Laudani 2013)。確かに、アナキストたちが「抵抗」の語を選好する点は、慎重な検討を要する固有の理論的および政治的な諸々の変化に基づいている (第4章を参照)。

どの市民的不服従か

そのためのひとつの方法は、従来のものとは別の、市民的不服従の本格的な政治哲学を提示することかもしれない。現代の著者の中にはこのアプローチを追求している者もおり、それは称賛に値する。しかしながら、かれらのプロジェクトが明らかに看過していることのひとつはおそらく、より控えめな前提から出発することの利点である。

市民的不服従は長い間、幅広い議論の対象となってきた。哲学的な傾向を有する著者たちはこの主題を再検討している。われわれは後でかれらの研究を注意深く見ることにする（第7章）。現在進行中の議論は多面的ではあるものの、その大部分は、市民的不服従の主流派とされる自由主義《リベラル》モデルの、特に哲学者のジョン・ロールズが古典的著作である『正義論』（一九七一年）の中で提出した影響力ある説明の、懐疑的な読解に動機づけられているようである。現在進行中の議論の前提は、市民的不服従のオーソドックスな自由主義モデルを乗り越えることによってのみ、われわれは現代の政治的現実に応答し、十分に柔軟な概念的代替案を実現することができる、というものである。ロールズを打ち負かすことに夢中になっている批判者たちは、過去の政治的および理論的省察の豊かな成果に対する窮屈な解釈へと回帰する傾向がある。これらは、リベラルであろうとなかろうと、市民的不服従に関する重要な考えを単純化するものである。この概念の複雑な歴史を覆い隠すことにより、かれらは問題を自分たちの都合であまりにも簡単にしてしまう。

市民的不服従に関する単一の古典的ないしオーソドックスな考えというものは存在しない。対立する政治的諸伝統によって、重なり合うが基本的には相異なる市民的不服従のモデルが定式化されてきた。それゆえ本書は市民的不服従に関する四つの相異なる説明を検討する。すなわち宗教的－霊的《スピリチュアル》、自由主義的《リベラル》、民主主義的《デモクラティック》、そしてアナキズム的概念の競合である。(7) 市民的不服従に関する思想は多様な仕方で、そして実際に相対立する仕方で表現されてきた。市民的不服従の諸前提、規範的正当化、および政治的熱意は、互いに競合する四つの伝統――それぞれが何らかの顕著な貢献をなしてきた――のコンテクストの下におかれた場合にのみ、適切に把握することができる。私の説明は分析的であると同時におおよそ時系列的でもある。市民的不服従をめぐる長年の討論はある種の学習過程として見ることができ、後の世代の活動家や思想家たちは、前の世代の決定的な間違い（少なくともそう認識されるもの）を正そうとしたのち、それらを改良していく。このように進めることで、われわれは最近の市民的不服

（6）私が書いているように、合衆国の政治的穏健派とリベラル派（合法のデモに参加している）、左派リベラルとラディカル派（一部は非暴力の市民的不服従に従事している）、そしてアナキスト（財産に損害を与え、警察と戦う人びとを含む）は、トランプ政権に対する「抵抗」を唱えている。「抵抗」という語が総称として有する長所が何であれ、ここでの「抵抗」は、他のコンテクストにおけるのと同様に、相競合するさまざまな政治的見解、戦略、および戦術が存在する現実を覆い隠す（Scheuerman 2017）。

（7）方法論上の注意点の一つはおそらく次のことである。以下で分析する互いに競合する諸モデルは、社会的現実を理解するために不可欠であると同時に、具体的な社会的状況と複雑な関係にあるという意味で、理念型（ideal-types）を表現している。たとえば、市民的不服従の実際の事例の多くは、個々の範疇（宗教的、自由主義的、民主主義的、アナキズム的）のいずれかに完全に該当すると解釈することはできない。多くの場合、一つ以上の要素の組み合わせであると考えられる。それでもなお、市民的不服従の諸事例とそれらの（潜在的に矛盾する）諸特性を理解するには、理念型的なモデルが必要である。

従の観念——特にその印象的な民主主義的変種——が、実際の概念的および政治的進歩をどのように表現しているかをよりよく理解することができる。われわれは最終的に、現代の哲学的分析がどこで間違うのかを見極めることもできるはずである。

宗教的信仰者であるガンディーとキングにとって、市民的不服従はまずもって悪に対抗するための手段であり、信仰実践者にふさわしい霊的な態度を要求する、神の証人のひとつのあり方であった。したがって、このオリジナル・モデルのすべての要素は、直接的に宗教的‐霊的な意味を帯びていた（第1章）[8]。対照的に、一九六〇年代から一九七〇年代初頭にかけてロールズや他のリベラルたちが作り上げた市民的不服従の自由主義モデルは、市民的不服従を元々の宗教的色彩から解放すべく格闘した。かれらは、市民的不服従は現代の多元主義と調和する仕方で再構築された場合にのみ政治的に有意義でありうる、と認識していた。このプロセスの中で、リベラルたちは市民的不服従を、定期的に少数派の権利を脅かす横柄な政治的多数派に対する有用な矯正策だと理解するようになった（第2章）。市民的不服従の民主主義モデル——そのもっとも重要な擁護者にはハンナ・アーレントとユルゲン・ハーバーマスが含まれる——は、民主主義に対するリベラリズムの狭い理解と、リベラルな政治的現状維持に対する不十分な〔自己〕批判的診断に挑戦した。市民的不服従は、その広範囲にわたる、時には政治的にラディカルな説明に基づいて、民主主義の根本的な欠陥を克服し、さらなる政治的および社会的改革への扉を開くのに役立つ可能性がある（第3章）。最後に、政治的過激派たちが幾世代にもわたり実践し、近年において哲学的アナキストを自称する人びとが再定式化したアナキズム・モデルは、上述のアプローチが依拠する国家と法律に関する核となる諸前提を拒絶している。従来の説明に対してことごとく根本的な疑問を投げかける現代のアナキズムは、市民的不服従の従来の理解とは依然として深く対立している

（第4章）。

この類型論は市民的不服従に関する別の有力な考えが存在することを否定するものではまったくない。たとえば女性運動は実践的かつ知的な仕方で重要な貢献をおこなってきた（Perry 2013: 126–56）。それにもかかわらず、ここで論じられている四つの枠組み（宗教的、自由主義的、民主主義的、アナキズム的）は依然として非常に影響力があり、理論的に最も決定的なものである。市民的不服従について実り豊かな著述活動をしているフェミニストたちは、実際にしばしばこれらの枠組みに依拠している(9)。

これら競合するモデル間の相違にもかかわらず、とりわけ市民的不服従の宗教的、自由主義的、そして民主主義的なタイプの間には、きわめて重大な共通性を見て取ることができる。概念構成の点で多様であるにもかかわらず、市民的不服従はいくつかの共通の要素と願望とに基づいている。

最も重要なことには、宗教的、自由主義的、そして民主主義的な説明はすべて、市民的不服従を法律違反の独特の一様式である――しかしながら逆説的なことに、法と合法性《リーガリティ》に対するより深い尊重に則っ

（8）　ガンディーから始めるという私の決定は、おそらく歴史に関心のある一部の読者を苛立たせるかもしれない。ソクラテスは市民的不服従に従事していなかっただろうか。この言葉を発明したと広く信じられている一九世紀の米国の反体制派ヘンリー・ソローはどうだろうか。ここではこの主張を十分に擁護することはできないが、私は、市民的不服従の現代的な観念を古典古代まで遡って読み込むのは誤りだと信じている。つまり、「ギリシャ人たちは抗議デモを行わなかったし、ソクラテスがシット・インを決行したことはなかった」（Kraut 1984: 75）。われわれのストーリーにおけるソローの位置はもっと複雑であり（Hanson 2017）、私は第6章でそれを扱っている。

（9）　たとえばハロウェイ・スパークス（Sparks 1997）は、ローザ・パークスその他の現代の女性の市民的不服従について、フェミニストの影響を受けた印象的な分析を提供している。それでも、彼女の基本的なアプローチは依然として、その核心において（ラディカル・）デモクラシー的である。

ている——と見なしている。キングが「バーミングハム市刑務所からの手紙」で雄弁にコメントしたように、

良心が不正であると告げる法を破り、その不正をめぐって共同体の良心を喚起するために、刑務所に留まることで刑罰をすすんで受け入れる個人は、実際には法に対するこの上ない敬意を表明しているのだと、私は申し上げたい。(King 1991 [1963]: 74)

大部分のアナキストたちを顕著な例外として、ガンディーからハーバーマスに至る活動家や知識人たちはたいていの場合、市民的不服従の観念に次のような表現を与えてきた。すなわち、市民的不服従は道徳的ないし政治的に動機づけられた法律違反ばかりでなく、法に対する誠実さ——あるいは尊重——を証明するような法律違反をも意味している。キングや他の多くの人びとが示唆したように、法のための法律違反、または合法性の名の下での違法性というこの考えに関する何らかの説明がないところでは、トランプやその他のＢＬＭに敵対的な者が最近繰り返しているありふれた批判、すなわち市民的不服従は嘆かわしい無法や恥ずべき犯罪行為の代表であるという批判に対抗するのは困難であることが明らかとなるだろう。この単純だが強力な直観が多かれ少なかれ説得力ある仕方で定式化されてきたことを私は示すつもりである。最近の著者たちはこの点を正当に評価するための創造的な努力をおこなっているが、この考えを欠いたまま市民的不服従の十全な概念を想像することは依然として現実的に困難である。

市民的不服従の競合するモデルの間にはかなりの意見の不一致がある。それにもかかわらず、それらのモデルはその概念的言語を、たとえ相異なる目的に用いるとしても、共同で利用する。一部のアナキ

ストでさえ、いざという時には、法律違反の正当性は礼節（civility）、誠実さ（conscientiousness）、非暴力（nonviolence）、そして公開性（publicity）にかかっていると暗に示唆しているが、アナキストはそれらの前提条件を宗教的、自由主義的、民主主義的アプローチとは異なる風に解釈している。以下に述べる物語のさらに驚くべき特徴のひとつは、ガンディー独自の市民的不服従モデルにおける非常に多くの要素が、斬新な、ときにはほとんど認識できない形で、その後の説明の中に再び現れる傾向があることだ。いずれにせよ市民的不服従は、対立する政治的および理論的伝統がそれぞれ自分の薬品を入れておくための空の瓶ではない。その解釈者は共通の分析的言語に依拠している。かれら固有の政治的および哲学的見解のせいで、他の人が理解するのが難しいと感じるほどの強いアクセントで市民的不服従が語られる場合でさえ、それは依然として共通言語である。そのようなものとして、この共通言語は、それによって何が有意味であり何が有意味であり得ないかを定める、最低限ではあるが有意義な制約を提供する。

コミュニケーションの成功を望んでいる通常の英語話者が「犬 dog」という言葉を「猫 cat」を意味するものとして恣意的に再分類しないのと同じように、「礼節」を言語的または身体的なハラスメントを含むもの、「非暴力」を物理的な虐待を含むものと解釈する人びとは混乱しており、市民的不服従の概念的言語を用いる標準的な人間にはおそらく理解不可能であろう。[10] 礼節、誠実さ、非暴力、および公開

(10) もちろん、一見単純でわかりやすい用語でさえ、歴史の中で新しい予期しない意味を帯びることがあることをわれわれは知っている。私は本書で市民的不服従の時代を超えた、超歴史的な概念の概要を示すことを目指してはいないが、そのかわり〔本書の分析が〕現在および予見可能な将来において有用であると判明することを願っている。

性は、市民的不服従の多元的な概念的言説の内部においてさまざまな、時には相互に対立する意味合いを帯びる。それでも、それらの概念は共通の観念的支柱のままである。

市民的不服従はどこに向かうのか

読者はすでに、私が市民的不服従についての楽観的な物語《パングロシアン》を提示するつもりではないかということに苛立ちを感じているかもしれないが、そうした懸念を――あるいはむしろ懸念の欠如を――ここで解消させてほしい。今日の現実において、標準的な（宗教的、自由主義的、民主主義的）バージョンは強い圧力を受けている。その展望にまつわる不安には数多くの理由がある。圧力の一部は、今や広範に見られる反国家主義および反法律主義《リーガリズム》の、すなわちアナキスト（およびリバタリアン）の流れが復活したことに動機づけられた潮流の帰結である。国家と法をはじめから正統でないものとみなす人びとからすれば、市民的不服従に関するキングの見解は、「法に対するこの上ない敬意」と内在的に結びついている点で、救いがたいほど素朴な考えだと思われる違いない。他の圧力は、現在進行中の公的権威のポスト国民国家化と民営化、つまり、市民的不服従に関する主流派の考えの前提をなす国民国家中心あるいはウェストファリア的な諸前提を掘り崩す方向に作用する、国家／社会関係の根本的な変化に由来している（第5章）。今日の多くの違法な抗議行動がもはや市民的不服従という伝統的な観念とうまく噛み合わなくなった理由のひとつとして、この観念が暗に依拠する社会的および制度的諸前提が消滅しつつあることが挙げられる。現代の活動家たちは、「昔ながらの」市民的不服従の観念を「最新の」政治的・社会的状況に適用するという、魅力に欠ける課題――かれらの努力がまったく伝わらず、混乱した結果となる可能性がある――に直面しているのである。

これと同じような困難が、デジタル領域での不服従、あるいは政治的に動機づけられたデジタルないしオンラインの法律違反にもつきまとう傾向がある。エドワード・スノーデンのような、デジタル領域における著名な法律違反者は、しばしば自分たちの行為を市民的不服従のラベルの下に分類してきた。いくつかのシナリオでは、この主張を支持する十分な理由があるかもしれない。それにもかかわらず、物理的な、あるいは「路上での」法律違反を念頭にデザインされた概念が、デジタルの領域における法律違反にそのまま適用できるかどうかは不明のままである。市民的不服従の概念を拡大して、おそらくは他の方法によるほうがうまく分析される現象にまでその適用範囲を広げることには、実際に危険が伴う。この概念を過度に拡張すれば、この概念に必要な分析的かつ規範的な輪郭を損ない、責任ある、十分な情報に基づく仕方で政治的な挑戦に応答するために必要な道具を、われわれがみずから否定することにもなる。市民的不服従は現代政治のパズルにおけるひとつの本質的なピースである。だが、そのパズルには他にも数多くのピースが含まれているのも確かである。

それでは、BLMやグローバルな移民、あるいは頭に浮かぶ他の無数の現代的事例についてはどうだろうか。それらを分析する際に市民的不服従という言葉を用いることは意味をなすだろうか。そうすることでわれわれは何を得るのだろうか。これらの問いに答えるためには長い迂回路が必要である。この迂回路は、ガンディーとキングによって鮮やかに描かれた市民的不服従の宗教的‐霊的モデルから始まる。

第1章　神の証人

市民的不服従を発明したのはおそらく、それがかれらの神によって強いられた聖なる義務であると想像した宗教的信仰者たちであろう。道徳に反する《インモラル》法律に直面した際の、原理に基づく法律違反は、道徳的権利のみならず、おそるべき霊的《スピリチュアル》犠牲を払わねば無視できない神聖な責務を表している。市民的不服従のこのモデルはそのいくつかのルーツを遠い過去にまで遡ることができるが、二〇世紀の偉大なる政治的人物であるモハンダス・K・ガンディーとマーティン・ルーサー・キング・ジュニアこそが、彼らの行動およびそれと密接に関連する著作物を介して、宗教的な市民的不服従の標準的な範型となったものを鮮明に描き出したのである。[1] ここ数十年のあいだに、彼らの考えは、神の意志に反すると考えられる法律に公然と違反するさまざまな種類の活動家にインスピレーションを与えてきた。

罪と悪にまみれた社会的世界の矯正策として機能する、適切な仕方で遂行された法律違反は、神の力と直接の関係があるものとして想像される。正統な市民的不服従のための一連の厳しい条件を描き出す

（1）一九世紀の合衆国における先駆者たちについては、Perry（2013）を見よ。

際に、ガンディー、キング、および彼らの弟子たちは、それぞれの要素を明らかに霊的な言葉で見ている。市民的不服従はその実践者に適切な道徳的姿勢を要求する宗教的な探究を表している。有名な「塩の行進《サッティヤグラハ》」（一九三〇ー一九三一）の間、ガンディーは野外で眠り、最低限の必要物だけを持ち、町から町へと旅をした。彼とその弟子たちは、イギリスの植民地支配を体現しているとかれらが考えた塩税（salt tax）に繰り返し違反した。ガンディーは

これを、規律と純粋さを本質とする聖なる巡礼と見なした。確かに、宗教的なオーラがこの企て全体を包み込んでいた。彼とその信奉者たちはいつも福音書を引用したが、これはおそらく、意図的にイェルサレムのほうに顔を向けて当局と対峙するキリストとガンディーとの類比を示すものであった。これによりアーメダバードのヒンドゥー教徒の間での聖書の売り上げが急増した。政府は、世間におけるガンディーの立場が通常の政治指導者のそれとは完全に異なっていることに気がついた。（Brown 1989: 237）

一九五〇年代の終わりから一九六〇年代の前半に人種隔離諸法を打ち破った合衆国の公民権活動家たちは、その大部分がアフリカ系アメリカ人の教会から輩出されたが、かれらは刑務所に運ばれるときに霊歌《スピリチュアルズ》を歌った。ガンディーに劣らず、キングは彼の運動を宗教的インスピレーションによるものと見なした。他の多くの点と同様に、この点で彼はガンディーの考えを創造的なやり方で合衆国の状況に適合させたのである。

われわれがこの市民的不服従の宗教的構想の分析から出発するのは、それがもつ巨大な歴史的および

知的インパクトのゆえである。この後に続くより世俗的な、自由主義的、民主主義的、そしてアナキズム的な市民的不服従の説明はすべて暗黙裡にガンディーとキングの考えから出発しており、その骨格的特徴を維持しながら、それを新たな哲学的・政治的枠組みに適合させようとしているのである。かれらはガンディーとキングが構築したパズルの数多くのピースを手に取り、それらを鋳直していく。その元々の霊的な性格を考えると、より世俗的な方向性をそれらに与えるという作業は、かれらにとってしばしば苦労の多いものであったことを意味している。

市民的不服従は通常の法律違反でも単なる犯罪行為でもなく、逆に、キングが「バーミングハム市刑務所からの手紙」の中で述べたように、「法に対するこの上ない敬意」（King 1991［1963］: 74）を例証する行為であるという、創造性に富む考え方に特別な注意が払われている。法の尊重を前提とする市民的不服従という観念はガンディーの考えのなかに鮮明に現れているが、それは市民的不服従が「すすんで特定され、処罰を受け入れる意志」を必要とするという、程なくして一般的となった直観と同様である（Perry 2013: 15）。こうした考えの永続的な魅力を理解するには、その元々の宗教的なあり方を吟味する必要がある。

宗教に基づく市民的不服従は、その多くの美点にもかかわらず、重大な欠陥を伴っている。その霊的な土台は、現代の多元主義にとって難しい問題を生じさせる。それらはまた、厄介な——加えて、もはや市民的とは言えない——法律違反を招く危険をはらんでいる。

市民的不服従とサッティヤグラハ

おそらくガンディーは「市民的不服従」という用語に完全に満足したことはなかったが、この語の発明を一九世紀アメリカの反体制主義者ヘンリー・ソローに誤って帰した他の多くの人びとと同様に、彼はこの用語を政治的に動機づけられた法律違反を説明するために使用した。(2) ボイコット、非協力、ピケッティング、ストライキ、ウォークアウトと並んで、市民的不服従は特に効果的なタイプのサッティヤグラハのひとつを、あるいは「愛」または「真理の力」によって動機づけられた政治的行為を表しており、その神的な弾劾はこの宇宙に道徳的な意味を与える。その最も文字通りの意味で、サッティヤグラハは「真実の主張、およびそのような主張から導き出される力」を含意している（Gandhi 2008［1919］: 324）。「その力が存在しなければ、この宇宙は消え去ってしまうでしょう」とガンディーは主張した（1986a［1909］: 244）。ここからガンディーは、彼自身の生涯にわたる霊的な探究と活動を「真理の実験」（1993［1957］）と表現した。

神の真実性を広めるためには、どのように実践するのが最善なのだろうか？　われわれの内なる声あるいは道徳的良心は神性へのアクセスを提供するものであり、それゆえ本性上疑う余地がない。神はわれわれ一人ひとりに個人的かつ直接に話す準備ができている（Sorabji 2014: 200）。だが、その声は「最も厳格な規律」によってしか正しく認識できない。「したがって無責任な若者たち……は良心をもたず、すべての大人が良心をもつわけでもありません」（Gandhi 1986b［1924］: 125）。心と体の両方が精神的および肉体的な規律（厳格な食事と性的禁欲、つまりブラフマチャリヤ）に服するという、自己浄化の厳しい過程に従事した人びとだけが、神的な良心を得ることができるだろう。

必然的に、市民的不服従は常に良心に基づく法律違反（*conscientious* lawbreaking）であった。ガンディーは市民的不服従を、のちにリベラルや他の人びとが良心的拒否（*conscientious objection*）と呼んだものから描き出すことは決してなかった。正当な法律違反は、「〔大文字の〕神の、良心の、真実の、または内なる声」（1986b [1933]: 131）に直接依拠しなければならない。不服従が市民的《シヴィル》＝礼節あるものであるべき理由は、それが政治的に平等な人びとの共同体に対する一般的または市民的な義務を含意するからではなく、その実践者が適切な道徳的振る舞いと礼儀正しさに関する厳格な規範を遵守する必要があったからであった。なぜか？　ほかならぬ神が求めたからである。

ガンディーにより改訂されたヒンドゥー教では「神は真理」であり、真の宗教的信仰は絶対的な真理の絶えざる探究を含意し、そして必然的に、この探究の途上に出会うあらゆるもの（たとえば物質的幸福や性的快楽）への、原理に基づく無関心を含意していた。しかしながら絶対的な真理の探究においては

（2）　ガンディーは最初は「受動的抵抗」について語り、その後「市民的抵抗」について語った。彼は、法律違反に関するソローの見解が非暴力への原理上のコミットメントに十分に基づいているのかを疑っていた。この非暴力という考えはおそらく彼がレフ・トルストイから借用したものであり、ガンディーのソロー観を形成する上でトルストイの信奉者たちが果たした役割は決定的であった（Gandhi 1986a: 102-3）。「市民的不服従」という言葉に懸念を抱いていたにもかかわらず、彼はそれを頻繁に使用した。他の多くの人びとと同じく、この用語の発明をソローに帰した点でガンディーは間違っていた。ソローの影響力のある有名な一八四九年のエッセイの元のタイトルは、実際には「市民政府への抵抗」であったが、そのラディカルな政治的な意味合いを懸念したであろう編集者によって、ソローの死後にタイトルが変更されたのである（Thoreau 1996: 1-22）。

他人を軽蔑するようなことがあってはならない。自分は神の真理に十分に近づいたとか、良心が自分だけに語りかけたなどと、正統に主張できる人間など存在しないからである。罪深い傲慢さを回避することを望む者は誰でも、他者に対する基本的な敬意――この文脈においてガンディーはレフ・トルストイ（Tolstoy 1967）に従っているが、それは基本的に愛を意味する――が必要である。「真理に基づく行為は愛なくしては不可能です。それゆえ真理の力（Truth-force）は愛の力（love-force）です」（2008［1919］: 324; also Bondurant 1958）。なぜなら破壊的・暴力的な手段によって、同様の立場にある他の人びとに害を与えたり罰したりする資格や能力をもつ人間などいないからである。真理、愛、非暴力（アヒンサー）は密に混ざり合っている。絶対的な真理の探究は、人間の認知的・道徳的な限界の承認を前提としているからである。人間の可謬性は非暴力を要求する。なぜなら傲慢な者だけが他人に暴力を振るう資格があると誤って信じているからである。人間が誤りうることに正しく順応している人びとは、そのかわりに、誤りの可能性を含む「真理の実験」をかれらの同輩たちに強制することを拒んだのである。

　市民的不服従は、真理を求める霊的な行動、道徳的に腐敗した法律に直面したときの神聖な義務を表している。法律が屈辱を与えたり、差別したり、恣意的または不公平な区別を設けたり、あるいは剝き出しの実力に頼ったりすると、それは神の真理あるいは魂の力（Soul-Force）と衝突する。他の政治的回路（たとえば、経済的ボイコットや権力保持者との交渉）を用いた、そうした法律の変更や廃止する試みに対して、世俗権力がうまく抵抗することに成功した場合、破壊された道徳的秩序を修復することが神の真理の探究者に義務づけられる。「良いか悪いかはともかく法律には従うべきだ、というのは新奇《ニュー・ファングルド》な観念です」（Gandhi 1986a［1909］: 246）。強力な政治的多数派によってつくられた法律でさえ不正でありうる。民主主義と多数決原理は道徳的な清廉さの保証にはならないからである（1986a

[1909]: 247)。いつどのようにして法律違反に関与するのが最善であるのかという問いが難しい政治的問題を生じさせることを、ガンディーは認めていた。それでも、そうすることは道徳的な――そして究極的には神聖な――義務であり続けたのである。(3)

ガンディーは、良心に基づく法律違反はそのリスクゆえに、また部分的にはその霊的な前提条件ゆえに、通常の政治的および法的手段がほぼ使い果たされた後にのみ行われるべきだと示唆する傾向があった。法律違反は深刻な問題であり、あとさきを考えずに行えば暴力や混乱を容易に引き起こしてしまう可能性がある。重要な節目で、たとえば一九一九年に成立した植民地騒乱防止法に反対する際に、ガンディーはそのような恐れを抱いたため、その活動を唐突に打ち切った。「暴力または全般的な無法状態の発生に対抗して、あらゆる可能な策を講じるべきです」(1987 [1922]: 99)。ガンディーは、法律違反者が必要な宗教的および霊的規律を欠いている場合に有利な政治的結果が生じる可能性を疑った。「真の信仰を持つ者だけが、サッティヤグラハを提供することができる。」それゆえ、霊的に傾倒しているかどうかにかかわりなく、あらゆる活動家が展開できる道徳的に中立的な手法としての市民的不服従という考えは、彼にとっては嫌悪の対象であった(2008 [1909]: 329)。

最近の研究者たちはガンディーの戦略的な洞察力を強調して、理想主義的な道徳的十字軍というステ

(3) ガンディーは、防御的な市民的不服従と攻撃的なそれとの区別を提案した。前者は、その法律があまりに厄介で、かつ基本的な尊厳を尊重しないものであるために違反せざるを得ない、そうした法律への不本意または非自発的な不服従を指し、後者は、政治的権威に挑戦して法と政策に変化をもたらす目的で法律を故意に破る行為を指す(Zashin 1972: 154-5)。

レオタイプ的な見方に反発している（Mantena 2012）。こうした解釈はガンディーの政治的手法と技術をその霊的な土壌から引き抜こうとする過去の努力に由来するものである。このアプローチは、彼の考えが首尾よくグローバルに拡散されたことの原因の一部を構成している（Sharp 1973; Shridharani 1972 [1939]）。ガンディーは実際にしばしば軍事や戦略の隠喩を用いた。彼は権力のメカニズムに対して鋭い洞察力をそなえていた。彼は原理の上では非暴力にコミットしたが、霊的に不完全な世界ではある程度の暴力が依然として避けられないことも認めていた。他の人間に対して非暴力的であるばかりでなく、動物との関係においても非暴力であること――ガンディーの菜食主義の源泉である――は、完全さ《パーフェクション》に関するひとつの忠告であった。すなわち、われわれは完全を心がけるべきであるが、たとえ完全であろうとすることが道徳的に義務づけられているとしても、常に完璧に達成できるとは限らないということである（Sorabji 2014: 198）。

しかしながら、ガンディーを隠れ政治的リアリストとして解釈すると、彼の市民的不服従の説明にまつわるあらゆる特徴が霊的に構築されたという事実を理解するのが困難となる。たとえば彼の非暴力は戦略的・政治的考慮以上のものに基づいていた。政治の自律性や道徳との相対的な違いといった考えも、ガンディーの思考の中では意味をもたない。「政治は宗教と離婚することはできません。宗教から離婚した政治は、堕落したものになります」（Gandhi 1986a [1915]: 374）。おそらく彼はその霊的なコミットメントゆえに、市民的不服従者が「神と共に正しくある」ならば政治的利益が得られることが多いと期待する傾向があった。神の真理は不正義と悪に打ち勝つことを運命づけられている。神の代わりに行動するよう召命を受け、しかるのちに適切に行動した人は、おそらく反対者を回心――従来の政治的な用語よりもガンディーが好む宗教的な用語である――させるだろう。ガンディーはまた、「公」と「私」、あるいは国家と社会との間にいかなる区別も見出さなかった。なぜなら、彼の説明においては、人間の社会的活動のすべての分野は正統にも神の真理の探究に供されているからである。(4)

市民的不服従が公然または公共的になされるべき主要な理由は、反対者を確信させたり説得したりする必要ではなく、神の「真理が秘密を憎む」ことである（1986b［1931］: 191）。詐欺、嘘、偽りは宗教的信仰と調和しない。したがって、ガンディーは時おり政治当局に法律違反の事前通知をおこなうことを好んだ。反対者たちが抗議を対立的または破壊的であると見なしたときでさえ、抗議者たちの主な目的は道徳的指導であり続けた。結果として、不服従は市民的＝礼節あるものでなくてはならなかった。それは「穏やかで、誠実で、謙虚で、聡明で、志操堅固でありながら愛情があり、決して犯罪性や憎しみがないこと」（2008［1922］: 360）を意味していた。しかるのちにはじめて神の御業が達成され得るのである。また、暴力的、無礼、乱暴になることも許されなかった。破壊行動《サボタージュ》や財産の破壊は避けるべきとされた。参加者は「完全な純潔を遵守し、貧しさを身にまとい、真理に従い、恐怖を克服」すべきである（2008［1909］: 322, 329）。霊的な活動家は、かれらの敵対者や自分たち投獄した人びとに対しても怒りを抱いてはならない。むしろかれらは、「たとえ死に至るとしても」（2008［1930］: 332）、直面するあらゆる刑罰や虐待をすすんで、さらには喜んで、受け入れることが期待された。神聖なる義務である市民的不

（4）ガンディーは、一部のリベラルたちがそうするように（第2章を参照）、市民的不服従を経済的分配や正義の問題と対比される（政治的）正義の問題に限定しなかった。その理由は部分的には、彼が社会（または経済）を国家と区別する旧来のリベラルな考え方を決して受け入れなかったことにある。サッティヤグラハは、繊維労働者がより高い賃金を求めて戦ったアーメダバード労働争議のように、潜在的に経済問題に関与していた（Bondurant1958）。

服従は、場合によっては殉教を要求するのである。

愛と真理の力は、市民的不服従の（単なる実利上の特徴ではなく）原理上の特徴である厳格な非暴力を要求する。非暴力は、その政治的反対者たちの道徳的・霊的な高潔さを維持しながら、その実践者を道徳的に浄化する（Brown 1989: 84）。精神と肉体双方の技量、および神の被造物すべての基本的な高潔さの尊重を要する非暴力は、意志の弱い者や霊的に優柔不断な者に向いている行為では決してなく、神の真理の探究によってのみ活気づけられた規律ある魂の為だけのものである。たとえ不正義に直面しても、犠牲と苦しみへの意欲は道徳的な誠実さを示し、自分の立場を再考するよう悪の加害者たちの心を揺さぶる。その戦略的な利点はときに決定的なものになりうる。その正当化の核は霊的なものであり続けた。つまり神的なものに基づく非暴力の法は、「地球が重力によってその位置を保っているように」われわれの道徳的宇宙を支え、重力の法則に従うのと同じように、われわれにはそれに従う義務があるのである（1986b [1939]: 425）。現代の道徳的なニュートンのごとく、ガンディーはその法の存在を彼の同時代人に知らしめることが自分の責任であると考えた。

市民的不服従は水面下の潜在的には破壊的な政治的エネルギーを注入した。「市民的不服従は浄化のプロセスにほかならず、全身に潜り込んでいるものを表面に浮かび上がらせるかもしれない」（1987 [1930]: 107）。責任ある法律違反は、しばしばそれを動機づけている束縛なき感情を統御し方向づけ直すことにより、政治的暴力の可能性を減らすのに役立ちうる。適切に行われた場合、それは広範囲にわたる変化を引き起こし、最終的には社会全体を全面的に分解修理《オーバーホール》する可能性を生み出す。ガンディーは単に独立したインドを求めたのではなく、全世界の道徳的な導きたるべく霊的に生まれ変わることで、いつの日かインドが実践的な非暴力の模範となることをも求めた。それと同時に彼は次のように主張した。

「私は革命を欲しません。私は秩序ある進歩を欲します……。混沌は欲しません。私は、誤って秩序だと思われているこの混沌から、本物の秩序が生まれてくることを欲します」(2008［1920］: 354)。暴力革命の病理を回避する市民的不服従は、国家ばかりでなく家族や経済に対しても、根本的で非常に大規模な変化を実現しうるものである。逆に不適切な仕方で行われた場合、それは「われわれの誓いの否定と神に対する罪」、つまりは非生産的な結果をもたらす可能性が高い非宗教的な行為を構成するものとなる（2008［1922］: 364)。

原理に基づく法律違反

ガンディーの中に植民地主義に対する軽蔑や現代社会の根本的な見直しへの志向があるとすると、なぜ彼は無法状態や無秩序を懸念したのだろうか。なぜ彼は市民的不服従を他の形態の法律違反を明確に区別する必要があると主張したのだろうか。また、なぜ彼とその信奉者たちには、法に対する尊重を示すという、一見すると「法律主義的《リーガリスティック》」に受け取れるものへのこだわりがあったのだろうか。

国家と法律に対するガンディーの見解は複雑かつ論争的である。この点に関する研究文献はあまりに多いため、ここで要約することはできない(5)。しかしながら、道徳的原理に基づく法律違反が必然的に法に対するより深い尊重に基づくという考えの、ある繊細なバージョンを彼の省察から引き出すことができる。それは、ガンディーにとっての価値ある社会的善を常に表現していた、法に基づく秩序という根

（5） とりわけ、Bondurant (1958), Brown (1977), Dalton (1993), Parekh (1989), Terchek (1998) を見よ。

本的な理想に対するわれわれのコミットメントを弱めるのではなく、むしろ強化するものである。[6]

　市民的不服従はしばしば特定の法律や政府の特定の措置に焦点を合わせるべきだとガンディーが考えた理由のひとつは、無法状態と暴力があまりにも頻繁に結びつくことだった。非暴力にコミットしており、また法に対するさらなる軽蔑が非暴力とは反対側への扉を開くことを懸念していたがゆえに、彼は「腹立たしいが、非道徳的とまでは言えないと考えられる法律に、穏やかに、すすんで服従すること」を擁護した（1986b［1927］: 189）。非道徳的な法律に異議を唱える必要があったとしても、「国家の法への服従は、市民が個人の自由のために支払う代価です」とした（1987［1921］: 96）。南アフリカに住み、英国の立憲主義の理想が植民地の不正義に対抗して動員されることをまだ期待している若い弁護士にとって、法に対する忠誠は、全部ではないが大部分の法律を、たとえ道徳的にも政治的にも不本意である場合にも、真面目に遵守することを意味していた（Brown 1989: 63-5）。その後インドに戻ってさらに明白に急進的になったガンディーは、現状に対する正面からの攻撃を擁護した。「完全にまたは大部分が不正な国家に対する」服従は、「自由に対する非道徳的な障害物」を構成するものである（Gandhi 1987［1921］: 96）。では、社会の全面的な再構築を求めるこの探究を、従来の革命戦略から区別するものは何だろうか。その答えの一部は、法についてのガンディーの考えに関係している。

　良心に基づく非暴力の法律違反者は、自発的な同意、愛、および非暴力が社会的・政治的事柄にもっと十分に浸透するであろう、将来における法的秩序の創造を期待している。市民的不服従が意味するのは、「われわれの存在に関するより高次の法——良心の声——への服従」（1987［1917］: 91）である。[7] 現代の政治状況の下では、法律は機械的に、また暴力的な制裁の可能性への恐怖によって、遵守される。未来志向で、より完全に神的な法的秩序においては、国家による強制の役割は大幅に削減される可能性がある。しかるのちに法は、適切な霊的かつより明確に合意に基づく基礎を獲得する。非常に異なるタイプの警察力とその執行の方式――大衆に奉仕し、おそらくは「ある種の武器を用いる」――は依然として必要かもしれないとガンディーは認めたが、その場合、実力は「仮にそうだとしても、使われるのは稀」であろう（1986b［1940］: 436）。基本的には非暴力の命令にも、合法性と――予見可能な将来のために――執行のための何らかの装置が必要とされるだろう。(8) 神が構築した宇宙は、結局のところ法に基づいている。「神は人ではない。彼は法そのものであり、同時に法を与える者でもあります」（1986a［1945］: 589）。より完全に神的な政治秩序にも法が必要であるというのは、何ら驚くべきことではない。

ガンディーの訓令に従った良心に基づく法律違反者たちは、この、より優れた法的・政治的代替案の創造に直接貢献した。それを成功させるためには、かれらが作り上げたいと考えた新しい法的秩序のエートスをすでに体得している必要があった。つまり、

（6）デイヴィッド・ライオンズは、ガンディーが「法への服従を支持する道徳的推定」を認めていたという主張を退けている（Lyons 2013: 140）。彼はこの見解を裏付けるテクスト上の証拠をほとんど提供していない。同様に、エティエンヌ・バリバール（Balibar 2012）は、ガンディーの法律尊重的傾向を軽視している。

（7）ガンディーは市民的不服従が実際に法律違反を構成することを、適切に実施された場合にはその行為が神の良心の法を反映するものであるという理由で、しばしば否定した（Haksar 2003: 409）。

（8）ガンディーは、「もっとも少なく統治する政府が最善の政府である」というソローの見解を支持した（Gandhi 1986a［1936］: 413 より引用）。彼は時おりアナキズムを受け入れるほうに傾いたが、法への深い敬意を含む彼の政治的思考の他の諸要素のほうが優勢であった。

市民的不服従の権利は、自分達が作ったものであれ、他の人びとが作ったものであれ、法に自発的に服従する義務を知り、かつ実践する人びとにのみ生じます。服従は、違反の結果に対する恐怖からなされるべきではなく、心から——単に機械的ではなく——従うことが義務であるという理由でなされるべきです。この予備的条件が満たされない場合、市民的不服従は単に名前の上で市民的《シヴィル》であるにすぎません（1986b［1938］: 419）。

市民的不服従を正しく学んだ人びとは、ガンディーが描いた将来の望ましい秩序がその上に直接構築されるであろう、自発的同意（機械的または恐怖による同意と対立する）と非暴力という理想を予示した。適切な精神的態度を身につけたかれらの法律違反は、この新しい秩序への道を指し示した。

実践者《サッティヤグラヒ》は社会の法に知的に、そして彼自身の自由意志により従います。それを彼の神聖な義務だと考えているからです。このようにして人が社会の法律を忠実に遵守した場合にのみ、彼は、どの特定の規則が善で正義に適い、どの規則が不正で邪悪なものであるかを判断する立場にあります。そうして初めて、明確に定義された状況における特定の法律に対する市民的不服従の権利が彼に生じます。（1993［1957］: 470）

法律違反者が法律の廃止に関して賢明な選択をしており、かれらの行為が法律性《リーガリティ》の尊重に基づいていることを証明する最善の方法はどのようなものだろうか。ガンディーは、不服従者たちが法的罰を受け入れるだけでなく、適切な霊的態度とそれに対応する市民的態度をもってそうすることがその答えであると主張した。ガンディー的法律違反者は模範的な囚人であることが期待される。かれらは看守を尊重し、要求されるあらゆる仕事を熱心に行い、特別な配慮や補償を期待しない。「われわれの勝利は、屠殺場の子羊のごとく監獄に連行される幾千の人びとにあります」（1987［1921］: 94）。対照的に、普通の犯罪者は罰を回避し、しばしば特別な扱いを求める。正しい市民的不服従者は不正義を憎むが、それを履行する官吏を憎まない。その行動が適切な霊的青写真に忠実であるならば、植民地国家の暴力装置を効果的に武装解除する過程において、かれらは官吏を自分たちの大義に引き渡すことができる。国家の役人たちは、正しい道徳的態度を身につけた法律違反者に対する過酷な扱いを正当化することが難しいと考えるだろう。(9)

ガンディー、アメリカに渡る

ガンディーの思想は、急進的な合衆国の労働運動家、平和運動家、反人種差別の活動家たちによって輸入されたが、それはこの思想が最終的に公民権運動に安全な家《ホーム》を見出すよりも前のことであった。その後一九五六年にモンゴメリー（アラバマ州）で人種隔離バスのボイコットが成功を収めた際に、最

（9）興味深いことに、これは非暴力が実質的な「治安部隊の離反」につながることを示唆する最近の社会科学研究によって支持された主張である（Chenoweth and Stephan 2013: 50）。

（10）Chakrabarty（2013）, Kapur（1992）, Kosek（2008）, Perry（2013: 181–246）, Scalmer（2011）, Weber（2004: 165–74）, and Zashin（1972: 149–94）を参照。Gregg（1970［1959］）とShridharani（1972［1939］）は、ガンディーを合衆国－アメリカ的語彙へと翻訳する際に重要な役割を果たした。

も印象的なかれらの公共的代弁者は、牧師のマーティン・ルーサー・キング博士であった[10]。みずからの考えをより広く公衆一般に紹介した『自由への大いなる歩み』の中でキングは、「キリストはその精神と動機づけを提供し、ガンディーはその方法を提供した」(King 1986a [1958]: 85) と書いている。本章での簡単な議論においては、キングが、合衆国の政治的理想および憲法上の理想と一致し、またおそらくは不可欠な要素であると彼が考えた預言的なキリスト教の中に、ガンディーの枠組みをどのように位置づけ直したかという点を強調したい。その結果生じた政治的混合は、強力な、ときに雑多な醸造物を生み出した。

ガンディーと同様にキングは、非暴力の市民的不服従を、平和的なデモ、ピケッティング、経済的ボイコットを含む、数多の戦闘的なタイプの直接的政治行動のうちのひとつと見なした。法律違反——たとえば分離されたランチカウンターでの違法な座り込み——は、典型的には、合法的な抗議、反対者との交渉の努力、および通常の政治チャネルが行き詰った後にはじめて行われるべきである。不服従の志願者たちは、ガンディーから受け継いだ道徳的テストの厳しい要求を満たさねばならなかった。適切なターゲットを特定するために「事実を収集する」ことが求められる一方で、抗議者が困難な問いに直面した場合の実践的なワークショップが「自己浄化」のために必要であった。「あなたは報復せずに攻撃を受け入れることができますか? 刑務所での試練に耐えられますか?」(1991 [1963]: 70)。非暴力的な法律違反は、実際には暴力的な政治行動よりも高度な規律と自制を必要とする。キングとガンディーは共に、それが受動的ではなく「能動的」であり、したがってかれらにとって「男らしい《マンリー》」[11]ことだと常に示唆していた。

キングは敵を打ち負かすのではなく回心させることについても語った。彼にとってもまた、すすんで苦難を引き受けることは、敵対者に対する敬意、さらには愛さえも示す決定的な手段だった。市民的不服従は潜在的に破壊的な水面下の社会的緊張を表面に引き上げ、建設的なやり方でこの緊張に火を注いだ。実際のところ、無秩序を招いたのは非暴力の法律違反者ではなく、「法と秩序」に対する盲目的な服従を説いた人びとだった。抑圧的な社会秩序が激しく爆発するのは時間の問題だったのである。キングはガンディーに従って、「法律を破る人は、公然と、愛情を込めて（ニューオーリンズで白人の母親たちがテレビカメラの前で「ニガー、ニガー、ニガー」と叫んだときのような、憎悪を込めたものではなく）、そして刑罰を受け入れる意思をもって、それを行わねばなりません」と主張した（1991［1963］: 74）。良心に基づく法律違反は礼節を要求する。公然と、「愛情を込めて」法を破ることで、不服従者たちはかれらの善きキリスト者としての意志の証拠を示し、かれらの行動と、暗闇の陰で恥ずかしげに暴力行為を犯した罪深い人種差別主義者の行動との間の鮮明なコントラストを公けにした（1991［1963］: 74）。法律違反者たちは、官吏が課すあらゆる罰則をすすんで受ける前に、秩序正しく、公然と、敬意ある仕方で行動することにより、法に対する尊重を明示したのである（1991［1963］: 74）。かれらの行動は不正な社会秩序の日常業務を混乱させたが、同時に、神の愛《アガペー》に直に基づく、よりよき将来の秩序を予示した。

> 無私の愛……アガペーは、ふさわしい人とふさわしくない人の区別、または人びとが持つ資質による区別から始まるのではありません。それは他者のために他者を愛することから始まります。それ

（11）もちろん、この言葉のジェンダー的意味合いは注目に値する。ガンディーとキングはいずれも、当時の標準的な家父長制的ないし性差別主義的諸前提のすべてではないにせよ、その多くを共有していた。

は……出会うすべての人を隣人と認めます。それゆえアガペーは友と敵を区別しません。その両方にそれは向けられているのです。（King 1986a [1958]: 104–5）

ここでもキングはガンディーと同様に、市民的不服従のラディカルな可能性を擁護することにかけては誰にも後れを取らなかった。「なすべきことは、このシステムを取り除き、それによって社会の中に道徳的なバランスをつくりだすことです」（1986b [1961]: 47）。この「システム」には人種差別だけでなく軍国主義や資本主義経済も含まれる。それらは最終的には民主的な社会主義に置き換えられるべきものであった（Dyson 2000; Jackson 2007; King 2016）[12]。「漸進主義か即時性かという長らく議論された問い」に対する答えを提供する市民的不服従は、狭い、または限定的な改革主義と、過激主義的《マキシマリスト》な革命政治という、従来の二分法を乗り越えるための助けとなった（1986a [1958]: 221）。急進的あるいは変革的《トランスフォーメーショナル》改革の手段である市民的不服従は、より急進的な（暴力的な、または従来の革命的な）アプローチが実際には適していないと思われるような社会変化の具体的な可能性を提供したのである[13]。

キングの説明はとても親しみやすいものになっているため、その霊的特徴がガンディーのオリジナルと重なり合いながらも異なる点もあることは軽視されがちである[14]。キリスト教徒は世俗的な権威ではなく神に究極の忠誠を捧げているため、「主の意志」と矛盾する法律には異議を唱えねばならない（King 1986a [1958]: 117）。要するに、正義にもとる法律に反対することは霊的な義務を構成する。アガペーは、さもなければ罪深い世界に道徳的な意味を与えるエネルギーまたは生命力であり、「人間の心にはたらく神の愛」を表しており、キングはその意味を説明するためにキリスト教の聖書に大いに依拠している（1986a [1958]: 104）。キングと彼の弟子たちは適切にも、抗議して逮捕に直面するときには通常、かれらの一番良い服を着ることに決めていた。正義にもとる国家の役人たちによる取り扱いに苦しみ、法的罰則を快く受け入れる活動家たちは、不当だが罪を贖う苦難を負ったイエスの例に従っている。刑務所を埋めつくし、国家の強制装置を潜在的に圧倒することで、かれらはキリスト教徒の道徳的証人を産み出し、「無感覚で非人道的な公衆に対して、〔証人となることで〕そのうぬぼれが赦される」と説いた(Farmer 1965: ix; also, Pineda 2015)。市民的不服従を例証するのは「ローマ帝国の特定の正義にもとる法律に服従するかわりに、空腹のライオンを前に絶体絶命の激しい苦痛に直面することを厭わない初期のキリスト教徒たち」(1991 [1963]: 74-5)であると、キングは敵対的な懐疑論者に語った。

非暴力は「キリスト教の実践」、「真実の目撃」であり、キングを行動へと促したのはキリストの聖なる現前——彼はモンゴメリーでの自身の活動を語る中で、「それまで私は主〔の御前にあること〕を経験したことはなかったので」と述べた——であった(1986a [1958]: 89, 134, 216)。ガンディーのオリジナルよりも制限が少ない彼の非暴力のキリスト教的表現は、もはや独身、厳格な食事制限や菜食主義を要求

(12) リベラルな改革と革命的変化との区別を曖昧にしたとして彼を非難したキングの批判者(Storing 1991 [1969])は、たしかに何事かを言い当てている。しかしながら、それは彼のアプローチの潜在的な強みであって、弱点ではない。

(13) トミー・シェルビーはこの政治的アプローチの暗黙の論理を捉えている。すなわち、「現代世界において正義に適う制度を確立し維持することの明らかな困難を考えると、より広範な改革を強力に推進すると同時に、全体として不正なシステムにおけるある程度正義に適う構成要素を維持することは、究極的には、突発的な急進的〔あるいは革命的〕再構築よりも優れた戦略かもしれない」(Shelby 2016: 225)。

(14) 確かに、ガンディーの複雑な神学におけるトルストイ的(およびキリスト教的)特徴によって、両者は容易に同一視された(Tolstoy 1967)。

していない。またキングは財産よりも人に対する暴力をより厳しく禁止することをときおり暗示した。すなわち、

私は、財産と人間の区別に眉をひそめる人が——その両方を神聖不可侵だと唱える人が——たくさんいることを知っています。私の見解はそれほど厳格ではありません。生命は神聖なものです。財産は生命に奉仕することを目的としており、私たちがそれを権利と尊重でどれだけ包み込んだとしても、それは人間的な存在ではありません。それは人間がその上を歩く地球の一部です。それは人間ではありません。(King 2016 [1968]: 148)

キングと、彼にもっとも近しい助言者たちは、暴力的な白人たちの反撃《バックラッシュ》から最大限の政治的成果《マイレージ》を得る方法を定期的に計算してもいた。かれらは時おり、譲歩を獲得するために黒人の暴力に対する白人の恐怖を利用したが、この事実は、最近の解説者たちがキングの非暴力へのコミットメントを若干の疑いの目で見ることを促した(Ginsberg 2013; Nimtz 2016)。

こうしたある種の懐疑的な見方をすでに予想していた同時代の人びとに応えて、彼は次のように反論した。

これは、彼がお金を持っていたがために強盗という邪悪な行為が引き起こされたという理由で、盗まれた男を非難するようなものではないでしょうか。……これは、彼の唯一無二の神の意識および神の意志への絶え間ない献身が磔刑という邪悪な行為を引き起こしたという理由で、イエスを非難

するようなものではないでしょうか。……社会は被害者を保護し、盗人を罰しなければなりません。

（King 1991［1963］: 76）

良心に基づいて悪法を破った善良なキリスト者が、暴力に訴えて不正な制度を支持する罪人に対して責任を負うことはありえない。警察の残虐行為や暴徒の暴力に直面したときにも、厳格な規律を維持しているかぎり、法律違反者たちは道徳的に高い位置を占め続ける。要するに、依然としてかれらの行動は間違いなく非暴力的であり、かつ、神の霊感に導かれているのである。

彼がガンディーをキリスト教化する間ですら、キングの語調《イントネーション》はしばしば決定的な変化をこうむった。彼は同胞市民を説得する必要を説き、また国民《ネイション》の道徳的良心ばかりでなく世論にも訴えかける必要について語った（1991［1963］: 76）。キングは信者たちの開かれたコミュニティに参加したが、そのとき彼は、みずからの理想を実現し損ねている政治秩序における将来の平等な市民としてそこに参加したのである。市民的不服従は霊的な礼節のみならず、平等な市民としての公民的義務をも暗に含んでいる。要するに、キングは預言的キリスト教を、リベラルで民主的な——ある意味で合衆国固有の——政治思想および法思想と融合させたのである。

正義の法を不正な法から区別する際に、彼はキリスト教的な自然法の考えに訴えた。[15]「人格を高める法はすべて正しい。人格を毀損する法はすべて不正です」（1991［1963］: 74）。不正な法律を破った学生活

（15）ここにユダヤ人思想家のマルティン・ブーバーも登場する（King 1991［1963］: 73）。非キリスト教徒に訴えかけるキングの試みについては、以下で詳しく説明する。

動家は「新しい秩序の誕生に立ち会う助産師」である。キリストの愛と人間すべての神聖さを真剣に受け止めるような将来の秩序を、かれらが期待していたからである（1986b［1961］: 118, 165）。だがキングは同時に、合衆国の民主主義の特殊政治的および法的欠陥に対しても定期的に集中砲火を浴びせていた。

不正な法律というのは、少数派《マイノリティ》の大部分《マジョリティ》が投票権の行使を妨害されたために、その制定や作成に何の役割も果たしていないのに、当の少数派に課せられている規則《コード》のことです。人種隔離法を制定したアラバマ州議会が民主的に選出されたと、いったい誰が言えるでしょうか。（1991［1963］: 74）

市民的不服従は、神の証人としてだけでなく、現在の秩序がその民主主義の理想に適っていないことに対抗する場合にも正統である。法の尊重に基礎をおく良心に基づく法律違反に関する自身の見解を擁護しながら、キングはアメリカ独立宣言と合衆国憲法の「偉大な言葉」に言及し、それらを「すべてのアメリカ人が相続することになる約束手形」と説明した。「この手形は、すべての人間《メン》――そう、白人だけでなく黒人も――が、生命、自由、幸福追求の不可譲の権利を保証されるという約束でした」（1986b［1963］: 217）。

市民的不服従者たちはこの手形の現金化に遅れればせながらも着手した。これは合衆国憲法の不完全な履行状況を改めるための効果的な政治的手法であった。たとえば、学校での人種隔離解消を命じる画期的なブラウン対教育委員会判決（一九五四年）は、南部の人種隔離主義者とそれを黙認する州政府当局によって戦闘的な妨害を受けていた（1986b［1961］: 43–53）。法律違反者たちは、国家の最高司法機関による判決が、敵対的な当局とその人種差別的な政治的同盟者によって事実上無効にされているという不穏なシナリオに、衆目を集めることに首尾よく成功した。キングは次のことを指摘した。すなわち、最高裁判所による前向きで人種に関して進歩的な判決を水面下に沈めることによって、酷い違法行為の咎を受けずに済んでいるのは、狂暴な人種差別主義者のほうであると。非暴力の法律違反者たちが地方の人種隔離諸法や他の人種差別主義者の法律的支柱の廃止に動いていたとき、かれらはもっぱら、根本的な憲法違反に対抗するためにそれを行っていたのである。

地方の非協力的態度に直面した連邦政府は、当然、憲法の実施状況を改善せねばならなかった。法律を軽視する傾向にあった人びとに反対して、キングは法律の必要な役割を強調した。「道徳《モラル》は規制できないが行動は規制できるというのは真理でしょう。法律は心《ハート》を変えることはないでしょう。しかし心無い《ハートレス》行為を抑制することができます。……人びとの、心ではなくとも、習慣は、連邦の行為によって毎日変化しており、また現在も変化しています」（1986b［1962］: 100–1）。それにもかかわらず、彼は「法が助けを必要としている」ことを認めた。幸いにも、

非暴力は、法律の手が届かないところにいる人びとの琴線に触れる可能性があります……。裁判所は公立学校における人種隔離の廃止を命令することができます。だが、恐怖を和らげ、学校統合の周辺でせめぎ合う憎しみ、暴力、非合理性を消し去り、人種的デマゴーグたちの手から主導権を奪い、法の尊重を普及させるために、何ができるでしょうか。結局のところ、法律が遵守されるためには、人びとは自分たちが正しいと信じなければなりません。（1986a［1958］: 215–16）

市民的不服従は、その敵対者を道徳的に武装解除することにより、人種的な不信と暴力との長い伝統に

対抗するのに役立った。キングは将来に目を向けながら、人種隔離の廃止は最終的に「障壁を取り壊して、人びとを物理的に結び合わせる。だが人びとの心と魂に触れるには、何かが起こらねばならない」と予言した（1986a [1958]: 219–20）。非暴力的な法律違反は「心と魂」を変容させ、アガペーと相互尊重を土台とした人種的和解と「愛のコミュニティ」の創造をもたらす。そのような未来志向のコミュニティにおいてのみ、アメリカ人は法に対する普遍的な尊重を現実的に待望することができる。なぜなら然る後にはじめて、法律はすべての人にとって尊重に値するものとなるであろうからである。

市民的不服従は、法律がさらに強固な基盤の上に築かれうるような、平和で社会正義に適う秩序を予示した。それがなければ、政治的および社会的に分断されたコミュニティでは、虐げられ、抑圧された人びとが法律をかれら自身のものとして受け入れることを決して期待できないだろう。

キングにとって、法律違反者たちが法に対する敬意を表明しなければならないという要件は、〔市民的不服従に〕懐疑的で遵法的な白人に揺さぶりをかけるための戦略的な道具以上のものだった。前向きで、潜在的に急進的な政治力学に基づいていたために、この要件は、普遍的な尊重に値する、より正義に適う法的秩序の創設に貢献した。宗教的な思想とより世俗的な政治思想とを織り交ぜながら、キングは、市民的不服従が法律および憲法の核となる理想――ひどい欠陥のある現状よりも良い政治秩序が、この理想から生成されることを彼は希望した――を直接に前進させることを望んだ[16]。ガンディーと同様、キングにとって法は、その完成のために闘うに値する、価値ある社会的善であり続けた。

このことは、「〔既存の〕司法命令の正統性」や法的な現状を受け容れることをほとんど意味しない（Milligan 2013: 99）。それとは反対に、キングが原理づけた法律違反は、世論と、反動的政治家たちによる改革阻止に反対する国民の道徳的良心とに訴えながら、その触媒作用によって政治的変化を引き起こしたのである。重大な不正義を拡大表示《ズーム》することによって、法律違反者たちは、アメリカが最終的に、その建国文書に「雄弁かつ明確に表現されている……人格の尊厳および価値という考え」に沿って行動するようになることを助ける。キングは、一九世紀の奴隷廃止論者であるフレデリック・ダグラスに従いつつ、この建国文書をラディカルな変化の可能性の出発点として解釈したのである（1986b［1956］: 135–44;［1962］: 119）。

おそらくキングは、みずからの思考内部のキリスト教的要素と潜在的に非宗教的な政治的要素との間の水面下の緊張関係にまったく悩まなかった。その理由は単純で、彼が二〇世紀中葉の多くの同時代人と同じく、自分が支持するリベラルで民主的な理想がキリスト教と一致している——そしておそらくはキリスト教に依拠している——と信じていたからである。たとえばアメリカ独立宣言についての文章の中で彼は次のように書いている。「人格の神聖さをこれ以上に深く、また雄弁に宣言した社会政治的文書は、いまだかつて存在しません」（1986b［1962］: 119）。キングは自国の独善的な例外主義的見解を軽蔑する国際主義者であったが、合衆国が本来はキリスト教国家であるという誤解を招く考えを、彼自身がしばしば支持したのである。[17]

おそらく当然のことながら、キングの遺産をめぐっては今日なお解説者たちの間で意見が分かれたままであり、その一部は彼の宗教性を強調し、他の一部はより世俗的な政治的コミットメントを強調している（Dyer and Stuart 2013; Richards 2004）。ある意味ではこの論争における双方ともおそらく正しいの

（16）反対の見方として、Lyons（2013）を見よ。
（17）啓発的な議論として、Kramnick and Moore（2005）を参照。

だが、それはただ、キング自身が矛盾していたからなのである。

神と共に正しきをおこなう——あるいは、同胞市民と共に？

ガンディーとキングはすぐにグローバルな聖像《アイコン》となった。宗教に基づく彼らの市民的不服従のモデルは、驚くほど多様な状況の中でそれぞれ不正な法律と闘う活動家たちに動機を与えた。道徳的原理に基づく法律違反のための頑丈に構築された発射台を提供したこの二人は、それぞれのローカルな出自を超越していた[18]。彼らの英雄的な努力と巨大な影響力によって、世界がより良い場所になったのは間違いない。彼らの考えはまた、市民的不服従に関するより最近の説明の根拠としても役立てられている。以下の各章では、その後の（自由主義的、民主主義的、アナキズム的）改訂版を分析している。だがその前に、この二人のモデルが、その強さと幅広い人気にもかかわらず、なぜ、そしてどのように、いくつかの実際上の限界に直面するのかを理解する必要がある。

その最も明白な問題は、このモデルの宗教的な基礎に居心地の悪さを覚える人びとに対して、どうしたら説得的に語りかけることができるのかが不明確なままであることだ。公平を期するために言えば、ガンディーとキングはいずれも狭いセクト主義という批判に対しては常に反論していた。上述のように、キングはリベラルで民主的な政治的理想に直接訴えていたのに対して、ガンディーは「私は自分の行動が普遍的な宗教と完全に一致するようにしています」（1986a［1930］: 511）と主張した。その信奉者に多くの世俗的な活動家が含まれていたキングは、次のような啓発的なコメントを残している。

こうした人びと［つまり、公民権運動の隊列に伍する非信仰者］でさえ、普遍的な全体性に向けて作用する何らかの創造的な力の存在を信じているのです。われわれがこれを無意識の過程と呼ぶにせよ、非人格的なバラモン、あるいは比類なき力と無限の愛という人格的存在と呼ぶにせよ、この宇宙には創造する力があり、それは現実の断片的な諸側面を調和のとれた全体へと導くのです。（1986a［1958］: 107）

どちらの思想家も、彼らが論争的な宗教思想に依拠していることや、彼らの運動が――決して偶然ではなく――実質的に信仰復興の形を取っており、また両者が神に準じる権威を具えた聖人のごときカリスマ的人物としてそれぞれの信者たちから崇拝されているという事実に悩む同情的な批判者たちに対して、満足のゆく応答をしていない(19)。こうした特徴は当然のことながら世俗的な支持者たちを苛立たせた。それらは運動内部に分裂傾向の政治的対立をも生み出した。ガンディーはムスリムの支持を集める際に周知の非常に困難な時期を過ごしたが、他方でキングは、そのリーダーシップ・スタイルが権威主義的で家父長的だとして不満を抱いた若い急進派によって、風刺的に「ご主人様（The Lawd《ママ》）」と呼ばれた。

　さらに重要なのは、神的ないし「創造的な力」の存在を信じない人びとが道徳的原理に基づく法律違反を正統な仕方で行う可能性を（ガンディーとキングが時々そうしたように）否定しても、それによって愛や相互尊重が例証されることはほとんどない、ということである。この立場は、二人がともに他の点

(18) いくつかの例については、Scalmer（2011）とSharp（1973）を見よ。
(19) ガンディーのカリスマ的魅力については、Rudolph and Rudolph（1967）およびBalibar（2012）を参照。

では同意した平等な道徳的人格という考えを軽視しており、必要な霊的態度を欠くと疑われる人びとを二流の地位に貶めている。

宗教が繁栄を続けるグローバルな文脈において、このモデルは幅広い支持を集め続けるであろう。だが、われわれの世界においては宗教的な道徳的コミュニティと非宗教的な道徳的コミュニティとが鋭く対立し続けている。こうした見方から、いくつかの実際上の問題が帰結する。

社会運動の研究はそれらの問題を特定する助けとなりうる。一九八〇年代の反核《アンチ・ニュクリア》抗議者たちを見ながら、社会学者のバーバラ・エプシュタインは、政治行動への霊的アプローチとより戦略的なアプローチとの間の緊張関係――ガンディーとキングに触発された宗教活動家たちは後者に対して前者を特権化した――を特定した（Epstein 1991: 222–6）[20]。政治戦略の問題に対する軽蔑と、民主政治の面倒な利益調整協議《ギブ・アンド・テイク》への無関心は、しばしばかれら自身の努力の妨げとなった。道徳的証言行為《モラル・ウィトネス》および自己犠牲としての市民的不服従は、鋭く対照的な見解を抱く諸個人や諸集団間の妥協や交渉の必要性にぴったりと重なり合うわけではなかった。霊的な活動家たちはときおり、民主政治と調和しない「道徳的エリート主義」を示した。反核運動の内部では、

> 急進派のキリスト教徒たちは模範的なリーダーシップを信じている。だがこのキリスト教徒たちにとって、模範は集団的行動としばしば両立しない英雄主義の色合いを帯びている。信仰と特別なリスクを引き受ける意欲がかれらに道徳に対する特別な主張を与えると信じる急進的なキリスト教徒たちは、草の根の民主主義の精神と対立し、合意形成過程との両立が困難な、道徳的な階層性《ハイエラーキー》を暗黙のうちに築いていた。比較的重い判決を受け入れるべきか否かに関する刑務所での議論が、し

ばしば道徳的優越性と劣等性についての議論に転化するのである。(1991: 225)

ガンディーやキングらの運動の目覚ましい成功は、一方における(神的な)道徳的良心の絶対主義的訴えと、他方における政治的判断、戦略、および結果の評価に関する面倒で状況的な問いとの間の潜在的な緊張関係を曖昧にすることにおそらく貢献した。ドイツの社会思想家マックス・ヴェーバーが「信条倫理」と呼んだもの――結果如何にかかわらず、道徳的理想への絶対的なコミットメントを示すことと定義される――と、「責任倫理」――そこでは政治的行為者は何よりも先ずかれらの行為の(予見可能な)結果に応答」しようとする――との間の根本的な対立は、市民的不服従の宗教的モデルの内部で埋もれて見えなくなる傾向がある(M. Weber 2004 [1919]: 83)。そこに暗示されているのは常に、希望に満ちているがナイーブな信念である。それは「宇宙は正義の側にある」というキングの有名な言葉に、また良心に基づく法律違反者たちが天を味方だと見なしうることに示されている(King 1986a [1958]: 106)[21]。キングにとって神聖な法律違反は、彼に先立つガンディーと同様に、たとえ最終的な段階まで待たねばならぬかもしれないとしても、望ましい政治的帰結を生み出すように運命づけられている。つまり、人間的事象は神の法と軌を一にしているので、善い道徳的判断と成功した政治は融合する傾向があるとい

(20) 同じ文脈でのニューレフトについては、Isserman (1987: 159-68) を見よ。

(21) 確かに、キングは歴史に関する素朴な見方を拒否して、戦闘的な政治行動がない場合は「時の流れそのものが……必然的にすべての病気を治すだろう」と示唆している(King 1991 [1963]: 76)。だが、「道徳的宇宙の弧」が正義のほうへと曲がる傾向があるという彼の見解は、究極的には宗教的な根拠に動機づけられていた。

うのである。だが、この期待を共有しない人びとにとっては、事態がもっと複雑になることは避けられない。宗教モデルの道徳的エリート主義は、大衆運動の動員に際してのガンディーとキングの驚くべき才能によっても部分的に隠されていた。しかし、神の霊感を受けた法律違反者たちの努力が期待通りに大衆の支持を得られなかった場合には何が起こるだろうか。自分たちが神に選ばれたと信じる人びとは、かれらの大義に対する大衆の反対が強まったときにはどのような道を歩むだろうか。政治的および道徳的に平等な人びとへの説得よりも霊的指導を必要とする人びとの道徳的回心を志向するこのモデルの内在的特性はそれゆえ明白であり、問題含みの結果を伴う可能性があるのだ。

たとえば、その多くが当初ガンディーとキングに触発され、それゆえ活動初期の時期に彼らの努力を手本とした、戦闘的な反‐中絶活動家たちのケースを考えてみよう。[22] そのストーリーは複雑であるが、活動家たちが中絶の合法化を支持する大枠の合意を打ち破ることに失敗したときに、良心に基づく法律違反の馴染みある市民的《シヴィル》特徴を犠牲にする傾向に付随して、道徳的な声高さが昂じていくことを示すいくつかの証拠があった。一九八〇年代の終わりまでに合衆国その他の地域では、戦闘的な反‐中絶活動家たちは中絶を申し込む者に嫌がらせや物理的な脅迫をおこなったり、医院を破壊（場合によっては爆破）したりした。かれらは中絶を求める女性を「愛のある」、敬意ある仕方で扱うことができなかった。かれらは聖書の直解主義的な理解によって自分たちの活動を正当化し、道徳的に恐ろしく殺人的な「ホロコースト」から胎児を「救う」ために、神による制裁を唱えた（Maxwell 2002; Risen and Thomas 1998）。戦闘的な「救出作戦」の元リーダーであったランドール・テリーは、中絶に反対する宗教的な軍隊を率いるよう、神が彼に直接命じたと信じていた。ランドールは、クリニックを破壊し、反対者に嫌がらせするよう弟子たちに命じる前に、「お前たちは神聖な歴史に取り組んでいるのだ！」と叫んだという

(Risen and Thomas 1998: 220 より引用)。

しかしながら、合法的な妊娠中絶に反対する批評家でさえ、そのような法律違反はガンディーやキングの考えによって十分に正当化されるものだとは考えられない、と明確に指摘した。「救出作戦」の活動家たちは、「ガンディーが非常に雄弁に書いた謙虚さの一片たりとも、公衆に示していなかった」(DiSalvo 1991: 224)。そうした過激派は、市民的不服従者たちが法への尊重を示すことが期待されて然るべきだという決定的な直観を評価することもなかった。そのかわり、かれらは神の法のセクト主義的解釈を無造作に優先し、神聖なテキストの偏向した読みに頼り、ガンディーとキングにとって非常に重要な、問題あるタイプの人定法への条件つきの服従のための霊的な理由を無視した。[23] かれらはガンディーとキングの両方が断固として非難してきた暴力行為に従事したのである。

仮に、敵対的な憎悪の言葉を叫び、物理的な暴力を振るう、宗教的に動機づけられた法律違反者たちと、ガンディーやキングとの間を一直線に結ぶとすれば、それは公平ではないだろう。それでも、霊的に基礎づけられた市民的不服従の堕落したあり方は、元のモデルの弱点のいくつかを特定するのに役立つ。ガンディーとキングは常に、良心に基づく法律違反者はみずからの行動が法を強化する可能性があると主張する義務がある、と信じていた。法律違反者たちは法的処罰を受け入れることが期待されてい

(22) たとえば、初期の合衆国カトリックの一九七〇年代の「プロライフ(妊娠中絶反対の)」活動家たちは、公民権運動と一九六〇年代の反戦運動に深く関わっていた(Risen and Thomas 1998)。
(23) これらの理由を調査したものとしては、Stevick (1969) を参照。
(24) たとえば、ベトナム戦争を覆すために徴兵記録を焼き、逮捕から逃れようとした戦闘的なカトリックの平和主義者ダニエル・ベリガンを考えてみよ(Berrigan 2009: 138-44)。

た。だが、神の法が既存の（世俗的で罪深い）法的秩序によって侵害されていると見なし、したがって形ばかりの承認すら価値がないものと見なしたらどうだろうか。おそらく当然のことながら、より急進的な宗教的法律違反者たちは、闇に紛れてしばしば過激な行動を企てたり、法的処罰を回避するために雲隠れしたりすることがある。(24) エプシュタインがインタビューした教会指導者のひとりのように、かれらは「あなたは道徳には投票しない」と考えているようである。なぜなら「道徳はいつも敗れる」からだ（Epstein 1991: 226 より引用）。宗教に基づく市民的不服従の観念は、よくて条件つきの、だがまったく定言的ではない、民主政治と法の擁護を前提とする傾向がある。いざとなれば、神――あるいは少なくとも、主観的で常に誤りうる「内なる声」が、特定の個人に対して、神について語ること――は、民主主義が立脚する平等な道徳的および政治的人格性という根本的な理想を含んでいる可能性がある、競合する他の政治的ないし法的主張に対して優越するのである。

われわれは、市民的不服従がよりセクト主義的でなく、より確固たる基盤の上に首尾よく位置づけられるかどうかを確認する必要がある。そのためにわれわれは、合衆国の公民権運動および一九六〇年代と一九七〇年代初頭の政治的激動の陰から出現してきた、市民的不服従についてのリベラルな考えに目を向ける。

第2章　リベラリズムとその限界

一九六〇年代から一九七〇年代初頭のあいだ、主にアメリカに拠点を置く英語圏の知識人たちは、宗教的観念としての市民的不服従を、リベラルのもっとも著名な哲学的設計者であるジョン・ロールズが多元主義の事実と診断したもの（Rawls 1971）によりよく適合するような新しい自由主義《リベラル》モデルとして作り直すという、野心的な作業に着手した。リベラルはたいていの場合、宗教に動機づけられた法律違反に意味を与える試みから開始したため、最初のうちは外部からの印象は変わらないように思われた。正当化可能な市民的不服従のために規定された自由主義モデルの大部分は、その霊的《スピリチュアル》な先駆者たちからの直接的な盗用であった。にもかかわらず、その意味合いは大きく変化した（Haskar 1986; 2003; MacCallum 1970）。リベラルにとっての市民的不服従は、以前の宗教的実践者のそれと比べてかなり異なる様相を示すようになった。

ガンディーとキング、および彼らから広がった反戦、公民権、平和主義の信奉者たちの輪に刺激されたために、リベラルの議論は単なる学術的な課題にとどまらなかった。一九六〇年代初頭、英国を拠点とする核軍縮キャンペーン（Campaign for Nuclear Disarmament, ＣＮＤ）は、国防省やロンドンのトラファルガー広場のような有名な公共空間だけでなく、核兵器を配備する空軍基地に対しても、十分に周知された大規模な市民的不服従を組織していた。大西洋の向こう側では、ガンディーに触発された活動家たちがコネティカット州グロートンに停泊する原子力潜水艦に乗り込もうと試み、またネブラスカ州オマハの核兵器が配備された基地で非合法のシット・インを行なった。とりわけ重要なことは、少なくともアメリカの知識人からすると、キングがガンディー主義を応用した形で行なった種類の市民的不服従が穏健派白人の共感を得ることに成功し、最終的には一九六五年投票権法のような大規模な改革への道を用意することに成功した点である。一九六〇年代後半には、市民的不服従はベトナム戦争に反対する人びとによって広く用いられた。若い活動家たちは徴兵カードを焼くことで徴兵に反対し、かれらに共感する中年層は、若者たちの行動への支援を禁じる抑圧的な法を破った(1)。

自由主義モデルに関するわれわれの議論はいくつかの問題を提示する。第一に、「リベラリズム」はひどく定義が難しい言葉であり、実際に図書館は、それぞれ異なる特徴づけを主張する学術書で満たされている。われわれの限定された目的のためには、ダンカン・ベルのわかりやすいコンテクスト主義的理解が適していると思われる。つまり、最も一般的な用法におけるリベラリズムとは、「時代や場所を問わず、リベラルに分類されてきた議論、および他のリベラルを自認する人びとがリベラルだと認めた議論の総計」をあらわす (Bell 2014: 689–90)。本章で扱う思想家たちは、概して自分自身とその主張を「リベラル」と形容した。より具体的には、かれらは全体主義のイデオロギー的「他者」としてリベラリズムを再構築するという二〇世紀中葉の趨勢のもとで理論化をおこなった。この再構築の過程でリベラリズムは「立憲的統治の文脈における個人の自由を焦点とした政治的‐知的伝統」(2014: 669) として構想された。いくつかの重大な理論的および政治的不一致にもかかわらず、以下で分析するリベラルたちは、市民的不服従に関する自分たちの見解を、個人の自由、立憲的統治、法の支配、および代表制（もしくはリベラル・）デモクラシーの維持が必要不可欠な出発点を構成する状況の中に位置づけた。かれらはまた、道徳的、倫理的、宗教的諸理念や善き生に関する諸構想が競合しており、多元性が存在することをあらかじめ想定した。リベラルの政治理論家であるジュディス・シュクラーが観察したように、多元主義は「社会的現実として扱われるべき」であり、同時にまた、「多様性のみが自由を現実のものとすることができるために」、「どのリベラルも」自発的に「〔多元主義を〕祝福し、促進することを目指すべきである」（Shklar 1986 [1964]: 5）。

第二に、リベラルの議論の幅広さという特徴と、相対立する声の印象的な集合体から多種多様な哲学的観点がこの議論の中で発達したこと、[2]これらが意味するのは、自由主義モデルの鍵となる諸要素を抽出するいかなる試みも、その隠れたニュアンスや観点を損なう恐れがあるということだ。自由主義モデルのさまざまなニュアンスを軽視する最近の研究傾向に抗して、私はこの点に可能なかぎり光を当てる。[3]

（1）有用な歴史的説明については、Carter（1973）、Foley（2003）、Perry（2013: 212-83）を参照。

（2）リベラルの議論に参加した人物のリスト（たとえばクリスチャン・ベイ、ヒューゴ・アダム・ベドー、カール・コーエン、マーシャル・コーエン、ロナルド・ドゥオーキン、ケント・グリーンウォルト、ジェフリー・マーフィ、ジョン・ロールズ、ジョゼフ・ラズ、ピーター・シンガー、マイケル・ウォルツァー、リチャード・ワッサーストローム）は、一九六〇年代から一九七〇年代にかけての英語圏の政治哲学者の名士録（*Who's Who?*）を読むようなものである。かれらの一部――一番の有名人としては、ＣＮＤの最も著名な代表であるラッセル――もまた市民的不服従に参加した。これを主題とする思想史はいまだに著されていないが、もし書かれたならば、その叙述はおそらく合衆国における公民権運動が影を落とす一九六一年にアメリカ哲学会の例会で開催されたシンポジウム「政治的義務と市民的不服従」からはじまるであろう（Badue 1961; Welchman 2001）。

私の説明は、調和に欠ける思想や意見をおそらくは重視しないことを認めざるを得ないにせよ、リベラリズムの主要な特徴の正確な描写のみならず、その根底にある直観をとらえる描写も提供する。自由主義モデルは市民的不服従の実りある分析のために依然として必要な出発点である。われわれがそれを公平に評価することは重要なことである。

リベラリズムのもっとも基本的な達成についてはすでに述べた。リベラリズムは、広範な道徳的および宗教的多元性をともなう政治的世界の只中で、宗教的な正当化に制約を加える必要性を承認する。一九六〇年代における哲学的交流の中心人物であった政治理論家のカール・コーエンが記したように、ガンディーその他の人びとが誤って依拠した霊的

> 知識の主張は、現実的には擁護することが不可能である。かれらは、高次の法が全人類に何を要求しているか知っているかのように装うが、しかしお粗末なことに、かれらの議論は、その［宗教的］見解をすでに共有している人びとを確信させることしかできない。多くの——おそらくは大部分の——人びとはガンディーらと見解を共有しておらず、かれらが主張する超自然的な命令や基準を当局に認めさせるのに十分な合理的な根拠を与えることができない（C. Cohen 1971: 115–16）。

市民的不服従についての宗教家の見解にまつわる認識論上の障害を乗り越えることができるのは、宗教的インスピレーションに基づく道のりではなく、反証される可能性があるにせよ、自由な議論が可能であり、信仰者かどうかを問わず誰からも承認される可能性のある、一般的な合理的原則である。非宗教的な諸原則に依拠することによって、自由主義モデルもまた、先行する宗教的説明にまつわる非民主的

な含意を迂回するべく努力する。ロールズが指摘したように、かわりに市民的不服従が自由で平等な人間の間での政治的参加の一形態として適切に構想されるとき、それは聖なる秩序を信ずる人びとには無意味なものとなる。この聖なる秩序において

主権者は神によって選ばれた総督として神権によって統治しており、［それゆえ］その臣民が有するのは嘆願の権利のみである。かれらは自分たちの主張を申し立てることはできるけれども、その訴えを拒否されたところで不服従を貫くことはできない。不服従は、最終的かつ正統な（たんに法的であるだけではなく）道徳上の権威に、反逆することを意味するであろう。（Rawls 1971: 383）

社会が平等な人びとの間における協働システムとして適切に想像されるとき、「深刻な不正義により傷つけられた者」は、神の裁きを主張する権威に「［黙って］服従する必要はない」。リベラルで民主的な政体において、市民的不服従は、自由で平等な市民が「法への忠誠の範囲内で」（1971: 383）不正な法に対抗する活動を支える。「法の外縁に位置する」、非合法でありながら規範的に正統な行為、それは基本的自由に対する不当な攻撃を防ぐ潜在的な助けとなりうる（1971: 366）。

この影響力ある自由主義モデルは、われわれがこれから見るように、大きな政治的および概念的な力を含んでいる。市民的不服従をその元来の宗教的枠組みから分離することで、信仰者と世俗的精神をも

（3）　第7章を見よ。ここでの私の議論は、ロールズ（1969［1966］; 1971: 363-91）による市民的不服従の（今や）正典となった説明に大部分依拠しているが、補足のために他のリベラルたちにも言及している。

つ者の双方がそれを受け入れる理由が与えられる。市民的不服従を現代の多元主義の輪郭のもとに再構成することで、リベラリズムは市民的不服従の核となる説得とコミュニケーションの機能を際立たせる。それはまた、あるタイプの政治的な非合法行為は、それが適切に遂行されるならば、その根底にある法への愛着をうまく表現しうるという直観を、うまく言い直してもいる。

だが、リベラルのアプローチは依然として欠点を抱えている。その宗教的先駆者と比べて決定的な点で制約が少ないとはいえ、リベラルは市民的不服従を、限定的で過度に現状維持的な類の政治的改良主義に縛り付ける傾向がある。しかしながらその弱点を考慮する前に、その宗教的先駆者と比較しながらリベラリズムの展開を描く必要がある。

市民的不服従　対　良心的拒否

自由主義モデルが宗教的基礎づけを放棄したために、批判的な論者の中には、市民的不服従の世俗化に内部から拍車をかけたと判断する者もいる（Milligan 2013: 14）。実際に、リベラルたちとガンディーおよびキングとの間には大きな隔たりがある。しかしながら、もし世俗化が市民的不服従からすべての霊的な特徴を消し去ることを意味するとすれば、この批判は的外れである。自由主義モデルは不寛容で画一的な世俗主義（もしくは「世俗的ヒューマニズム」）を強制的に押し付けるのではなく、道徳的および宗教的多元主義を真摯に受け止めることを強く要望する。現代の多元主義を正しく考慮に入れるために、リベラルのアプローチは二つの主要な提案を行う。第一に、それは市民的不服従と良心的拒否とを区別する。第二に、それは宗教的および霊的な正当化が副次的な、主として従属的な役割を市民的不服従の中で果たすべきであると主張する。

市民的不服従の中心に常にあるのは良心に基づく法律違反であり、道徳的良心（つまり神の声）に基づく霊的義務であるという、ガンディーとキングによって主張された考えをリベラリズムは拒絶する。なぜならリベラルにとって、宗教的モデルは市民的不服従と良心的拒否とを一緒くたにするからである。両者は関連してはいるが異なる種類の規範的に正当化可能な法律違反である。ガンディーとその信奉者たちは、悪法に対する神聖な不服従と、平等な人びととの間での自発的な市民的ないし政治的不服従とを混同するという誤解をした(4)。この混同は、リベラルが信ずるところでは、払拭する必要がある。

市民的不服従はもはや、道徳的悪に加担する者の霊的回心を目的とする「（神聖な）真理の実験」ではない。今やそれは、とりわけ政治的法律違反を指すのであり、活動家たちはそこで法的および政治的に平等な人びとに対して、（たとえば、何らかの正義の構想を共有することに基づいて）法と政策に変化をもたらすよう説得するのである。良心的拒否においては、参加者たちは自分たちが非道徳的だと考える法律に従わないよう試みるが、必ずしも他の人びとにかれらが示す模範や代わりの政策を支持してもらうことを目的とはしない（Brownlee 2012b; Rawls 1971: 368–71; Raz 2009 [1979]: 262–92; Russel 1961）。市民的不服従は政治的活動であるがゆえに公共的でもある必要があるが、他方で良心的拒否は、原理上は私的かつ隠れたままであり得る。前者が市民的であるのは、共通のあるいは政治的な事象に焦点を合わせ、たいていは基本的権利の擁護を伴うためである。良心的拒否もまた同様に、われわれの政治的同輩とその権利を尊重するように求める。しかしながら良心的拒否は、市民的ないし政治的コミットメントを共

（4） 関連する系譜としてベドーのソロー論がある（1991［1970］）。

有するよう促すという意味での市民性《シヴィリティ》を必ずしも含意しない。市民的不服従においては、意見が分かれるような道徳的、宗教的見解は正当化としては十分ではない。しかしながら、良心的拒否にとってはそうした見解で十分なのである。

良心的拒否の主要な目的は公衆の教育ではなく私的な免罪であり、政治的変化ではなく、（率直に言えば）個人的な潔癖さである。良心的拒否者が法を破る際に、彼ないし彼女は、公的な法の要求があるとしても、個人的良心が咎めるような行為を避けることを最優先の目的とするのである。

（Bedau 1991: 7）

市民的不服従を良心に基づく不服従から区別するリベラリズムの所作は、宗教的な理由から法的禁止命令を回避することを望む者——平和主義者の兵役拒否が典型であるが——に一定の法的保護を提供するという、長い伝統を有する実践を直接の土台として築きあげられた。しかしながら、リベラリズムは単に現在行われている実践を哲学的に定式化したに留まらない。極端な、もしくは明らかに不寛容な倫理的ないし宗教的実践（たとえば端的に他者に危害を加える行為）は、良心的拒否に関する適切に拡張された見方とは一致しないと考えるリベラルもいる。制約はあるにせよ、良心的拒否の限界は、数多くの論争的な道徳的および政治的見解を許容する根拠を供給したところの、幅の広い政治的諸原理によって定められた（Rawls 1971: 370）。

このアプローチにしたがえば、良心的拒否は、評判の悪い道徳的および政治的理想にコミットする人びとが法に従わないことを可能にするような、潜在的な広がりをもつ場《アリーナ》を提供した。兵役に服することを免除されながらも、代わりの奉仕活動に従事する者のように、良心的拒否者は、たとえ自分の主張が通った場合でも、義務から免れることを期待することはできなかった。にもかかわらず、道徳的ないし宗教的色彩を帯びたかれらの「真理の実験」がきわめて評判の悪いものであることが判明した場合に、またその際に政治的同輩たちとの「相互理解の基礎」がまったく見出されない場合に、良心的拒否は自らの手を道徳的に清潔なままにしておく手段を提供したのである（Rawls 1971: 369; also, Cohen 1971: 41–2）。

実質的には、リベラリズムは宗教的に動機づけられた法律違反を、良心的拒否によりふさわしいと目される水路に注ぎ込んだのである。リベラルにとって、市民的不服従は一般的には政治的である。つまり、個人または集団は、現在の政治的多数派に訴えかけ、最終的には政策実施に責任のある公職者に訴えかけることによって、はなはだしい不正義に対抗する。かれらは私的権威ではなく公的な権威にアピールする。なぜなら公的権威は決定的なかたちで「人びとの生活の見通しに恒常的な影響を与える」からである（Rawls 1971: 222）。国家のみが、「包括的な範囲」と「他の諸制度に対する統制力」を有する（1971: 236）。政治闘争は、それが正義の共通理解を実現する決定的役割を果たすために、国家の制度的領域において最終的な過程が遂行されるのである。

ロールズの影響力ある定式化においては、揺れ動く多数派に対して直接向けられた「良心に基づくが政治的な」行動であるために、市民的不服従は「政治的原理によって」、つまり政治的および社会的生活の大枠を規制する「正義の原理によって導かれ、かつ正当化される」（1971: 364–5）。市民的不服従を追求する人びとは、現在対立しているにしても、その政治的同輩たちと幅広い合意を達成することを理性的に《リーズナブリー》期待しうる。かれらの法律違反は、多岐にわたる直接的ないし間接的な形態のいずれをも採りうる可能性を秘める。前者の場合、不正な法律それ自体が破られる（たとえば、公民権運動家が人種隔離諸法に違反すること）。後者の場合、争われている不正義と理念上は関連しているが、それに付随するにとどまる法が破られる（たとえば、防衛政策への反対の一環として、軍事基地で法律を破ること）。不服従者たちは税金の支払いを拒否したり、軍の徴募規則を無視したり、交通規則を破ったり、あるいは平穏を妨げたりするかもしれない。依然として重要なのは、かれらが、その時点での政治的多数派に、現行法が不正であり早急に変更する必要があると確信させることを狙いとして、それらを行うことである(5)。

　言葉の定義が重なり合うことが示唆するように、市民的不服従は依然として良心を用いている。たとえ、もはや市民的不服従が宗教的確信に必ずしも依拠しないとしても、部分的に道徳的および霊的根拠に基づく主張が除外されるわけではない（Rawls 1971: 385）。自由主義モデルの狙いは、上述のように、画一的な世俗主義を推進することではなく、道徳的および宗教的差異を真摯に受け止めることである。ある人の神に関する考えや個人的な道徳に由来する訴えが市民的不服従に果たす役割は必然的に縮小する。なぜなら、そうした考えを共有しない人びとを説得することは期待できないし、また期待すべきでもないからである。きわめて多元主義的な社会においては、良心に基づく声が異なる、時には不揃いな声として発せられることは避けられないので、市民的不服従は党派的な訴えだけに依拠することもできなければ、主としてそれに依拠することすらできない。そのような〔党派的な訴えに依拠するという〕誤った試みは、政治的同輩たちが根本的な道徳的および宗教的問いにかれら独自の答えを提示する機会を潜在的に否定し、道徳的エリート主義と政治的パターナリズムへの扉を開いてしまう、とリベラルは主張する。政治的に動機づけられた法律違反は、ほとんどの場合、コミュニティの一般的または最優先の規範的および政治的コミットメントに見合った示威活動を行うことによって、態度（また究極的には政策）に変化をもたらすことに貢献するにとどまる。対照的に、論争的な宗教的および道徳的理念の力は、多元主義的な政治体においては限定的である。

おそらく驚くべきことではないだろうが、リベラルの議論に参加する者の大多数は、ガンディーよりキングを好み、キングのアプローチを自身のより世俗的な理念の例証として再解釈する。たとえばロールズは、「宗教的教条は明らかにキングの見解の底流にあり、かつ彼の主張において重要である」ことを認めた。しかしながら、ロールズは続けて「キングの宗教的見解」は「一般的な語彙で述べられており、それゆえその見解は立憲的諸価値を完全に支持するものであり、公共的理性《パブリック・リーズン》に一致する」と述べた（Rawls 1993: 250）。ロールズやその他のリベラルにとって、キングの模範としての地位は単に仲間のキリスト教徒に対してだけでなく、政治的コミュニティ全体とその憲法上の基礎に対して訴えかける能力に由来していた（Richards 2004）。宗教的に動機づけられたにせよ、そうでないにせよ、たとえ個人的信条が参加者を団結させ、参加者の支持の一助になっているにしても、不服従者たちはキングの例にならって、一般的な政治的原理に則して主張することを期待されて然るべきである（Rawls 1971: 365）。

（5）この単純だが主要な市民的不服従の諸特徴が、インゲボルク・マウスの他の点では刺激的な著作によって曖昧にされていることを私は懸念している。その著作の中で彼女は市民的不服従を、中世ヨーロッパにおける（法的な）「抵抗の権利」の観念を再構築することを目指す、歴史に逆行する冒険だと解釈している（Maus: 32-42; 230-4）。これまで見てきたように、市民的不服従を擁護する主張の大部分は、（1）非合法の抗議を含むものとしてこれを定義しており、また（2）〈それをおこなう法的ないし憲法的権利〉という観念をすべて拒絶している。加えて、主要なアプローチ（第3章参照）は、不服従を法的および憲法的現状維持の手段以上のものと見なしていることが明らかである。

不服従者たちが引き合いに出すことが期待される共有された政治的諸原理の最善の解釈方法という、重要な問いに関する内部の相違が、自由主義モデルの支持者たちの間にすぐさま生じた。市民たちはそれらの原理をどこに位置づけ、またどのようにして充分に基礎づけることができるのか。それらの原理はいかにして政治的理由に基づく法律違反者たちを最もうまく導きうるのか。それらはどの程度、現行法の内にすでに暗示されている——あるいは逆に、現行法を乗り越えているかもしれない——のか。

その答えのひとつは、すでにキングによって親しみやすいものとされており、彼の考えをさらに堅固な非宗教的基礎の上に位置づけようと格闘するリベラルたちによって熱心に応用されたものであるが、マーシャル・コーエンが「近代国家の憲法」として、とりわけ「法廷によって解釈されたものとしての憲法」として描き出したものと関連づけられるべきものである（M. Cohen 1972: 298-9; also, Kateb 1983: 104）。市民的不服従は法を犯すことを意味したが、同時に、現在の憲法学の中ですでに例示されている基本的諸原理と調和するものでもあった。市民的不服従は、その同胞市民によって暗黙裏に是認されている立憲的秩序に対する基底的なコミットメントを前提としているがゆえに、それに直接訴えることは、党派的な道徳的ないし宗教的な訴えとは異なり、多数派の支持を得る真のチャンスをもっていた。法律違反者たちは単に、現在の立法府の多数派もしくはその他の強力な政治勢力によって誤って解釈されている、共有された憲法上の諸基準を想起させたに過ぎない。

これに異論をもつ者は、すぐさま懸念される含意をいくつか特定した。もし市民的不服従者たちが単に既存の法的ないし憲法的枠組みに訴えるに過ぎないならば、かれらは代替的な法解釈を単にテストした、あるいは試みたに過ぎないのではなかろうか。それではなぜ、実際には現行法に関する代替的見解を示したにすぎないかれらの行動が非合法とまで言われるのだろうか。

これらの問題および関連する諸問題は大規模な論争を引き起こした（Dworkin 1977: 202-22; Fortas 1968; also Allen 1967; Cohen 1971: 94-105; Freeman 1996）。多くのリベラルが最終的には、この見解に対する次のような説明におおよそ同意した。すなわち、もし、抗議に直接介入している国家当局が目下の抗議行動を違法だと解釈したならば、その後の法廷での決定や、「より高次の」あるいはより根本的な憲法上の諸規範や諸原理とは関係なく、それは定義上の目的にとって十分であるという説明である（Zashin 1971: 112）。抗議行動の正しさが事後的に証明されたとしても、その行動が市民的不服従のカテゴリーから事前に除外されるわけではないのである。

それでもなお、ロールズのようなリベラル左派ですら、政治的に動機づけられた法律違反者たちはすでに存在している共通の、あるいは共有された正義感覚に訴えかけるべきであると考えていた（あたかも市民的不服従の目的が単に、すでに存在する正義の諸理想についての多数派の誤解を糺すことであるかのように）。だが、この立場からガンディーやキング、その他多くの人びとのよりラディカルな政治的情熱の正しさをどのように証明できるのだろうか。なぜ市民的不服従は、忘れやすい多数派市民のために劇的なやり方で「付箋を貼りつける」程度の行為としてしか思い描かれないのだろうか。市民的不服従のありうる役割、たとえば正義その他の政治的および憲法的諸理想に関する影響力のある見解に対する重大な挑戦の火蓋を切る役割についてはどうだろうか。

リベラルのアプローチは、その宗教的な先駆者たちには欠けていた鋭い哲学的な切れ味を獲得した。また、市民的不服従の理念を狭い精神主義的態度から解放した点も賞賛に値する。だがこのアプローチは、しばしばその政治的地平を狭めるという対価を払ってこれらを実現したのである。

ガンディーやキングには失礼ながら、市民的不服従はロールズその他のリベラルたちが〈基本的に健全なリベラルかつ民主的な政治秩序〉と見なすものに非常に適したものとして描かれる。その政治秩序にはある程度の不正義や権利の侵害が残存するが、政治的正義に関する受け入れ可能な共通のヴィジョンはおおよそ実現されている。[6] 市民的不服従はそうしたシステムの安定化と保全を助けており、したがって「市民的でない」法律違反を排除することにも一役買っている（Rawls 1971: 351, 363）。[7] 同じくこの理由のために、市民的不服従は例外的であり続ける。つまり、リベラルな社会において、政治的少数派《マイノリティ》は一般的に、通常のチャネルを通じた改革のための有意味な機会を特定することができるはずである。通常、活動家はまずそのチャネルを使い尽くすべきであり、その上でなお苛烈な不平等に直面し、かつ、通常の政治的手段に頼ることができない場合にのみ、市民的不服従を考えるべきなのである。そうした場合ですら、それは政治的には逆効果となるかもしれない（Rawls 1971: 351, 363）。

ロールズにとって、市民的不服従は基本的な市民的および政治的諸自由に関する不正義にかかわるが、社会経済政策の問題ではない。後者は「［通常の］政治過程に委ねるのが最善である」（1971: 373）。[8] 比較的軽度の不正義や権利侵害に、あるいは複雑な社会経済的問題に直面した際には、市民的不服従は適切な手段ではない。

> 市民的礼節《シヴィリティ》は、諸制度の欠陥を然るべく受け入れる態度と、そうした欠陥に便乗することを慎む姿勢を求める。この義務がある程度認められないと、相互の信頼と信用は崩壊に傾く。ここから、少なくとも正義に近い状態においては、正義にもとる法を遵守する義務……が、そうした法が不正義の一定の境界を超えない限りにおいて、通常は成り立つ。（1971: 355）

要するに、社会的および政治的諸制度は不完全なのだ。基本的に正義に適う秩序が存在したところで、法と政策が常に健全あるいは公正であることを保障することはできない。政治的生活のこの事実を無視し、法律に不満がある時にいつでも法律違反によって制度の脆弱性を利用するならば、われわれの共通の制度に依拠した相互の信頼と信用は消滅する方向に傾くであろう。

ガンディーとキングもまた市民的不服従を政治的な最終手段として解釈したが、しかし現行の制度が根本的に健全だと見なしてそうしたわけではない。彼らにとって市民的不服従は非暴力でありつつ広範な政治的および社会的変化を生みだすことができるラディカルな改革者の技術であった。原理上、それはリベラリズムと権威主義いずれのコンテクストにおいてもうまく活用しうるものである（Hasker 1986）[9]。また彼らはその視野から社会的および経済的問題を除外したわけでもない。実際にキングはその晩年を、マルチレイシャル運動の一部として、大衆の市民的不服従が貧困層や労働者階級に力を与える《エンパワー》方法を見つけ出すことに捧げたのである（Jackson 2007: 329–58）。

（6）この見解に対する初期の挑戦は、Singer（1973）、Zinn（2002［1968］）を参照。

（7）第1章で述べたように、ガンディーとキングは、ともすれば破壊的な政治的暴力を生み出しかねない政治的怒りを市民的不服従が生産的な方向へと向かわせる可能性を示唆した。しかしながら彼らはそれを、安定性の保証が必要とされる、基本的には正義に適うもしくは健全なリベラルな秩序の枠内での、単なる「ガス抜き」の機能を果たすものと見ていたわけではない。

（8）ロールズは、やや奇妙なことに、社会的および経済的諸問題に関する広範な公共への訴えが「十分に明確」となることは稀であると主張した（Rawls 1971: 372）。

（9）ガンディーの論争的な主張に、市民的不服従はナチス支配下のユダヤ人たちを有効に支援したかもしれない、というものがある。権威主義に反対する非暴力の成功についてはSchock（2005）を見よ。

たしかに、一九六〇年代と七〇年代のリベラルの討論における反対論は、こうした政治的にさらにラディカルな立場をしばしば模倣していた。たとえばマイケル・ウォルツァーは、私企業が、その決定に服従する人びとにとっての疑似政府的制度として機能していると主張した。「企業は国家にかわって税を徴収し、国家が要求する基準を維持し、国家の金を使い、そして特に」、国家の「黙認を得て多くの種類のルールと規制を施行している」(Walzer 1970 [1969]: 26)。しかしながら、企業の権威のもとで支配される人びとが、その政策を変更したり役員を取り替えたりする可能性は一般に限定的である。つまり企業役員たちは「本質的に権威主義的なレジームを統轄している」(1970 [1969]: 26; also, McWilliams 1969)。では、非民主的な企業の権力を一貫して憂慮する人びとが、リベラリズムによって狭く規定された市民的不服従を超えて、戦闘的なタイプの政治的に動機づけられた市民的不服従を企てる権利が否定されるのはなぜだろうか。リベラルな国家の枠内では、市民は通常は何らかの――おそらく十分ではないが――政治的変革への回路を持つ。だが、企業の独裁に服従する労働者たちはその回路すら持たない。

しかしながら結局のところ、リベラリズムはそうした抗議の声を等閑視しがちであった。市民的不服従は改革と調和するが革命とは調和しないという解釈によって、リベラリズムは前者と後者の間に厳格な境界線を引いたのである(C. Cohen 1971: 42–8; M. Cohen 1969: 211–12; 1972; Rawls 1971: 366–8; Raz 2009 [1979]: 265–65)。その比較的限定された改良主義の狙いは、おそらく、強力な政治集団による散発的な権利侵害を払いのける程度のことしかする必要がない先進的なリベラルな社会にふさわしいものである。もちろん、基本的に正義に適っているリベラルな政治体の外側では、より戦闘的で、おそらくは暴力的な抵抗や革命が意味をもつかもしれない。しかしながら、まっとうな制度を持ち、それなりにきちんと機能している自由民主主義《リベラル・デモクラシー》国家では、市民的不服従とその親戚である良心的拒否は、規範的には例外扱い《プリヴィリジド》される法律違反の形態であり続けたのである。

サイコロを振りなおす

自由主義モデルがその宗教的先駆者に取ってかわった分岐点をより適切に把握するために、ヒューゴ・アダム・ベドーによるその諸要素に関する適切な要約に注目することが有益である。一〇年年近くにわたる激しい論争を経た一九七〇年の著作で、ベドーはその時点で慣習的なリベラルの知恵となっていたことを概括した。

私が市民的不服従だと考える行為は、違法な（または、当該時点でそれに加担する人びとが違法だと想定するか、それを取り締まる人びとが違法だと想定する）、公然と（人目を避け、こっそりとではなく）、非暴力的に（意図的にもしくは無頓着に財産を破壊したり人を傷つけたりするのではなく）、良心に基づき（衝動的な、不承不承の、無思慮に、等々ではなく）、法の支配の枠組みの下で（したがって、不服従者の行為……の法的諸帰結を市民的不服従の一部として進んで受け入れることができる）、そして政府（もしくは一部の役人）が定めた何らかの法や政策、あるいは決定（もしくはそれらの欠如）を妨害する、またはそれらに抗議する意図をもって、なされる行為である。（1991［1970］: 51）

一見すると、ガンディーやキングは容易にこれらの定義を満たしそうである。その構成要素（礼節、公開性または公示性、非暴力、良心、法の尊重、法的処罰の受容）は直接的に彼らの発言と重なり合う。それでは、どこに明確な違いがあるのだろうか。

われわれの議論はすでにこの問いに部分的に答えている。良心的拒否を市民的不服従から区別し、後者における良心の役割をも再考することで、自由主義モデルは良心に基づくことの必要性を体系的に精査する。ベドーの定義が明らかにしているように、リベラルのアプローチは、市民的不服従が良心に基づくことを多様なやり方で例証するよう勧奨する。ここでは、不服従者たちの行動がある程度考え抜かれた、あるいは思慮深い（道徳的）反省を示しているか否かを、あるいはマルフォード・シブリーが、これと類似する、最低限の「責任感覚」と特徴づけたものを十分に満たすか否かを考えるだけでおそらく十分である（Bedau 1972［1965］: 30）。広範囲に及ぶ道徳的多元主義の文脈においては、良心に基づくことに関するこれ以上詳細な――それゆえ限定的で、おそらく不寛容な――基準を定立すべきではない。この点に関しては、われわれがここで考察している他のいくつかの点と同じく、自由主義モデルはその宗教的先駆者よりも有意に制約が少ないことが証明される[10]。

礼節《シヴィリティ》の基準も同じく劇的な変貌を遂げた。礼節はもはや、法律違反者たちがその神聖な義務を守り、堕落した世界における宗教的模範の役割をすすんで果たすことを要求するような、道徳的ないし宗教的に受け入れられる振る舞いを指すものではない。キングの信奉者たちとは異なり、礼儀正しくある必要もなければ、「よそ行きの服」を着る必要もない。そのかわり、「礼節」が指し示すことがらは、主として法律違反者たちの政治的あるいは市民的姿勢であり、共通の関心事に取り組み、基本的権利を支持し、共有された正義に適う諸制度を維持せんとするかれらの努力である。それが意味するのは、法律は狭い私的利益ではなく公共善のために破られるということである（Rawls 1969［1967］: 77）。人びとは公共的な関心事に変化をもたらすために一緒に行動すべく、集まってきたのである（Bay 1971［1967］: 77）。したがって、リベラリズムはもはや、抗議者たちの「適切な」（すなわち、宗教的に受け入れられる）礼儀正しさを、何か体系的なかたちで特別視してはいない。法律違反は、現状に自己満足した政治共同体に揺さぶりをかけるショック療法として、ときには正統なかたちで機能しうる（Sibley 1972 [1965]: 34; Cohen 1971: 17）。

同様に、活動家たちは市民的不服従の全体的な要点が説得であることに留意すべきである。かれらは、自分たちの行動が意図する結果ばかりでなく、その意図せざる結果についても真剣に考える必要がある。したがって法律違反者たちは、将来の同調者を疎外するような非生産的な行動を避けるべきであり、同時に、自分たちの努力が共通の政治的理想（たとえば、責任ある能動的なシティズンシップのモデル）を理想的なかたちで例示するよう努めるべきである。この共通の理想は、理想的には傍観者や敵さえも鼓舞する（Bay 1971 [1967]: 77）。だが、非慣習的と思われがちな非合法の活動にかれらが従事することを禁じるものは、原理上は何もない。同様に、ある信仰共同体が不適切だと考えるであろう行動にかれらが参加することを妨げるものも何もない。

リベラリズムにより再構築された礼節の要件は、これと関連する公共性および非暴力の基準の見直しと軌を一にする。市民的不服従者たちは、公開の演説や公共的コミュニケーションに似た構造をもつ行動を手段としてかれらと政治的に平等な人びとに訴えかけることで、共通の政治的関心事に取り組む。それはもはや道徳的な義務ではなく、その精神においては特定の状況下で人が正統に援用できる政治的権利の行使に（標準的な法的および憲法的保護を欠く権利ではあるが）より近いものである。もしこの権利

（10）リベラリズムの制約に注目する（時には誇張する）批判者が無視した論点である（Laudani 2013: 112-16）。

を用いる人びとがそれを効果的に使いたいのであれば、かれらは公開的もしくは公共的にそれを行う必要がある。(ガンディーが信じたように)神聖な「真理は秘密を嫌う」からではなく、開かれた討論を通じて法律や政策を変化させることが市民的不服従の基底的原理だからである(Gandhi 1986b [1931]: 191)。理想的には、「行動の力強さと劇的さ」そのものが自ずと説明となるはずである。しかし活動家たちはたいていの場合、自分たちの努力を説明するための公的な正当化や公的声明を必要とするであろう(Cohen 1971: 17)。政治的に平等な人びとのコミュニティでは、公示性は不正義に対して注意を喚起するものであり、他者に改革の必要性を確信させたければ必要不可欠なものでもある。この流れからすれば、活動家たちは時には、ガンディーやキングが推奨したように、政府当局に事前通告をすると決めてもよいだろう。しかしながらリベラリズムでは、活動家たちは宗教に基づく道徳的義務を果たすためにではなく、公共的討論を喚起するために活動する。もし事前通告が、正統な抗議を阻止するための不公平な機会を事前に当局に与え、活動家たちがその言い分を公表することを妨げるのであれば、この取り決めは思慮の上で覆されうる(Cohen 1971: 17)。

重要なのは公衆の注目が法律違反する人物そのものに集まることではなく、抗議とその対象、その背後にある理由に注目が集まることである。個々の活動家に直接向けられる注目は、「ほぼ一様に好ましからざるものであり、しばしば運動に深刻な打撃を与える」(Cohen 1971: 16)。批判者たちは、不服従者たちの個人的瑕疵を(それが事実にせよそうでないにせよ)殊更に取り上げることによって、政治的な不同意を矮小化しようとしがちである。抗議者たちは、法律違反とその論拠に公衆の注目が確実に集まるよう、あらゆることをする必要がある。真剣に受け止められることを望む場合に、秘密の活動よりも公共的な活動をするということこそが、かれらの誠実さと良心を証明するための助けを得るために支払うことが予想される対価の一部である（Rawls 1971: 367）。

すでに述べたように、ガンディーとキングは、非暴力を思慮深く解釈し、実践するという困難な課題と時おり格闘した。この大変複雑な問題についてはリベラルのアプローチも同様に、いくつかの難題に答えを出していない。ここで私が強調したいのは、リベラリズムが先行する宗教的理念から決別していることである。(11)

自由主義モデルにとって、暴力は何らかの具体的な傷害《インジュアリ》や危害《ハーム》を含意しており、しばしば「物理的力《フォース》」のような別の言葉と互換可能なものとして用いられる。(12) リベラリズムは、この語があまりに雑然としているかあるいは曖昧であるために有益な目的には役立たないとする主張に抵抗する。「暴力の意味そのものははっきりしないが、しかしほとんどの普通の人間は、いつ暴力が発生し、いつ暴力が発生しないかを判断できるはずだ。私が警官の鼻柱を殴ったとすれば、私はまぎれもなく暴力的である」（Cohen 1971: 23）。市民的不服従は、「直接的に自らの意思で怪我をさせるような」危害を他者に与えることを避けるという意味で、最低限、非暴力的であるべきだが、(13) それでもやはりこの狭義の暴力でさえ、それが起こったかどうかを決定することが困難な場合がある。境界線の粗雑さという問題に気を

(11) リベラルな非暴力の理念についての、私よりもさらに批判的な立場については、Smart（1991［1978］: 202–6）を見よ。難しい概念上の諸問題についての優れた論考がMay（2015）とVinthagen（2015）によって提供されている。

(12) ［この暴力や危害の概念が］現代においては一般に融合してしまっていることに対する批判は、Arendt（1972［1970b］）を見よ。

(13) リベラリズムはC・A・J・コーディーが狭義の、もしくは「限定的な」暴力の定義として特徴づけたものを援用する傾向がある（Coady 1986）。

散らす必要はない。概念上の構築物と実生活での経験の間に一定の緊張があることは避けられないからだ。一部のリベラルにとっては、暴力を比較的直接的な（典型的には物理的）危害や傷害と定義することで十分である。暴力の定義をむやみに増やすことは、非暴力の範囲を制限する可能性があり、不用意にその正統な領域を狭めることになる。

これと関連する困難は、暴力が人間と財産の両方に関わるかどうかという問いにかかわる。ベドーの見解が示唆するのは、非暴力は両者に対する危害を避けることを意味するということであるが、しかし財産への危害についての厳しい禁止を緩めるという点で、キングに従ったリベラルもいた。「象徴的重要性をもつ公共の財産に対する暴力は、効果的な抗議を遂行するための、劇的で、さほど危険ではない、ひとつの方法でありうる」（Cohen 1969: 217）。市民的不服従の説得機能に寄与する場合、財産の破壊は原理上許容されうる。ここで暗示されているのは、ある目的のための手段としての財産という考えが、主にそれが人びとを利するという理由で正当化されるということである。財産の破壊は、ただちに人びとに具体的な危害を与えることに繋がる場合（たとえば個人の住居に放火した結果、家主がホームレスになる場合）、憂慮すべきものである。他方で、特に公共の財産に危害を加えるものの、人びとに有害な影響を及ぼさない場合は、原則として話が違う。たとえばベトナム戦争当時の活動家たちが予備役将校訓練課程（ＲＯＴＣ）の事務所を破壊したり、大学が保管する原簿を破棄したりしたとき、人に対する危害は生じなかった。「特に人びとに対する」暴力を厳しく禁じることには意味がある（Rawls 1971: 366）。財産に対する暴力は、これよりも厄介で論争的な事柄であり、道理をわきまえた人びとの間でも合意には至らないかもしれない。

しかしながら、戦術的および戦略的な理由のために、多くの、おそらくほとんどのリベラルが最終的には、人間と財産両方への暴力を避けるべきだと主張した。然る後にはじめて、ある行為の非暴力的性格は最も明瞭に語られる。なぜなら財産の破壊はいとも容易に破壊行為や犯罪と結びつくからである（Cohen 1971: 30）。政治的闘争の最中には概念の細かいところは見失われがちである。不服従者たちがその主張を十分明確に同胞市民たちに示したいのであれば、人びとと財産の両方に対する危害行為を避けるのがおそらく最善であろう。

リベラリズムが非暴力を宗教的ないし霊的根拠に基づかせるのではなく、〔不服従の〕核心にある市民的な性格がそれを要求するという理由から非暴力を規定する点は重要である。物理的危害が禁じられる理由は、一般に平和主義者が抱く実力行使への嫌悪感ゆえではなく、それが政治的および法的に平等な存在である他者に対してわれわれが示すべき敬意というものと調和しないからである（Rawls 1971: 366; Zwiebach 1975）。非暴力が本質的に重要であるのは、他者への傷害や危害は、是正すべき不正義の存在をかれらに自由に確信してもらうことの妨げとなるためである。強制や実力行使は平等な者としての他者の地位を否定し、民主的な説得がそれに依拠するところの、共通の政治的行為者性《エージェンシー》が成立する可能性を掘り崩してしまう[14]。非暴力は、政治的敵手との理性的な対話、寛容、そして忍耐が正しく優位を占める「理想的な政治的会話」の必須条件である（Bedau 1991: 8）。われわれの同輩たちに対する暴力は、共有された市民的および公共的生活の基礎を危険に晒すがゆえに、特に慎まなくてはならない。

厳しく制限された非暴力の抗議ですら、当然のことではあるが、暴力的応酬に陥ることも時にはある。

（14）この理由から、リベラルの中にはガンディーとは対照的に、正統な自己防衛を容認する者もいる。不服従者たちがもし物理的に襲撃されたら、自衛が許されるというのである。

より最近の哲学的見解のひとつでは、実際のところ非暴力は、「暴力的要素を伴わずに遂行されることが、あるとしてもきわめて稀である」とされる（May 2015: 27）。リベラリズムは、将来の不服従者たちが責任倫理に従うことを要求することでこのディレンマに対処しようとする。つまり、かれらは自分たちの行動の結果として起こり得ることについて真剣に考える必要があり、また、とりわけ無辜の人びとを不必要に傷つける可能性を最小化しうると理性的《リーズナブリー》に期待できるような、あらゆることを行う必要がある。同時に、単に相手方が道理をわきまえず暴力的であるがために、活動家たちがその主張をより広く公衆に示す機会を否定されるとすれば、とりわけ目に余る不正義という脈路においては、不公正であろう。同じくこの理由から、リベラルは人間と財産の両方に対する非暴力に意味があると考えがちである。なぜなら一般的に言って、それが事後的な暴力に対する間接的な過失責任をも最小化するのに一番有効であることが明白だからである。法律違反者たちが暴力的と解釈されうるいかなる行動も避け、暴力的な反応を呼ぶ行動を避けるために適正な努力をするならば、かれらが無政府状態や暴力を喚起したと非難されることは論理的にありえない（Cohen 1971: 33）。

ひとつの最終的帰結は、国家機構を機能不全にしてその主要機能の行使を阻止する過程の中で、行政機関を妨害または麻痺させるような法律違反に対する若干の懐疑である。ガンディーとキングは、これとはいくぶん対照的に、霊的な動機に基づくものの潜在的には対決をも辞さない「悪に対する非協力」の態度を（まさしくそうした破壊的な目標を念頭に置きつつ）認めていた（Haksar 1986）。「われわれのパワーは、ものごとを機能不全にする能力だ」と、合衆国の公民権運動組織家で、時にはキングを教え導いたベイヤード・ラスティンはかつて明言した。「唯一の武器はわれわれの肉体であり、われわれに求められるのはその肉体を、車輪が回らないようにありとあらゆる場所に押し込むことだ」（Engler and

Engler 2016: 145 より引用)。

リベラリズムはこの種の戦闘的で破壊的な法律違反について、間違いなくかれらよりも強い葛藤を抱いている。抗議者たちが、政治的多数派の推定上の支持に基づいて行動する官吏たちを、業務遂行の能力を奪ったり妨害したりすることで麻痺させるとき、市民的不服従の核であるコミュニケーションと説得の機能は強制と実力行使に席を譲る。このとき政治的多数派はおそらく、熟慮された訴えではなく破壊活動《サボタージュ》に直面している。法律違反者たちの関心事はもはや自由で開かれた討論に同輩たちを参加させることではなく、むしろかれらの行動を妨げることにある。そのような抗議はまた、強制的な力を伴う反応――たとえば抗議者を排除するために警察を呼ぶような――、おそらく実際には誰も望まない反応を惹起するのが常である。要するにリベラルは、市民的不服従のコミュニケーション的役割を重視するがゆえに、破壊的な法律違反がときにその論拠を掘り崩しかねないことを憂慮するのである(Cohen 1969: 215; Rawls 1971: 367–8)。

受容可能な市民的不服従の表現の範囲内にとどまりつつ、妨害的な抗議はどの程度まで進めることができるのだろうか。リベラリズムはその答えが容易には出ないことを示している(Cohen 1971: 67)。所与の抗議がまだ十分に対話的なものであるかどうかは、政治的判断についての複雑な問題にかかわる。市民的不服従に関する哲学的一般理論は今のところ、この種の困難な文脈的問題に取り組むべきことをわれわれに示すことしかできない(Rawls 1971: 389)。

ガンディーやキングと同様にリベラルにとっても、政治的に動機づけられた違法行為は通常の犯罪から明確に区別される必要がある。法への敬意を示すことによってのみ、不服従者たちは、市民意識に基づくかれらの行動の意図が同輩たちに理解されることを期待できる。その名誉のために言っておくと、リベラリズムはこの馴染み深い考えを、さらに強固な非宗教的基礎の上に築いている。

その前身である宗教的原型と同じく、自由主義モデルは法への忠誠を「個人の行動の法的帰結をすすんで受け入れること」と同一視しがちである（Rawls 1971: 366）。不服従者たちは、かれらの熟慮された良心に基づく目標を際立たせるために、その法的な諸帰結《リパーカッションズ》と向き合って「対価を支払う」ことを通常は予期すべきである（Rawls 1971: 367）。法律違反が意味するのは、法律上の処罰を受ける可能性である。事前に処罰の可能性を免れることを主張できる者は、当然のことながら、誰もいない（Woozley 1976: 329–31）。だが、神に証しを立てるために苦難を受け犠牲を払うことをかれらは予期すべきだという宗教的直観を、リベラリズムは放棄する。宗教に触発された不服従者たちは、望むのであればガンディーとキングを模倣することを選んでもよい。他の人びとはこれを戦術的な理由で選択するかもしれない。しかしリベラリズムはそうすることは義務ではないと主張する。

より重要なのは、法的帰結を受け入れることによって、不服従者たちが「現在の法的秩序の全体としての正統性」に相応の敬意を示していることである（Bay 1971 [1967]: 72）。かれらは「法の原理を擁護」しようとする（Sibley 1972 [1965]: 34）。法律違反に対してのありうる法的諸帰結を受け入れることによって、抗議者たちは、リベラルが広い意味で「法の支配」として記述するものを尊重していることを確認する（Badau 1991: 8）。

広範にわたるリベラルの議論の参加者たちは、そうした意思《ウィリングネス》が正確には何を含意するのかについて、相競合する説明を提供した。不服従者たちは非政治的理由のために法を破る者と同じように取り扱われる可能性を考慮に入れるべきだ、とまで主張する人びとがいる一方で、他の人びとは、市民的不服従の独特な性格が公的に寛大な取り扱いを正当化すると論じた（Cohen 1971: 76–91; James 1973）。市民が複雑なイシューについて独自の判断を培うことをリベラルな国家が奨励すべきであるがために、また法への忠誠が特定の官吏や組織の法的見解に対する盲目的な忠誠とは同一視され得ないがゆえに、国家は、「他の政策に対する深刻な損害なしにそれが可能であればいつでも」市民的不服従者たちの苦境を緩和する責任がある（Dworkin 1977: 215）。現実的には、法律違反者に対して全面的な免責を保証できる政府はない。しかしながら、「ある特定のケースにおいて、起訴する実際上の理由が比較的弱いとき、もしくは他の方法が適切でありうるときには、公正さへの道は寛容にある」（Dworkin 1977: 215–16）。

不服従者たちは法的に誤った行動というものを単純にすべて否定しているのだ、と主張する者もいた。にもかかわらず、かれらはやはり、当局の前に姿をあらわし、自分たちの行動を説明する「憲法上の（もしくは単に法的な）弁明」を行う準備をしておくべきである（Zashin 1972: 142）。「公判を受ける権利も、宣伝目的で刑罰を受ける可能性もない場合、もしくは抗議者たちが自らの意見を述べることを妨げる目的で、刑罰が過酷にされる」極端なケースにおいては、法的制裁から逃れることは正当化される（Singer 1973: 83–4）。法廷の前に姿をあらわす意思は、〔かれらが〕直接的な政治的圧力を受けておらず、いかさま裁判《カンガルー・コート》に協力する人びとは、訴追を基本的な法的保護が保証されている場合にのみ意味をなす。

おこなう体制自体による合法性の軽視にかれらが加担していることを、みずから暴露するのである。

この論争が非常に複雑であるからといって、リベラリズムがこの問題をその宗教的先駆者とは違った風に見ているという中心的論点が曖昧にされるべきではない。法的帰結を受け入れる姿勢はもはや、市民的不服従が神の証人であるという解釈や、霊的理想がより完全に開示される新たな秩序を潜在的に先取りするのが市民的不服従であるという解釈には依拠しない。規範的に受容可能ないかなる政治秩序も規則または法律に基づく政府を必要とするという命題に基づき、リベラリズムは、法律に従う一定の義務ないし責務についての、より平凡ではあるが、しかしより受容しやすい考えを支持する。「どの文明化されたコミュニティの生活も、規則により」、あるいは法の支配により「統治される」(Cohen 1971: 2)。法に基づく政府は価値ある社会的善を体現する。すなわち、もしわれわれがその要素をあまりに多く犠牲にするならば、甚だしい不正義が生じかねないのである (Fuller 1964)。リベラルの想定によれば、法の支配の美徳を否定するのはアナキストだけであろう (Bedau 1961: 659-60)。ほとんどの自由民主主義諸国《リベラル・デモクラシーズ》におけるように、大部分の市民が法の制定に寄与する社会においては、われわれは大体において法律を遵守するべきである (Cohen 1971: 5)。

この見解によれば、どの政治秩序もその法律の中に一貫性や恒常性のみならず、公開性、一般性、明晰性、予見性を実現することが期待されるべきである。法の支配という理念は、個々の法律に対する忠誠ではなく、法体系——その諸要素が法的美徳 (明晰性、公示性、一般性) を実質的に体現している——に対する忠誠を要求する。リベラルの信じるところでは、法がそのようなものである場合にのみ、政府はいくばくかの法的保障と自由を現実に提供することができる。法の支配がなければ、政府が最低限の一貫性、予測可能性、透明性をもつ仕方で行動することはありそうにない。国家の行動が法的に規制されていなければ、政治的アクターが個人の自由を、ましてや政治的自由を、そもそも享受できるのかどうかを確認することは困難となる。ナチス・ドイツやスターリン時代のロシアのような残忍な独裁政もまた、政府の指令に広い意味で縛りを加える何らかの「法」を持っていたかもしれない。だがこれらの国では、上述のもっと厳密な意味における「法の支配」は達成されなかった（Fuller 1964; Neumann 1957）。

ロールズの定式では、すべての正義に適う秩序は法の支配に立脚すべきである。法の支配とはすなわち、彼がそのリベラルな仲間たちと同じく詳細に論じたように、それがなければ法的規則性と平等な自由がともに達成不可能となるという観念である（Rawls 1971: 239; also, Kornhauser 2015: 175–220）。法への忠誠が意味するのは、たとえ時には失敗することがあるにせよ、「規則正しさとしての正義」という根本的な理想を、つまり「法律がおおむね近似することが期待」されるべき「理想的な観念」を、尊重することである（1971: 236）。市民的不服従者たちが法への忠誠を表明するとき、かれらは官吏たちが以下のことを保証するよう暗に求めているのである。

> 法律は周知のものであり明示的に公布されていること、その意味がはっきりと定義されていること、法律は記述と目的において一般的であり、特定の個人に危害を加える手段として用いられないこと……少なくとも比較的重大な法律違反は厳格に解釈されること……。それというのも、たとえばもし法律が命じていることや禁止していることが不明瞭であるならば、市民はどのように行動すべきなのか分からないからである。（1971: 238）

自由の境界線は、そのとき曖昧で不確かなものとなり、政府は類似の事例や状況を異なる仕方で取り扱うことによって恣意的に行動するかもしれない（1971: 239）。法の支配――司法の独立性の要求と並んで、明確で、一般的な、予見可能な法的支配の要求という、基本的ではあるが決して外せない意味における――が、不正義に対して完璧な保護を提供することは稀である。だがその美徳を決して無視することはできない。というのも、それなしでは自由でまっとうな政治秩序は存在し得ないからである。

市民的不服従をその前身である宗教的基礎から切り離そうとする自由主義モデルは、「どうでもよい法律の細部」に拘泥しているわけではない（Sitze 2013: xix）。それとは逆に、自由主義モデルは政治的な法律違反と法の尊重とのつながりに関する柔軟な再解釈を提供する。不幸なことに、その達成の代償は大きい。すなわち、市民的不服従のかつての野心的な政治的姿勢が無力化《ニュートラライズ》される傾向にあるのである。

これまで見てきたように、ガンディーやキングにとって、良心に基づく法律違反は進歩的でラディカルですらある政治的含意を内包していたのであり、彼らは法律違反者たちを、普遍的愛と相互の尊重、そして非暴力がより完全に実現される新たな秩序に直接貢献する人びととして描き出した。確かに、彼らのリベラルな信奉者たちもしばしば似たような方向性を示した。哲学者のロナルド・ドゥオーキンによれば、不服従者たちは確立した立場を再考するよう当局に要求することで、憲法についての支配的見解に勇敢にも挑戦したのである。原理に基づく法律違反者たちは、別の法的見解の法的妥当性を認めるように他者（そして究極的には政府）を鼓舞するための劇的な行動を通じて、法律の筋の通った再解釈を提供することで、法の支配に対する忠誠を示した。これが成功した場合、法律違反者たちの異端的解釈は影響力を持つようになる。この種のリベラリズムに基づいて、市民的不服従は憲法〔解釈〕の修正と刷新の遅れを取り戻すよう促したのである（Dworkin 1977: 206–22）。

にもかかわらず、リベラルのアプローチは、究極的にはより慎重な政治的姿勢を持つ傾向があった。上述のように、市民的不服従は、既存の「おおよそ正義に適う」（リベラルで民主的）とされる社会に適していると一般には理解されていた。それは政治的ないし社会的変革へのラディカルな呼びかけとはなんら共通性がない。ロールズの説明によれば、市民的不服従は基本的な市民的および政治的諸権利の侵害を是正することに寄与するが、社会的ないし経済的諸権利についてはあてはまらない。法的忠誠もまた同様に、静的な観点から捉えた「現行の法的秩序全般」（Bay 1971［1967］: 72）、現存する「近代国家の憲法」（Cohen 1972: 72）、そして現在の「既存の権威の枠組みと法体系の一般的正統性」（Cohen 1966: 3）に対する窮屈な忠誠へと矮小化された。「法に対するこの上ない敬意」を体現するものとしての非暴力の法律違反は、おおよそ健全な現行の法的および憲法的体系の基礎に対する忠誠を示すことを端的に意味するが、それは改正を必要とする特定の（不正な）法律に対するものではない(15)。

「［不正な］システムの除去」を達成する地点にまで至るラディカルな変化と一致するような、法への忠誠に関するキングの見解は、彼のリベラルな信奉者たちの間から消え去った。それゆえ同様に、広範な政治的および社会的変革の出発点としてアメリカ独立宣言と合衆国憲法を解釈するというキングの読解も消え失せた。いずれにせよ、合衆国その他の「進んだ《アドバンスト》」デモクラシーを（明敏な批判者たちが分析の面で不正確であり、政治的には偏向していると考えてきたカテゴリーである）「おおよそ正義に適う」とするロールズの見解を、キングが是認すると想像することは困難である（Lyons 2013: 134–5; Sabl 2001）。いざとなれば、正義についてコミュニティが共有する見解に対する大いなる挑戦、新しいタイプの権

（15） Carter（1973: 94–117）は早い時期に、この立場に含意される制度的自己満足の傾向を特定した。

利や政治参加、そして広範囲にわたる社会的および経済的変化への期待は、脇に追いやられる（Arato and Cohen 1992: 574-604）。たしかに、自由主義モデルが不活発な方向へと偏向する原因が、その哲学的信条と並んで、精査を欠いたその診断にあることはほぼ間違いない。それはあまりにしばしば、北米とヨーロッパの内部における次のようなコンセンサスの単純な反映にすぎない。すなわち、かれらのデモクラシーは若干の欠陥を抱えているために穏健な改革を必要とするが、しかし制度の分解修理《オーバーホール》まではほとんど必要としない「進んだ」デモクラシーである、というコンセンサスである。(16) リベラルたちが市民的不服従を、限定的な改良主義――それは（階級、人種、ジェンダーに起因する）根深い構造的不正義と不平等の跋扈をしばしば覆い隠した――に縛りつけたことは間違いない。それゆえ、よりラディカルな政治的および社会的変革を追求することを望むすべての人にとって、自由主義モデルは不満足なものであると思われる。

リベラリズムを超えて？

リベラルな市民的不服従は、その宗教的先駆者を超えて大きな一歩を踏み出している。初期の不服従モデルの最も魅力的な諸要素は、その論争的な宗教的支えを取り払っても維持されている。不幸なことに、市民的不服従を限定的でおそらくは過度に慎重な政治改革のヴィジョンと結びつけるリベラリズムの傾向は、厄介なかたちで市民的不服従を無効化する危険を帯びている。市民的不服従は、有意義な政治的および社会的変化のための正統なメカニズムではなく、むしろ、根本的に健全だと見なされている現状を安定化させるための矯正策と化してしまう危険を帯びている。

リベラルが自分たちのモデルの細部をしばらく熱心に論じていたとしても、一九六〇年代後半から一九七〇年代前半までの時期の若い活動家や知識人たちは、このモデルが暗に立脚する現行の社会を良いものとして描くのをすでにやめていた。合衆国その他のリベラルな社会についてのキングのラディカルな見解によりよく適合させるために、かれらは鋭くかつ重大な問いを提起した。たとえば、なぜ政治的無気力は蔓延し続けるのか。政治的安定性に関するリベラリズムの先入見に伴う隠されたコストは何か。それにもかかわらず、かくも多くの若者がリベラルな社会の中核的な経済的諸制度の正統性に挑戦するのはなぜか（Habermas 1975 [1973]; Pateman 1970）。日ましに高まる、広範な改革を求める声に刺激されたかれらは、もっとはっきりと民主的なスタイルで市民的不服従の理念を再説する試みに着手したのである。

---

(16) ロールズ的な意味においてさえ、人種差別という苛烈な事実は、合衆国を「根本的に不正義」であり「受忍可能な不正義の限度」を超えている国だと解釈することを、おそらく正当化するであろう。

第3章　デモクラシーを深化させる

一九七〇年代から八〇年代にかけて、市民的不服従に対する批判的な反応が頻発したのは、自由主義モデルには限界があるのではないかという懸念からであった。本章では、さまざまな著者によって素描された、市民的不服従の自由主義モデルに対する民主主義的《デモクラティック》代替案を検討する。市民的不服従に関するより力強い民主主義モデルを奉ずる人びとのあいだには、政治的および哲学的な不一致がかなりある。にもかかわらず、かれらは、現状《ステイタス・クオ》を基本的に、あるいは「おおよそ正義に適う」とするリベラルの自己満足的な説明を一貫して拒否し、その代わりにもっと批判的な診断に依拠している。民主主義モデルにおける市民的不服従の狙いは、意味ある熟議と参加を最大化することにある。民主主義は開かれた歴史的プロジェクトであり、しかもその制度や法律は常に硬直化しやすいものであるため、市民的不服従は「民主的プロセスがうまく機能するためには避けて通ることができない、その不可欠な一部」（Markovits 2005: 1902）なのだ。市民的不服従は政治体の動脈の詰まりを取り除き、さらにそれが適切な形で行われるならば、普通の人びとによる政治《マス・ポリティクス》のみならず、立憲主義と法に関する（ただリベラルであるだけでなく）まさしく民主主義的な考えを再活性化するポテンシャルをそなえている。

ベトナム戦争に反対するグローバルな抗議のさなかに、政治理論家のハンナ・アーレントは次のように記した。合衆国のような自由民主主義諸国は政治的危機に直面しており、そこでは「国の既成の制度がまともに動いていない」(Arendt 1972 [1970a]: 101-2)。市民的不服従という出来事は劇的に増加している。なぜなら、「通常の変革の筋道がもはや通じなくなり、不満に耳が傾けられたり取り上げられたりすることもない」ためである(1972 [1970a]: 74-5, 101-2)。アーレントによれば、市民的不服従が突如として社会に広がったのは、市民たちが、共通の関心事を目に見える形で言い表すための実質的な機会を段々と奪われていったためである。自己統治のあるべき姿についての規範的な説明は、気が滅入るような政治の現実からますますかけ離れているようだった(Singer 1973: 124)。法と秩序を奉じて市民的不服従を敵視する保守主義者には失礼ながら、かれらの暮らす地域の無法状態が市民的不服従のせいだという事実はない。政治上の都合にまかせて通常の制度的なやり方を放棄していたのは、むしろ政治的エリートのほうであった。市民的不服従は適切かつおそらくは必要な応答を表していたのである(1)。

政治的な動機から為される法律違反は、どうすれば最善のかたちで政治や社会の変化につながるのだろうか。リベラルな国家が普通の市民からますます疎遠になるなかで、このことを理解するのは決定的に重要である。政治と制度の機能不全が喫緊の社会改革を妨げたのだが、この改革は、急激に変化する状況にリベラルな政治体が十分に適応し損ねたことで必要とされたものである。市民的不服従の民主主義モデルの主唱者たちによれば、社会における最悪の病は「[リベラルな] 市民的不服従ではどうにもならず、言論の自由と選挙制度という平凡で脆弱な支援しか与えられていないため、ほとんど治癒の見込みもない」(Zinn 2002 [1968]: 36-7)。

市民的不服従をめぐる論争において、自由主義モデルから民主主義モデルへの過渡期の人物であるピーター・シンガーは次のように考えた。すなわち、政治的権利や手続きが侵害されており、通常の公聴会が他の代替的見解を否定しており、そして政治的多数派にその立場の再考を促すべき状況では、市民的不服従は正統なものとなるかもしれないと。要するに、市民的不服従は民主主義的な根拠から直接に正当化され得るかもしれないのである（Singer 1973: 63–91）。キャロル・ペイトマンによれば、市民的不服従を公共的言論と見なすリベラルな理解（これは不服従者たちが刑罰を受け入れるべきだという標準的な要求と結びつく）は、市民的不服従を「イギリスの子供話に出てくる小さな女の子の「何にでも使える脅迫」、つまり「それをしてくれないのなら、私は病気になるまで叫び続けるわ」という訴え」へと矮小化してしまう（Pateman 1985［1979］: 58）。そうではなくて、政治的に動機づけられた法律違反は、「アクティブ・シティズンシップの表現の一つ」——将来の、より豊かな参加型民主主義は直接それに依拠するだろう——だと見なされるべきである（1985［1979］: 162）。リベラルな市民的不服従は草の根の「現場で」行われる法律違反の現実を適切に扱っておらず、またそうした行動に希望をかけている人びとに役立つ手引きを提供したわけでもなかった。民主化が職場や家族の中で推進されるべきであるならば、政治的不服従の新たな構想がリベラルの理解にとって代わる必要があるだろう。

前章で私は、市民的不服従のリベラルな見方を私が理念型的に要約したものが、様々なリベラルの理解の間の重要な相違を暗に軽視している可能性があることを認めた。本章でも同様の注意をするのが適切である。「民主主義的な市民的不服従」という表題の下で、私が取り上げる何人かの著述家が——

（1）アーレントは秘密裏に行われる行政の決定が不安になるほど増大していることを懸念していた（1972［1971］）。行政の超 - 法規性と草の根の市民的不服従との弁証法に関しては、Scheuerman（2016）を見よ。

アーレントが特にそうだが――こうした分類になじまないことは明白であろう。(2) この分類をおそらくは受け入れるであろう著述家の間であっても、われわれは民主主義をめぐって相競合する諸理論（言説－理論的民主主義あるいは熟議民主主義、参加型民主主義、ラディカル民主主義、共和主義的民主主義）に遭遇することになる。そのような哲学上の不一致に興味を持つことは理解できるが、そうした人は別の本を読む必要があるだろう（Held 2006）。私がそれらを一括して扱うのは、ただ、他の点では異なる著者たちの間に存在する、啓発的だが容易に見過ごされる共通性を強調するためである。この共通性は、自己統治《セルフ・ガバメント》に対するより活力に満ちたコミットメントを基礎として、市民的不服従のリベラルな理解を乗り越えようとする共同の探求から出てくるものである。

　これまでの章で述べたように、市民的不服従の自由主義モデルには常に民主主義的要素が含まれていた。そのモデルの支持者は自由民主主義者たち《リベラル・デモクラッツ》（あるいは、おそらくより正確には、民主主義的リベラル）であった。すなわち、かれらにとっての「リベラリズム」には、代表制民主主義が含まれているのだ。同様に、市民的不服従の民主主義的理論は、リベラルの遺産の上に構築される。リベラルたちに倣い、かれらは一般に市民的不服従を良心に基づく不服従から区別する。市民的不服従はその宗教的起源から再度分離されるが、それは民主主義者たちが一般に、私的道徳や良心は政治的な動機から行われる法律違反の根拠として十分だという考えに懐疑的だからである。ロールズその他のリベラルたちと同じく、民主主義者たちは現代の多元主義と抑圧不可能な道徳的・宗教的不一致を認める。ここにおいて不服従は何よりも政治的であって、道徳的あるいは霊的なものではない。民主主義者は概して、核となるリベラルな諸権利を真剣に考慮しており、また権利を侵害され続けて追い詰められたマイノリティを支援する上で、市民的不服従の固有の役割を認めている。

自由主義モデルに多くを負っているにもかかわらず、民主主義的アプローチには自由主義モデルからの決定的な断絶がある。民主主義的アプローチが自由主義モデルの構成要素を再生産しているときでさえ、それらの要素は決定的な変化を被っている。リベラルにとって、自由に対する脅威は、行き過ぎた政治的多数派が基本的な諸権利を脅かすことから生じる。少数派の中核的な市民的および政治的諸権利が体系的に侵害され、さらに権利侵害を矯正する通常の制度的メカニズムが機能しない場合には、市民的不服従がこれを正す行動に火をつける助けとなりうる。リベラルな理解では、市民的不服従は民主主義を制限するための重要な方法にとどまっている。すなわち、市民的不服従は（民主主義的な）多数派支配の行き過ぎをチェックし、民主主義（多数派支配）と自由主義（基本的な市民的および政治的諸権利の保護）との間の適切なバランスを回復する方法なのだ。[3] 驚くべきことではないが、リベラルの説明はしばしば自己統治の分析を脇に追いやるのだが、他方でその〔理論的〕支柱のいくつかに暗に依拠している。リベラルたちは決まって、同胞市民からなる公衆に揺さぶりをかけるべく、人びとの前で公然と行動す

（2）　アーレントは、民主主義——彼女はこれを粗野な政治的多数決主義と一括する（そして懐疑的に見る）傾向がある——と、彼女が支持する共和主義とを区別する。後者に対する彼女の好みは、次のような論争的な想定に部分的に依拠している。すなわち、活動的シティズンシップと熟議は「決して多数者の生活様式にはならない」であろうし、それらが盛んに行われる政治的共同体は現代の大衆民主主義の中心的特徴とは衝突するという想定である（Arendt 1963: 275）。本書の目的に鑑みれば、民主主義に対するアーレントの批判を一時的に棚上げにしておくことはできるだろう。民主主義と多数派支配（majority rule）をしばしば一括するアーレントに対して、後述のように、ハーバーマスはそれとなく反論している。

（3）　民主主義的な市民的不服従を理念型的に概説する私の試みは、過去に Arato and Cohen（1992）および Markovits（2005）が行った同様の試みを発展させたものである。

る必要性について語る。だが大抵の場合かれらは、公共的な活動の適切なあり方について、あるいはそうした活動になくてはならない自由闊達な熟議に必要な諸前提について、ほとんど語らない(4)。

しかし、行き過ぎた多数派から個人の自由を守る以上のことを目指す法律違反とはどのようなものだろうか。たとえば、ベトナム戦争時代の活動家たちが徴兵カードを燃やしたり、軍の基地で違法な座り込みをしたりしたとき、かれらが抗議していたのは、適切な民主的根拠を欠いた戦争――合衆国議会によって一度も正式に布告されておらず、公衆の目から隠された多くの重大な政治的決定を伴っていた――に対してであった。同じような動機から法律違反を試みた合衆国以外で暮らす人びとも、かれらの国の政治指導者が、合衆国の支配する「自由の」秩序に黙従することに甘んじてきたと主張した。市民からの意見聴取を実質的に欠いていたばかりか、大規模な抗議があったにもかかわらず、合衆国が正義にもとる戦争を行うことができた――そして同盟諸国は隷属するかたちでその戦争を支持した――という事実は、活動家たちにも同様に心をかき乱す問いを提起した。それはリベラルの現状維持指向についての問いであった。

結果として、政治的な法律違反は次第に民主主義の赤字を批判対象とするようになった。特に、実際の生活の営みが民主主義の核となる諸規範と矛盾する様子がその標的となった。一九七〇年代の初めまでには、世界の各地で市民的不服従に従事していた人びとは次のような広く普及した理解をもっていた。すなわち、リベラルな代表制民主主義はもはや満足のいくかたちで人びとの不満に応答していないのであるから、アクティブ・シティズンシップのためのもっと効果的なチャネルが創造されねばならない、という理解である。かれらにとって市民的不服従はそうしたチャネルを代表するものであった。

現代ドイツのもっとも優れた政治思想家であるユルゲン・ハーバーマスは同じような懸念に駆り立て

られ、市民的不服従を擁護した。平和と反核を唱えるヨーロッパの活動家たちによる大規模な法律違反に影響を受けながら、彼が一九八〇年代に書いたのは、西ドイツ連邦共和国が「立憲国家としての機能を半分ほどしか果たしておらず」、政策や法律に対する人びとの異議申し立てを一貫した形で妨害していることへの懸念であった（Habermas 1985a [1979]: 11）。ハーバーマスは市民的不服従が民主主義を強化するという考えに至った。すなわち、民主主義がただのお題目ではなくアクティブに実践されることを確かなものにするための、人びとの道具としての市民的不服従という考えである。実定法と民主的正統性との間に置かれることで、市民的不服従は民主主義と立憲的統治の双方を守る際に、また両者の関係を再構築する際にも、建設的な役割を果たしうるものである。

アーレントとハーバーマスは市民的不服従の民主主義的アプローチに重要な貢献をおこなっているので、本章では、思想界の大物である両者の議論に焦点を合わせる。しかしながらその前に、合衆国のラディカルな活動家であり歴史家でもあるハワード・ジンの優れた業績を一瞥しておきたい。彼は民主主義的アプローチの核となる特徴のいくつかを先取りしている。ジン版の民主主義的アプローチは、その弱点となりうるものを正確に示すのにも役立つ。そのあと、本章の残りの部分では、民主主義モデルがそれらの弱点をうまく回避できるのかどうかを考察することにする。

（4） 対照的に、以下で論じる民主主義モデルの中心的な寄稿者であるアーレント（1958）とハーバーマス（1989 [1962]）は、そうした事柄に大いに注目している。

ジンの挑戦

ジンは生涯にわたり活動家として生き、一九六〇年代から一九七〇年代、さらにその後も、合衆国における主要な政治闘争の多くの場面で頻繁に市民的不服従を実践した。ジンにとって市民的不服従とは、民主主義による高邁な政治的および社会的変化のための道具である。「民主主義は絶えず自らを改善せねばならない。さもなくば、それは腐敗する」(Zinn 2002 [1968]: 18)。ジンの主要な関心事である合衆国の民主主義は、ひとつの未完のプロジェクト――人民《ポピュラー》の諸集団が、国家に対してのみならず、日常生活(たとえば職場)においても決定権力を有すると主張すること――を表現している。[5] もっと一般的に言えば、「民主主義とは単に投票を数え上げることではなく、活動《アクション》を数え上げることである」(2002 [1968]: 25)。社会的・政治的に排除された人びとによる草の根の制度外的活動がなければ、リベラルな国家は一貫して権力や特権を持つ人びとを優遇してしまう。真の政治的および社会的変化は、人民の動員と政治的に動機づけられた法律違反がなされた後にはじめて起こる。市民的不服従が民主主義の刷新に欠かせないのは、それが恵まれた地位にある権力者たちの連合から力づくで譲歩を引き出すからである。

現在のリベラルな諸制度――特に司法制度――は民主化を妨げている。それは、政治的・社会的エリートたちの不相応な影響力のためであり、また集票組織の反応が鈍いためでもある。法廷もほかの重要な諸制度も決して進歩的な変化を引き起こしはしない。それらの制度は民衆運動《ポピュラー・ムーヴメント》に強いられて初めて改革を受け入れる。現代において鍵となるディレンマは、社会的世界の変化の急速さとリベラルな諸制度の鈍重さとの間の時間的なズレである。[6] 当然、そうした制度は現代社会の変化の速いペースについてゆけない。幸いにも、市民的不服従は「変化のペースを早めることができ」、動きの遅い通常の諸制度では達成できないことを成し遂げるのに効果的な方法を、不利な立場にある人びとに提供する。つまり市民的不服従は、現代の社会から矢継ぎ早に繰り出される指令に同期《シンクロ》する、ダイナミックで前向きな民主主義的政治なのだ（2002［1968］: 19）。

その成功のために活動家たちが必要とするのが、新たな「市民的不服従のテクニック」である。それは「独りよがりの権力者を動揺させるだけでなく……、古い制度、古い指導者の置き換えを開始するためのテクニックだ」（2002［1968］: 108）。ジンは、改革のツールとしての市民的不服従と、さらに革命的なツールとしての市民的不服従との間に区別を設けていない。ガンディーやキングの影響もあり、それは「自滅的な暴力による膨大な数の死者なしに、革命的な社会変化をもたらす試み」を表していた（2002［1968］: 109）。ガンディーやキングと重なりながらも、ジンは市民的不服従をきわめて広く定義している。

市民的不服従とは、ある社会的目的のために慎重かつ注意深く行われる法律違反である。基本的人権が問題となっているとき、そして合法的チャネルではその権利を十分に守れないとき、市民的不

(5) ジンはアメリカ合衆国に焦点を当てているが、彼の考えをより一般的な民主主義モデルに対する貢献として有意義に解釈することは可能である。
(6) ジンや他の民主主義者たちは、ハルトムート・ローザと私が「社会的加速化」(Rosa and Scheuerman 2009; Scheuerman 2004) として描いてきたものをしばしば先取りしている。

服従は正当化可能となるばかりでなく必要にさえなる。それは、厭わしい法律を破る、不正な状態に抗議する、あるいは象徴的やり方で望ましい法律や状態が何であるか示すなどのかたちをとりうる。市民的不服従は合法とされる場合もあればそうでない場合もあるかもしれない……が、その目的は常に、民主主義の発展における終わりのないプロセスとして、法律と正義の間のギャップを埋めることにある。（2002［1968］：119）

彼の定義では、市民的不服従に関する数多くのよく知られた前提条件が緩められることになる。市民的不服従は通常は公開の場であるいは公共的になされるが、右の定義における法律違反者たちは公的な懲罰を巧みに回避し、地下に潜ることによって当局から身を隠し、その詳細が公衆の目から隠されたままの活動に従事しうる（たとえば兵役を逃れようとする人びとのための「地下鉄道《アンダーグラウンド・レイルロード》」を組織することによって）（2002［1968］：112；1990：120-3）。かれらはもはや公的機関や国家当局に抗議する際に、オーソドックスな自由主義モデルが課すような制約には服さない。たとえば「暑くて悪臭を放ち、ボロボロで害虫のうようよいる巣穴」に住むことを強いられている人びとが、民間の諸制度を抗議の対象にすることができるのは当然である（2002［1968］：112）。民主化はゆくゆくは国家を超えて進んでいくのだから、市民的不服従の直接の標的を不正な社会的および経済的諸実践とすることは正統である。ジンは市民的不服従を特定の法律や政策に対する違反に限定することを拒否するが、それは、根深い社会の病が個々の法令に対してわずかに触れる程度の関係しかないからだ。「たとえば貧困は、貧しい人たちが抗議においての違反することのできる特定の「貧困」諸法によって代表されるものではない」（2002［1968］：37）。社会的に有益だが違法な実践や制度を用いて実験することによって、活動家が目指すのは、将来のより望ましい法律や状態を象徴的なかたちで示すことかもしれない（2002［1968］: 119）。

「暴力そのものは悪である」が、ここでは非暴力はもはや財産や物を破壊することを禁じない。なぜなら破壊は、それをおこなう者の大義を劇的に表現し、公的な議論を生み出すのに便利な方法を提供しうるからである（2002［1968］: 49）。人を直接害することも、それが「抑制され、制限され、不正義の源に注意深く狙いを定める」ものであれば、必要であるかもしれない（2002［1968］: 50）。ジンは、非暴力の市民的不服従と暴力的な抵抗との間の区別を曖昧にする。彼が再定義した市民的不服従では、公的あるいは私的な諸制度を妨害することや、それらが機能しないようにしておくことは何ら禁じられない（2002［1968］: 33–4）。そうした行為がときに威圧や強制を生むことを懸念するリベラルたちに反対して、ジンは、自由主義社会の日々の活動が生み出す健康不良や失業、屈辱、孤独、無力感に由来する「身体と精神に対する暴力」が広く存在することを矮小化しているとして、リベラリズムを非難している（2002［1968］: 19）。ジンは暴力を自由主義社会に特有なものと見なし、以前の宗教思想家たちやリベラルな思想家たちと比べて暴力を幅広く定義することを提起するため、非暴力の要請を弱めることに対す

（7）　ジンは「構造的暴力」（Galtung 1969）に言及していない。しかし、暴力の広い定義を支持する人たちと同様に、彼は暴力を次のように理解している。（1）多面的な現象であり（たとえば、心理学的あるいは精神的な要素もある）、（2）現代社会の基本的諸制度（あるいは構造）に根差している。市民的不服従の理論家からすると、暴力をあまりに広く理解しすぎることから図らずも生じる問題は、そうした理解によって、政治的にある程度は融通の利く非暴力という概念を保持することが難しくなることである。暴力を広く定義すると、暴力がいたるところに存在するという見方をとりがちになる。市民的不服従の理論家の大部分がこうした理解から一定の距離を取ろうとしてきたことは、何ら驚くべき点ではない。

るためらいがほとんどない(7)。

ジンのもっとも激しい憤りが向けられるのは、市民的不服従者たちは法的処罰を受け入れるべきであり、そうすることで法に対する相応の敬意を表明すべきだと主張するリベラルな法律家に対してである。ジンは、キングがバーミングハムその他で刑罰を受け容れたことはもっともだと認めつつも、果たして彼は正しかったのかと問う。「なぜ［むしろ逆に］この一連の抑圧的な法律に反対する、激しく力強い抗議が全国的に生じなかったのか」（2002［1968］: 29）。ある法律が抑圧的であるならば、それは、その法律とそれに伴ういかなる刑罰からも逃れるための十分な理由となる（1990: 122）。現代社会が直面する本当の問題は過剰な無法状態ではなく、悪法への盲目的な服従である。ジンが公然と拒絶するのは、「法の支配」という考え、および法に対する基本的な義務という観念のすべてである。「法の支配を絶対的なものとして称揚するのは、全体主義のしるしである」（2002［1968］: 120）。法律家や哲学者たちが法の支配について大仰に話すとき、かれらは、不公正な法律と恣意的な法的大権に苦しめられた政治的および社会的秩序の醜い現実を覆い隠すイデオロギーを提供しているのである（1971; 1990: 110–14）。法の支配への誤解を招く訴えによって、法律が不正義を増強する役割を果たすという点が見えなくなってしまう。いずれにせよ、市民的不服従者たちは法への忠誠を表明する義務を負わないのである。

ジンのモデルにはいくらかの新しさがあるものの、満足のゆくものではないだろう。一方で彼は、法の支配および法に対する一般的な義務という考えに関して容赦のない説明をする。他方で彼はしばしば法的基準に、すなわち人権という考えに訴える。それは彼がトマス・ジェファソンとアメリカ独立宣言に帰している観念であり、彼はそれを市民的不服従の規範的指針と見なしている（1990: 109, 133; 2002［1968］: 23）。ジンは市民的不服従と法の尊重とのつながりを断ち切るが、それは最初に思われたほど一貫した《カテゴリカル》ものではない。彼はまた、次のようなリベラル以前の直観に後戻りもしている。すなわち、道徳的な良心は法律違反の指針として役立ちうるのであり、市民的不服従はその根底では良心に根差すものだという直観である。「個人が、良心に従って、法律を超える一連の人間的諸価値に従って、「選び取る」べきでない、などということがあろうか」（2002［1968］: 24）。もはや人は神の啓示だけを頼りにするわけではないのに、またしても市民的不服従はひとつの道徳的義務となる傾向がある。われわれは「人間的諸価値」をどこに位置づけたらよいのか。あるいは、道徳・宗教面で深い亀裂が存在する多元的な社会の中で不偏的なかたちで交渉をおこなう方法は何なのか。不幸なことに、ジンがこれらの問いを満足のゆくかたちで答えることは決してなかった。

ジンは市民的不服従を制約のないもの《オープン・エンディド》として（「決定的に重要な社会的目的のための、慎重かつ注意深く行われる法律違反」として）定義するが、それもまた厄介である。公共的で開かれた（しかし時には隠れた、秘密の）、非暴力の（しかしおそらく暴力を伴う）、そして直接の法律違反は――活動家たちが新しい法律や社会変化を象徴的な形で先取りする諸々のエピソードも同様に――、もはやすべてこの定義の中におさまってしまう（2002［1968］: 119）。リベラリズムによる窮屈な説明に苛立つジンは、市民的不服従を緩く再定義することで対抗するが、その定義は比較的わずかな種類の政治的な違法行為を除外するにすぎず、リベラルばかりでなく時にはガンディーやキングをも苛立たせたような意味を暗に含む用語を伴っている。通常の政治的および法的チャネルに対して市民的不服従を特権化する傾向は、アナキストに触

（8）ジンは自分の政治的立場を、あるときにはアナキスト、またあるときには民主社会主義者と説明している。予想できることだが、彼の説明から生じる諸問題はアナキストたちの間で再び浮上する（第4章を見よ）。

発された彼の、法と国家に対する懐疑主義から生じている。[8] だがジンは同時に、法律と政策は社会運動によって効果的に形成されうることを認めることで、自らのアナキスト的本能を抑制している。もし法律や制度が排除された人びとや抑圧された人びとの政治的勝利の結果をときに体現するものであるならば、ジンの主張にもかかわらず、それらはおそらく最低限の尊重に値するのである。結局のところ、市民的不服従に対するジンの民主主義的アプローチは葛藤を孕んでいるように思われる。

市民的不服従、法、革命の精神

アーレントもまた市民的不服従に関して大部分のリベラルよりも限定的でない定義を模索しており、それゆえ彼女の省察には時にジンのものと同じ響きがある。だが彼女は市民的不服従をジンよりも堅固に基礎づけている。

アーレントは、市民的不服従者たちは刑罰を覚悟すべきだというオーソドックスな主張に対する批判に加わり、そうした主張の中に、偏狭で一面的な法律主義版《リーガリズム》リベラリズムの名残りを見出している。[9] 彼女の指摘によれば、リベラルな法律家たちの多くは、政治的な動機に基づく法律違反が基本的には個々の刑事または民事の法律違反と類似しており、法的現状に対する法律違反者たちの義務を明示する手段として、かれらの行為が処罰に値すると考えている。こうした見解とは袂を分かつアーレントにとって、市民的不服従は、ある法令の合憲性に関する法的なテストや、現行憲法の保護の範囲内にあるもの（たとえば言論の自由）と見做されるべきではない。どれほど善意によるものであろうと、現行法の下に市民的不服従を包摂しようとするリベラルな法律家たちは、不服従がもつ特別な政治的特質を殺してしまう。

かれらは市民的不服従を、すでに稼働している司法制度の論理にぴったりあてはまるような、単なる法律上の一事例へと還元してしまう。この還元プロセスによって、市民的不服従を政治的に特別にするものは見失われてしまう。

ジンと同様に、アーレントは革命と市民的不服従との間に明確な一線を引かない。非暴力は「一般に受け入れられるのに必要な条件」を表しているけれども、市民的不服従は全面的な変化への扉を開くことができる（Arendt 1972 [1970a]: 77）。アーレントの主たる標的である窮屈なリベラル・リーガリズムは、市民的不服従が社会変革の可能性を示しうるという事実を覆い隠すばかりではない。それは市民的不服従が活動的な市民たちの手で適切な仕方で遂行されているという事実、すなわち、単なる私的な利害関心の重なり合いではなく共通の理解によって結びついた、自主組織の政治的少数派たちが協力して行う公共的活動を表しているという事実までも覆い隠すのである（1972 [1970a]: 56）。公然と活動して共通の関心事である諸問題を劇的なものにするかれらの活動は、主として政治的な介入行為であり、政治的行為のための人間固有の能力を具体化せんとする努力を、あるいは、

> 人間《マン》を政治的存在にする〔努力を伴っている〕……。この能力のおかげで人間は同輩とともに集まって、一致して行為する《アクト・イン・コンサート》ことができ、この才能――何か新しいことに乗り出す――に恵まれていなかったなら決して思い浮かばなかったであろう……目標や企画に手を伸ばすことができるのである。

（9）アーレントは最も印象的なリベラルからの理論的貢献（たとえばロールズの理論）に通じていなかったようであり、リベラルの中心的洞察を単純に看過している。

……われわれはだれもが出生によって、新参者にして始まりとして、世界に到来するものである以上、何か新しいことを始めることができる。……人間を他のあらゆる動物から根本的に区別する能力は言語をおいてほかはなく、理性や意識ではない。(1972 [1970b]: 179)

アーレントは、市民的不服従が既存の政治的チャネルを諸々の脅威から保護することを目的として、しばしば防御的に機能することを認めている[10]。だが不服従は、潜在的にはラディカルな政治的効果を与えるような望ましいイノベーションを生み出すこともありうる(1972 [1970a]: 75-7)。市民の活動は政治的暴力とは根本的に異なる論理に依拠しているので、市民的不服従は理念上、非暴力的である。英国の植民地支配に対するガンディーの驚くべき勝利は、市民的不服従が強力な植民地体制の牙を効果的に抜き取って巨大な変化を生み出すことができることを証明した[11]。アーレントは同時に、ガンディーのアプローチから得られた成功をあらゆる場合に期待することは政治的にナイーブであるとも考えている。

もしガンディーの途方もなく強力で上首尾に運んだ非暴力抵抗の戦略が、イギリスではなくて、別の敵――スターリンのロシア、ヒトラーのドイツ、さらに戦前の日本――に対するものであったとすれば、結果は植民地からの脱却ではなく、大虐殺であり屈服であったことだろう。(1972 [1970b]: 152)

アーレントはリベラルと同様に非暴力の霊的観念を退ける一方で、非暴力的法律違反が常に必要な政治的役割を果たすことができるという考えにも懐疑的でもある。しかしながら、彼女は非暴力の賛否を議論するよりも、市民的不服従について非暴力が教えてくれるもっと一般的な事柄を強調することに強い関心を抱いている。すなわち、市民的不服従はすぐれて政治的な活動であり、平等なシティズンシップの互恵性と相互性に基づく見事な協働的活動であるがゆえに、暴力とは原理的に結びつかないということである。政治的活動は共有された関心事に基づいて議論し行為する人びとの間の水平的な関係に依拠しているのに対して、暴力はそもそも議論を欠いており、道具的であり、仲間たちとの協調的な活動ではなく、日常で使われる物に形を与えたり製作したりすることに通じる（1972［1970b］; Bernstein 2013: 78-104）。彼女が信じるところでは、現代社会において政治的活動がおこなわれる可能性はほとんどない。

そうした活動の範型は自発的に形成される結社の内部で現れる。そこにおいて人びとは公共の関心事に取り組むために集合し、共通の目標を追求するのに必要な政治的な絆を発展させる。したがって、政治的活動を育む場である共和主義的な自己統治は、豊富な種類の自発的結社を必要とする。市民的不服従に従事する人びとが「まさしく自発的結社の最新の型」であり、共和主義――アーレントの考えによれば合衆国がそれを最もよく例示している――の礎石となった「この国の最古の伝統にぴったり一致している」ことを、彼女は鮮明に描き出している（1972［1970a］: 96）。市民的不服従者たちは自発的な形で共に活動するのであるが、その活動の過程において、共和主義的統治が依拠するところの元来の革命的

（10）アーレントの議論は時に、行政部門による違法かつ非立憲主義的な行き過ぎを相殺するものとしての市民的不服従という考えにとらわれているように思われる。

（11）アーレントの啓発的な一九五二年一一月のコメントを見よ（2016: 273）。

精神に表現が与えられるのである。[12] 自己統治は進行中の、しかもおそらくは不完全であり続けるひとつのプロジェクトを表しており、アーレントは市民的不服従者たちを、既存の政治的および法的実践について議論し、それらを刷新するために集結する可能性のある人びととして描いている。この共和国の起源にある精神と大志に対する忠誠を守りながらも、不服従者たちは共和国の法と制度に手を加え、創造的なやり方でそれらを改革し修正する。

ジンと同様にアーレントは、「現代におけるかつてない変化の度合い」と政治的および法的諸制度との間には厄介なギャップが存在しており、その結果、それらの制度が時代にうまく調和しなくなる傾向があることに気づいている（1972［1970a］: 80）。ジンとは鋭く対照をなすかたちで、彼女は「世界におけるわれわれの生活とお互いの日常的な事柄を統制する法体系」によって提供される安定がなければ、どんな社会も生き残ることができないと信じている（1972［1970a］: 79）。社会の変化の加速によって法の安定化機能が危うくなる。ここからアーレントは、法が、従来の制度的メカニズムを経由して、社会の速いテンポとうまく同期できるのかどうかを問う。法は同時代のニーズに後れを取ることがあまりに多い。政治上の変化がすでに生じていれば、おそらく司法はそれを法典化して政治変動の安定化を助けることができる「が、しかし変化そのものはつねに法の外部での行為の結果である」（1972［1970a］: 80）。したがって、公民権運動における大規模な市民的不服従の運動《キャンペーン》だけが、最終的に、人種隔離のもたらす害悪に取り組む方向へと合衆国市民たちを動かしたのである（1972［1970a］: 80–1）。

現在の社会のテンポを考えれば、時代遅れの法規範や制度上の慣行に対抗するために必要な機会を市民に提供するのは、ただ市民的不服従のみである。公共精神に富む市民たちがそれらを刷新するための真のチャンスを手にするつもりならば、市民的不服従に固有の利点が適切に理解される必要がある。そのための最善の方法としてアーレントがさしあたり示唆しているのは、市民的不服従に何らかの種類の「憲法上の余地《ニッチ》」を与えること、すなわち、不服従者たちの声が「聴かれ、日々の政府の仕事のなかで考慮される」ことを約束する、制度上の保証を与えることである（1972［1970a］: 101）。

このようなやや漠然とした提案は論争に火をつけた（Kalyvas 2008: 286–8; Kateb 1983: 141–4; Smith 2012）。市民的不服従に関する法律主義的《リーガリスティック》説明の不適切さについてアーレントは懸念しているのに、なぜ彼女は制度による――おそらくは法律ないし憲法による――その保護を主張するのか。特殊政治的な、法の外側に位置するという特徴にその美徳の源泉があるとされる市民的不服従の実践を、なぜ法律化しようとするのか。

リベラルの法律主義に異議を唱えてはいるものの、アーレントは、市民的不服従と法の尊重とは相伴うという古い考えを再定式化している。彼女が再構成したものによれば、市民的不服従者たちは法と立憲的統治という賞賛すべき構想に敬意を払う。しかしながらその敬意のあり方は、リベラルな思想家たちや宗教思想家たちの念頭にあるものとは異なっている。

上述のように、ジンはしばしば良心に基づく不服従という市民的不服従の旧来の宗教的な理解を復活させている。アーレントはこの立場をきっぱりと拒絶する。市民としての法律違反と良心に基づくそれとを区別するリベラルよりもさらに一貫した形で、彼女は良心を、公共精神に根ざした市民的不服従と

（12）　この議論に関しては Bernstein（2009）や Kalyvas（2008: 283–91）、Smith（2012）を見よ。懐疑的なものとしては、Maus（1992: 231–4）、より一般的には、Benhabib（2002）と Isaac（1992）のアーレントに関する古典的な議論を見よ。

は基本的に相容れないものと考えている（1972［1970a］: 58–68）。市民的不服従は政治的活動を表しているのであり、決して道徳的活動を表しているのではない。市民的不服従が分別をもって行われる場合、それは健全な政治となるのであり、道徳的な義務や責務になるのではない。私的な道徳や良心は市民的不服従の不適切な出発点であるばかりでなく、それらは市民的不服従の核となる政治的属性を歪めてしまう。アーレントが明言するには、良心を理由に法を巧みに回避する個人は、自己の利害関心にもとづく理由、それどころか利己的な理由からそうするのに対して、市民的不服従は他者と共に公共善のために活動することを含意する。近代において、良心は必然的に個人的で主観的、そして当てにならないものである。もはやその存在を当然のものと見なすことはできない（1972［1970a］: 64–5）。アーレントによれば、一部のリベラルたちが良心を切り離す努力をしているが、かれらはそれを満足にできていない。

残念ながら、おそらくアーレントはここから先に進み過ぎたのであろう（Cooke 2017）。市民的不服従から良心のあらゆる要素を追放することは意味をなすのか。その限界がいかなるものであれ、良心は市民的不服従の物語の一部であり続けるべきであろう。良心が本来的に自己中心的であり必然的に反政治的であると解釈する点で、アーレントはあまりに傲慢であるように思われる。そうではなく、たとえば、市民的不服従における道徳的忠実さは、活動家たちが「少なくともその活動の間だけ、そして少なくとも一つの極めて重大な争点に関して、他の大部分の人びとよりも真摯に道徳的であること」を意味するだけなのだと認めたほうがよいのではなかろうか（Kateb 1983: 106）[13]。

政治と法との関係についてのアーレントの説明は、幸いにも、これよりも満足できるものであることがわかる。彼女によれば、合衆国の建国者たちは正しくも、憲法制定の中に「あらゆる革命的行為のなかでも最高の、もっとも高貴な行為」を見出していた（Arendt 1963: 158）。彼らは立憲主義を、国家の制限に関することばかりでなく、政治的活動の将来の可能性を支えることにも関係するものだと考えた。すなわち、参加と熟議に対する法的および憲法的保護によって、後の世代が政治的自由を行使するための権限を与える《エンパワー》ことにかかわると考えたのである。彼らが追い求めたのは単に制限された政府ばかりでなく、政治的に平等な人びとの間で協力して行われる政治的活動をもたらす政府である。彼らの作った憲法は、

> 新しい政治的領域の境界を画し、その内部の規則を規定すること［を目的としていた］憲法である。……彼らは、自分たち自身の「革命」精神が革命の事実上の終結後も生きつづけるように、来るべき世代が「公的自由への情熱」や「公的幸福の追求」を自由に享受できるような、新しい政治的空間を創設し建設しなければならなかった。（1963: 123）

立憲的統治は、共和主義的統治が依拠する革命精神の存続を確かなものにすることを助けるのに最適である。これによって市民は、同じく政治的に大きな結果をもたらすやり方で、同輩市民たちと共に活動できるのである。

　しかしながら、現代の合衆国あるいはその他の国の政治システムも、政治的活動のための十分なチャ

（13）アーレントは一貫していないようである。彼女は一九六〇年代の学生活動家たちを（本質的に政治的な）市民的不服従に従事していると褒め称えているが、別のところでは、かれらの「道徳的な思い」が称賛されている（1972［1970b］: 130）。

ネルを今のところ提供していない。公民権運動の活動家や反戦活動家、学生の活動家たちが実践する市民的不服従に対するアーレントの熱狂は、かれらの模範的な政治的性格や、かれらの「並はずれた勇気、驚くほどの活動《アクション》への意志、そして……変革の可能性への同様に驚くほどの自信」によるものである（1972［1970b］: 118）。だがそれは、かれらが政治と法の間のより生産的で相互に支え合う関係を再活性化させる――すなわち、法律主義的なリベラリズムと、ジンのような急進派の法懐疑主義の双方を乗り越える――かもしれないという希望から来るものでもある。市民的不服従者たちは、法がただ権力を抑制するばかりでなく、自律した市民の活動に力を与える《エンパワー》ような、「これまで一度も十分に表明されることのなかった法の概念」を思い出させる（1972［1970a］: 83）。暗にかれらは、称賛すべき法と憲法の理想を例示しうるその努力とあいまって、なおもわれわれが忠実であるに値するような法の理念に注意を払っている（Smith 2009）[(14)]。

アーレントは次のような理論化をおこなう。アメリカ共和国の設計者たちは適切にも、垂直的な社会契約という考えが満足ゆくものではないとして捨て去った。この社会契約において法はトップダウンの命令または指示であり、この命令は、それ以前には個々ばらばらであった諸個人（かれらが国家をつくる）の雑多な集合体の上に、かつ、それを超えて存立する主権国家から発せられる。トマス・ホッブズを念頭に置きながら、アーレントは、このモデルがきわめて個人主義的な――彼女にとっては基本的に非政治的な――出発点に立っていることに、また、個人の同意とはほとんど関係がないと思われる現代の多くの国家的活動の現実をこのモデルが理想化していることに苛立っている。つまり社会契約モデルは「まったくの擬制である。少なくとも現状においては、それは真実味をいっさい失ってしまっている」（1972［1970a］: 89）。その典型であるホッブズの理論では、政府の解体は必然的に無秩序《アナーキー》と暴力を意味するのであり、そこにおける個人は、かれらが過去に脱却したはずの恐ろしい架空の「自然状態」に連れ戻される。垂直型の契約において非暴力的な市民的不服従はまったく意味をなさない。なぜなら法律違反は常に無秩序と、おそらくは混沌を意味するからである。

幸運なことに、合衆国の設計者たちは水平的な社会契約というより優れた観念に向かった。そこでは、政府の創設に先んじて諸個人は対称的な絆の上に築かれた平等な社会的共同体をすでに構築している。ジョン・ロックに触発されたこのモデルでは、諸個人は相互的な約束と合意によって互いを拘束することを求められる（Arendt 1963: 170）。このモデルでは垂直的契約の階層構造は捨て去られ、公的生活への平等な参加という考えが真剣に受け止められている。法は、潜在的には全能でありうる主権国家への服従ではなく、平等な人びとの間の熟議に、そしてかれらが一緒になって生み出す「約束や契約や相互誓約」に依拠している（1963: 182）。法の支えとなるものは決して気づかれないものや疑問なきものではなく、多元的な政治共同体内部での生き生きとした政治的なやり取り――そして異議を表明できること――に基づいている（1972［1970b］: 140）。

アーレントは多くの理由からこの第二のモデルを好む。このモデルでは、法が政治的多数派によって作られた場合にそれに異議を申し立てる権利、さらにはそれを破る権利が認められている。重要なのは、このモデルにおいて法律違反の可能性の根拠が、主として、あるいは専ら、リベラルが懸念する個人の権利に対する多数決主義の脅威に求められているのではなく、むしろそれが、政府は相互の約束と義務に基づくさらに根源的な政治共同体に従うものだという見方に求められている点である。政治的多数派

（14）おそらくはPetherbridge（2016）が軽視しているところの重要なポイントである。

——あるいは、その名を騙って活動する国家の役人たち——が違法ないし憲法違反の活動をおこない、実際にかれらの政治的同輩たちに対する約束を破るとき、かれらは最も神聖な政治的義務に背いているのである。そのとき、市民たちはかれら自身の超‐法規的な政治的行為によって、言い換えれば市民的不服従によって、正統性を有する仕方で応答できるのである。

アーレントにとって、市民的不服従を唯一、適切に理解することができるのは、この水平的な社会契約というレンズを通してそれを見たときである。そのとき、われわれは法律違反者たちを「憲法の文言に反する……反逆者や国賊として」ではなく、「アメリカ諸法の精神」を具現化する者として評価することできる（1972［1970a］: 76）。活動家たちは、法を超えて、したがって超‐法規的に行為するが、それは組織された非暴力的運動の一部として行われるのであり、その試みはホッブズが暴力にあふれた無法な自然状態の中に描いた孤立した諸個人とは何ら関係がない。かれらは、水平的契約における平等主義的な前提諸条件ばかりでなく、（必要とあらば責任ある法律違反によって）不同意を示したり異議を唱えたりする権利が常に必要不可欠であるという、法に関するひとつの考えをも例示している。

ジンと同様にアーレントは、日常的な政治と法のメカニズムよりも市民的不服従をしばしば特別視している。彼女がそうするのは、リベラルな現状維持に対する陰鬱な理解と、現代の代表制民主主義に対する強い留保ゆえなのであるが、それらの幾つかは確かに大げさである（Kateb 1983）。しかし、ジンのアプローチとは対照的に、アーレントのアプローチにおいて市民的不服従者は依然として、法および憲法への高貴なる熱望に忠実であることを将来に向けて例示している。市民的不服従者たちがそうするのは、リベラルたちがそうするように、法的現状の尊重、あるいは将来の公共的で一般的な規範という言葉で規定された合法性の観念の尊重をもっぱら示すためではない。ましてや、神の証人となるとか、不服従の過程で神の御心にかなう秩序に貢献するためとかでもない。そうではなく、かれらは公共的かつ非暴力的に活動し、ダイナミックな言葉で構想された「合衆国憲法を守る、あるいはその完成」を助ける。なぜならこの憲法は、不可避的に変化に開かれた共和国のプロジェクトだからである（Kateb 1983: 21）。その未完のプロジェクトの一部として、市民はときに、新たな危急の政治的事態や急速に変化する社会的条件に応じて憲法を拡張し適応させるべく、法律を破る必要がある。革命を遂行した祖先たちと同様に、かれらは違法な活動に従事するが、それは潜在的には憲法の基本原理《コンスティテューショナル・ベーシックス》を再構成するための活動である。なぜなら、効果的な自己統治にはその活動が必要だからである。

　市民的不服従者たちが、アーレントの求める意味で、実際に法への適切な忠誠を示しているかどうかを、われわれはどのように決めたらよいのか。彼女の答えははっきりしない。その理由の一部は、彼女が法への忠誠を問う市民的不服従の標準的テストを受けること（すなわち、法的処罰を受け入れること）に消極的だからだ。不幸なことに、アーレントは彼女自身の潜在的には実り豊かな洞察を合衆国の政治的経験の特異性とあまりに厳格に結びつけようとするがために、その洞察を台無しにもしている[15]。市民的不服従が合衆国以外の他所でも行われていることを当然知っているのに、彼女はその現象がアメリカ合衆国に固有のものだと主張する。たとえば彼女は、水平的契約の観念が特殊合衆国的な「法の精神」の中核となる特徴をおそらく形成していると言う（1972［1970a］: 85–102）。彼女は都合よく、合衆国以外の事例についてはわずかに参照するだけであり、他国の活動家たちがそれぞれのローカルな法的伝統に

（15）アラートとコーエン（1992: 598）の解釈では、アーレントは社会的および経済的不正義を直接攻撃する市民的不服従の役割に共感しているとされるが、アーレント自身の説明はこの点についても不明瞭であるように思われる。

基づいて共和国の刷新をめざす市民的不服従が成功する見込みをあらかじめ排除しているように見える時もある。この論争を呼ぶ主張は、模範とされる合衆国の革命とまるで魅力のないフランス革命との、大げさで支持しがたい対比に依拠している。アーレントの理解では、フランス革命の病理は合衆国以外の国の民主政治に重大な悪影響を与えている（Arendt 1963）。ほとんどの自由民主主義諸国は欠陥のある垂直型の社会契約に依拠しているため、市民的不服従の土壌が貧弱であるというのである。おそらく合衆国のアメリカ人だけが、自身が素描した形で市民的不服従を成し遂げるのに十分な幸運に恵まれているようであると、彼女は信じているように思われる。

市民的不服従——合法性と民主的正統性との間

一九七〇年代から八〇年代にかけて行われた世界的な反核・環境・平和運動は、市民的不服従がアメリカに固有な特徴だというアーレントの主張の誤りを効果的に示した。当時、まだ民主主義がしっかりと根づいていないと懐疑の目で見られていた西ドイツにおいてさえ、原子力エネルギーや、ソヴィエトに向けられたNATOの巡航ミサイルおよびパーシングⅡの配備に反対する市民的不服従者たちの抗議が広範な共感を集めていた。この決定は、左傾化していた西側のヨーロッパ人には、軍事的には挑発的で、戦略的には不安定化をもたらすように感じられたのである。[16] 他国と同様に、活動家たちは原子力発電所や再処理施設の建設用地を不法に占拠した。かれらは合衆国大統領ロナルド・レーガンのどぎつい冷戦のレトリックに怒り、軍事基地を封鎖し、「人間の鎖」を作ることでアクセスの妨害をした。非暴力という厳格な理念を守り、キングのような象徴的人物に鼓舞されていたけれど、活動家たちは、アーレントの予言と歩調を合わせるかのような過酷な国家の反応に直面した。西ドイツの官吏たちは、市民的不服従者をよくて通常の犯罪者、最悪の場合は暴力的な反逆者として取り扱った（Hughes 2014: Quint 2008）。しかしながらアーレントの予想とは対照的に、市民的不服従は公衆の注目を集めることに成功し、西ドイツ史上最大のデモのための土台作りを助けた。その際、一九八〇年代に行われた世論調査によって、政治的多数派を代弁しているのは自分たちであって政府の役人ではないという、抗議参加者たちの主張が繰り返し確証された。

ドイツのもっとも傑出した知識人であるユルゲン・ハーバーマスは、広い範囲におよぶ公開討論に加わっただけでなく、その議論の過程で市民的不服従の民主主義モデルを組み立てなおした[17]。市民的不服従についての彼の洗練された解釈は、過去の議論の多くの弱点を克服している。

ハーバーマスが指摘するところでは、原発や軍拡競争に反対する違法の抗議が争点としたものは、キングや合衆国の公民権運動を動機づけていたような公民権の侵害ではなかった（Habermas 1985b［1983］: 107-8）。他方でボンの政府は、分断を生む安全保障とテクノロジーに関わる政策――それらは「国民全

（16）一九七九年一二月、西ドイツのヘルムート・シュミット首相は身内の社会民主党（ＳＰＤ）内部からの反対にもかかわらず、中距離核ミサイルの配備を進めた。一九八三年三月、保守派（キリスト教民主同盟）のヘルムート・コール首相に率いられた新たな政府は中距離核ミサイルの設置を議決した（賛成二八二、反対二二六）。それらは一九八三年の一一月に西ドイツに配置された。これに続くかたちで起こった市民的不服従をめぐる西ドイツでの論争については、Laker（1986）を見よ。

（17）洞察に富む分析として、Arato and Cohen（1992: 599-604）, Cidam（2017）, Smith（2008）, Spector（2010: 151-70）, Velasco（2016）, White and Farr（2012）を見よ。

体の生存の機会ばかりか、個々の人びとの生命をも根底から脅かす」――についての最小限の公共的な議論を、さらには議会での議論までも、無理やり抑え込んでいた（1985b［1983］: 109）。無思慮で生命を危険にさらす可能性があると相当数の有権者が考えている事柄に関する政策を推進するために、政治的エリートたちは民主主義の観点からすれば胡散臭いショートカットを都合よく追い求めた。より十全に発展した民主主義においては、ドイツの不十分なそれとは対照的に、基本的な決定は、多数決《マジョリティ・ルール》が成立するために必要となる規範的な条件に対して特別な注意が払われたうえで、広範な公共の議論と熟議を通じて為されるであろう。真に重大な決定をおこなう状況では、使い古された議会の多数派で事足りるなどという考えは認められないであろう。

ハーバーマスは正しくも、多数決と民主主義が決して同じものではないことを想起している。多数決は、それが民主的な信任を得るために不可欠ないくつかの前提条件に依拠した意思決定手続きである。多数派の決定が正統性を得るのは、自由で平等な市民たちの間での自由闊達な熟議的やり取りという広範な過程からである。多数派の決定は、今日の選挙で敗北した政治的少数派が明日には多数派になる機会が現実に存在し、また現在の決定が将来の多数派によって実際に覆されうる場合にのみ、意味をなす。それらの前提が破棄されてしまえば、選挙に敗北した少数派が多数派の決定を順守すべきなのか、つまり、なぜ少数派がいつまでも執拗に変わらない政治的多数派の恒常的な支配を受け入れるべきなのか、その理由がはっきりしなくなる（1985b［1983］: 110–11; 1985c［1984］: 138–9）[18]。ハーバーマスは、NATOの新世代先制攻撃型核ミサイルの配備が多数決の前提条件を破っていると主張する人びとに共感を示した。政治エリートたちは有意義な公共の議論を回避する、さらには阻止することに積極的であり、実際に生死の問題にかかわる永続的な決定であるような事柄を急いで推し進めた。「確かに、ミサイルは配備され、その後撤去されるかもしれない」とハーバーマスは認めた（1985c［1984］: 139）。だが、配備は超大国間のすでに危険水域にある軍拡競争を拡大し、取り返しのつかない結果をもたらすかもしれないと結論づけたとしても、それは理に適っている。

要するに、活動家たちは自由主義《リベラル》の現状における制度的な欠点、特に熟議の不足に関する適切な批判を口にしていたのである。かれらの懸念は十分に傾聴に値するものであった。では、これを担保するにはどうすればよいのか。市民的不服従が一つの答えを提供した。重大な争点であるのに通常のチャネルが遮断されているとき、市民的不服従が正当化されうる。しかし、そうはいっても、市民的不服従が常に慎重にして分別があるわけではないし、法律上もしくは憲法上の権利に直接依拠すべきだというわけでもない[19]。アーレントと同様に、ハーバーマスも市民的不服従が法律あるいは憲法上の根拠によって直接正当化されると解釈するリベラルな法学者たちの努力に反対している。

(18) ここでハーバーマスは Guggenberger and Offe（1984）の考えをかなり借用している。批判的な議論としては、Scheuerman（1995）を見よ。

(19) ハーバーマスと同様に一九八〇年代の反核運動について書きながらも、彼よりも懐疑的な立場に立つロナルド・ドゥオーキンは、市民的不服従は根本的な憲法的諸原理に関する事柄を扱うべきであって、公共政策をめぐる不一致を扱うべきではないと論じている（Dworkin 1985: 104–18）。ハーバーマスは時折、政策に関する不一致が表面化するたびに市民的不服従が行われるならばそれは行き過ぎの危険を冒すことになる、というドゥオーキンの懸念に同調している。だが、彼は憲法的原理と政策との間のカテゴリー上のいかなる区別にも暗黙には疑義を唱えているのである（たとえば、核と安全保障についての政策が政治および憲法上のアイデンティテに関係する根本的な問題を提起していると彼が示唆するときなど）。この区別が過度に厳格だと思われる場合、それに疑義を唱える彼はおそらく正しい。

例外的《エクストロオーディナリー》な事柄を標準化《ノーマライズ》することに伴う望ましからざる効果は、市民的不服従を法制化することへの反対材料となる。不服従を行う者の個人的なリスクがすべて除去されてしまったら、違法な抗議の道徳的基礎づけは疑わしくなる。アピールとしてのその効力もダメージを受ける。（1985b［1983: 106］）

活動家たちが、自分は個人としてリスクのある不法行為を行っていると認めることを強いられるとき、かれらはそのコストを注意深く考量している可能性が高い。これによって一定の責任を引き受けるよう促されるだけではなく、かれらに懐疑の目を向ける公衆に対して、法律違反者たちの道徳的および政治的な真剣さが目に見える証拠として突きつけられるのである。

この見方によれば、市民的不服従は実定法ないし現行法と民主的正統性の基礎との間のグレーゾーン、すなわち現行法と民主主義との間のグレーゾーンで行われる。民主的正統性は次のような直観に依拠している。すなわち、拘束力ある決定は原則として強制のない状態での「関係するすべての人びとの合意」から生まれるべきであり、理想としては、共通善ないしは一般的な善を体現すべきだという直観である（1985b［1983］: 102）。法治国家あるいは立憲国家――アーレント同様、ハーバーマスにとっても、それは近代の自己統治には不可避の構成要素の一つである――は、これと対応して、普遍的に是認できる諸原理（たとえば基本権、デュープロセス、権力分立）からその規範的な活力を引き出している――ただし、立憲国家はそれらの原理に常に依拠しているとはいえ、おそらくはそれらを完全に実現したことはないのであるが。民主的立憲国家の根底にある「普遍的な諸原則は変わらないままだが……それらが適用される歴史的な環境は変化する」（1985c［1984］: 135）。現行の政治的および法的実践とそれらの規範的な基礎との間のギャップは、定期的に表面化する。現在の政治的および法的実践は、それらが暗黙裡に依拠している要求水準の高い規範や手続きを完全にもしくは十分に実現しているという、ありきたりだが誤解を招く見解は、歴史的経験によって反論される。民主主義と立憲国家が形成するのは、「絶えず中断される」（したがって一直線ではない）「学習過程であり、それは決して今日終わるものではない」（1985c [1983]: 153）。民主的立憲国家というのは骨の折れる、葛藤をはらんだ歴史的実験であるから、それは常に矯正され、定期的に改革され修正される必要があるのだ[20]。

立憲民主主義自体に潜在する規範的なエネルギーによって、活動家たちは現行の実践を内在的に批判するための豊富な資源を手に入れる。ハーバーマスによれば、結果として起こる政治的闘争は、理想の上では、通常のチャネル（最も重要なのが自由な選挙である）を通じて発生する。だが、ここでも歴史的な経験がとある一般的な問題を際立たせる。すなわち、法律も制度も、抑圧され搾取された人びとの要求に対して何もしない傾向にあるという問題である。現行の法律や制度的慣行がひどい不正義を体現している場合がありうる。近代立憲主義の設計者たちは「人間理性の可謬性と堕落しやすい人間本性」という厳しい現実を知っており、その現実に応じた形で制度を設計しようとした（1985c [1984]: 135）。にもかかわらず、自己矯正的な制度的工夫は依然として不安定な状態にあるかもしれない。それゆえ立憲民主政治は次のような逆説的な課題に直面する。すなわち、立憲民主主義は健全な「法律の形態で現れる不正義への不信」を保護し維持しなければならないが、その不信を十全に法律化したり制度化したりすることなくそうしなければならない——なぜなら、それを法制化してしまうと、〔法律による不正義と

（20）この議論内部の緊張関係については、Thomassen（2007）を見よ。

いう〕同様の危険に対して脆弱であることが判明するかもしれない――という課題である（1985b [1983]: 104）。民主主義は「制度内政治におけるシステム上の惰性《イネルシア》」をチェックする方策を必要としているが、そうした方策に公式の法律上あるいは制度上の地位を常に付与できるとは限らない（1996 [1992]: 383）。

市民的不服従は〔この問題に対する〕ひとつの可能な解決策を示唆する。法律を破る非暴力の活動家たちは、「市民の直接的な主権的力能《キャパシティ》における国民投票に相当する役割」を引き受ける（Habermas 1985b [1983]: 103）。かれらは「主権者としての自分たちの役割において直接仲裁を行い」、硬直化した法律や融通性のない制度的慣行に包囲された普通の市民たち（政治指導者たちではなく）が権力を行使することを求める（1985c [1983]: 136）。市民たちが法律を破るのは、かれらの熟考された見解からすると、その法律が立憲民主主義自体の暗黙の規範的基準に合致していないからである。かれらは革命的前衛としてではなく、民主的な立憲国家の暗黙の土台にもとづいて同輩市民に向けて呼びかける、多元的な共同体における自由で平等な市民として行為する。不法行為を犯すことで、それゆえ法律の「外部で」行為することで、かれらはその命令に修正を加えて現状に適応させ、改善することを狙うのである。

アーレントと同様に、ハーバーマスにとっても市民的不服従は、政治的改革のみならず可能な憲法上の改革にとっても本質的であるところの、違法な（あるいは超法規的）活動を表している。ハーバーマスは市民的不服従の課題を革新的であると同時に防御的なものとして描いている。市民的不服従はときに、政府による厄介な政策を撃退するのであるが、それはつまり、市民的不服従が「長らく行われていない矯正と刷新のためのペースメーカー」としても役に立ちうるということである（1985b [1983]: 104）。市民的不服従者たちは硬直したあるいは正義にもとる法律と制度に抗って進み、「進行中のプ﹅ロ﹅ジ﹅ェ﹅ク﹅ト﹅

として動態的《ダイナミック》に理解された憲法を愛し擁護する者であること」を折に触れて証し立てる（2004: 9, 強調は原文）。不法行為を犯したとしても、かれらは立憲民主主義という未完のプロジェクトを前方へと推し進める。かれらは不正義を劇的に表現することで、非暴力的であるが依然としてラディカルな改革主義に貢献する可能性があるのであり、その際には現在の制度上の手札《デッキ》が、広範囲かつ歴史的に前例のない仕方で刷新《リシャフル》されるのである。近代の政治史を振り返りながら、ハーバーマスは次のように書いている。

現代の民主主義諸国の国民が辿った様々な経路を形作る闇雲さや偏向した解釈を発見することは容易である……。このことは、言論の自由や普通選挙、結社の自由といった基本的な争点において明らかだ。もしカントが選挙権を女性や日雇い人夫ばかりでなく、自立した労働者にも認めなかったならば、これは、たんなる概念上の誤りではまずないだろう。一般的な規範が選別的に実現されてきたことは、状況の変化や歴史的な環境に照らして明らかとなる。より激しい政治的闘争や長期にわたる社会運動のおかげで、人びとは法律が不正な形で選別的に実現されてきたことに気付くようになる。（1985c［1984］: 135）

市民的不服従は、基本的な民主主義および立憲主義の諸原則が不完全な形でしか実現していないことに公衆の注意を向ける上で役に立つ。立憲民主主義が有する暗黙の理想に訴えつつ、法律を超えて行為することで、法律違反者たちは必要とされる変化を惹起するのである。

実質的な点ではアーレントと重なり合うものの、ハーバーマスはアメリカ革命に対するノスタルジーも、市民的不服従の本拠地を合衆国とする彼女の理解に対する共感も示さない。彼が提示しているのは民主主義に関する堅固な規範的説明であり、民主主義における法律と立憲主義との複雑な関係について、さらに多くの意見を用意している（Habermas 1996［1992］）[21]。その一つの帰結は、現代のいかなる民主的立憲国家も、市民的不服従を考える人びとが訴えることが何よりできて当然な諸原則を具現化している、というものである。

ジンと同様に、ハーバーマスは民主化を広範な政治的かつ社会的なプロジェクトとして理解している[22]。しかし彼は正しくも現行の法と制度を次のように見ている。すなわち、それらは過去の闘争を体現しており、潜在的にはラディカルな含意をもつ諸々の規範的資源の上に築かれていると。結果として、彼はジンの反国家主義と反法律主義を回避している。政治 - 診断上の理由から、また概念上の理由から、ハーバーマスによる市民的不服従のテストは、より要求の多いものであることも判明する。現行のリベラルな政治形態に対する厳しい批判者ではあるものの、ジンそしておそらくはアーレントとも異なり、ハーバーマスはそうした政治形態が破綻しているとは考えない。その理由はおそらく、彼がリベラリズムのテンプレートの鍵となる構成要素を保護することに関してかれらよりも意欲的である一方で、それらをより堅固な民主主義的土台に据えようとしている点にある。もし、市民的不服従を無媒介の人民主権の表明、すなわち街頭での「人民の権力《ピープルズ・パワー》」の表明と構造上類似したものだと理解すべきであるならば、われわれは、市民的不服従が無責任な、あるいはわがまま《ウィルフル》な活動を好きに行う権利を示すものではないことの理由とその理路を示す義務がある。不服従者たちは進行中のプロジェクトとしての民主的立憲国家におけるアクティブな参加者と見なすことができるという主張は理解できる。だが、市民的不服従者たちが責任をもって行為し、その役割を真剣に考えているのかどうかを、どうすれば理に適う仕方で確かめられるだろうか。ここでもハーバーマスの回答は啓発的である[23]。

彼はロールズの市民的不服従の定義――市民的不服従は法律と政策を変えることを目的とする、公共的で、良心に基づく、非暴力の不法行為であり、この行為によって法律違反者たちは法に対するかれらの基本的な忠誠を示す――を、わずかな修正を施しながら再検討している。[24] ロールズと同様にハーバーマスも、道徳的良心は法律違反の正統だが必然的に不完全な基礎であると考えている。ハーバーマスはロールズその他の人たちに同意して、良心に基づく訴えは道徳的および宗教的多元性という現状においては十分でないとする一方で、アーレントとは異なり、そうした訴えの余地は残している（1987［1986］: 66）。アーレントとジンの双方に反対して、ハーバーマスは不服従者たちが法律上あり得る諸帰結に向き合うべきだと信じている。それはなぜか。法律違反者たちは、かれらの活動を暴力的な革命から区別することが期待されて然るべきであるからだ。不服従行為の観衆は、政治的な法律違反者たちが立憲民

(21) ハーバーマスは現代民主主義と法律の規範的な輪郭を解釈するために、カントの社会契約論に手を加えたものを擁護している。アーレントはこの可能性を拒絶し、カントの（そしてそれに先立つルソーの）契約論とホッブズのそれとを同等視している（Arendt 1972［1970a］: 84）。しかしながら面白いことに、ハーバーマスが再加工したカント主義の諸要素はアーレントの（ロック的な）「水平的」社会契約論とよく似ている。

(22) ここで社会的および経済的不正義に反対を表明する市民的不服従を禁じるものは何もない。ハーバーマスの診断では、福祉国家資本主義において公的諸制度と私的諸制度との間の境界は不明瞭になっているので、彼は、市民的不服従が概して基本的な市民的および政治的諸権利を守ること、および国家的あるいは公的権威に向けて訴えることに限定されるべきであるという、リベラルのオーソドックスな見解を支持することができない。

(23) ハーバーマスによる市民的不服従の擁護があまりにも無制約であるという点について、私はSmith（2008）ほどの懸念は抱いていない。

(24) ハーバーマスがロールズを援用するので、彼らの立場を一括してしまう者もいる（Celikates 2016a）。

主主義という進行中の――そして依然として不完全な――プロジェクトへの参加者という自分たちの立場を真剣に受け止めているかどうかを確認する、何らかの透明性のある方法を必要としている。同じく重要な点であるが、ハーバーマスは司法当局に対して、不服従者と通常の犯罪者あるいは暴力的な反逆者とを懲罰の面で同等視しないよう求めている。敬意ある対応、またおそらくは寛大な対応によってのみ、官吏たちは市民的不服従の価値ある政治的機能を適切なかたちで認めることができるのである。

要約すると、市民的不服従は官吏たちと法律違反者たち双方の自制を必要としている。官吏が自制せねばならないのは、非暴力的な市民的不服従を犯罪行為や暴力的な抵抗と一緒くたにすることが、端的に誤りであるからである。検察官や裁判官は、可能ならいつでも、抗議者たちが有利になるよう裁量を行使すべきだ。翻って、法律違反者たちが自制すべきなのは、政治的に平等な人びとを尊重する姿勢をかれらが示す必要があるからだ。非暴力が意味するものは、他の人びとの身体的および心理的高潔さ《インテグリティ》を守るべく、責任をもって行為することである。というのも、それを損なうことがあれば、他の人びとの道徳的・政治的平等者としての地位を侵害することになるからである。暴力に関して多くのリベラルたちよりもやや緩い定義を擁護することで、ハーバーマスは潜在的には対決姿勢の抵抗――しかし、彼の用法では依然として非暴力的と認められる抵抗――を幅広く認める。[25] 非暴力には、たとえば戦闘的な抗議者たちが第三者の移動の自由を妨害すること（バリケードや座り込みによる）や、かれらに情緒的あるいは心理的プレッシャーを（節度ある仕方で）与えることも含まれる（1985b［1983］: 100–101）。[26] 原理的には、非暴力が所有物の破壊と両立することが証明されるかもしれない。ハーバーマスは、ダニエル・ベリガンとフィリップ・ベリガンの兄弟が仲間たちと共に核ミサイルの弾頭を損壊させる目的で合衆国の核兵器製造施設に侵入した「プラウシェア・エイト」の抗議についてコメントをしている。その中で彼は、「おそらく近い将来、われわれは、今日よりももっと明白な形で、この伝統［すなわちキングやその他の人びとによって実践された市民的不服従］の中に、ベリガン兄弟をはじめ、あらゆる大量破壊兵器が法的拘束力を伴うかたちで禁止されることを目指して市民的不服従から一線を画する人びとを、含めることになるだろう」という、慎重な判断を示している[27]（1985b［1983］: 107）。

いずれにせよ、活動家が戦闘的な法律違反を行うとき、かれらが心に留めておく必要があるのは、自分たちの行為がまずもって象徴的なものであるということだ。たとえばもし、かれらがＮＡＴＯへのアクセスを妨害するなら、かれらが狙っているのは何よりも公共の議論を促進することであって、ＮＡＴＯの日々のオペレーションを実際にぶち壊すことではない。これとまったく対照的に、暴力的な法律違反者たちは自分たちに特別な権利や真理への特権的なアクセスがあることを暗に主張する。ハーバーマスは、そのような主張はいずれも政治的平等および立憲民主主義という未完のプロジェクトとは調和しないと考えている。

（25）アーレントの権力観をめぐる議論の中で、ハーバーマスは「構造的暴力」について語っている。それによれば、政治（その他の）制度は、「正統化にとって有効な確信が形成され伝達されるところのコミュニケーション」を体系的に遮断するのであるが、これを遮断された人びとはその有無言わさぬ強制的な性質について気付くことさえない（1986［1976］: 88）。

（26）ハーバーマスのここでの分析は、他の鍵となるポイントと同様に、Frankenberg（1984）および一部はDreier（1983: 62-3）にかなり依拠している。ハーバーマスが非暴力的なものとして擁護した抗議活動を、保守的な西ドイツの裁判官が *Nötigung*（すなわち暴力的な強制）に分類したのは、非常に対照的である。

（27）この抗議は一九八〇年九月九日、ペンシルベニア州のキング・オブ・プルシアで起きた。これは世界的に注目を集めた。

外箱の外観はロールズ的であるにもかかわらず、ハーバーマスはその中により豊かな民主主義的内容を詰め込んでいる。ロールズとは反対に、市民的不服従はそもそも、すでに基本的な点ではリベラルな、もしくは「おおよそ正義に適う」リベラルな政体において、多数派が市民的諸権利を侵害するという事態を矯正することではない。そうではなく、市民的不服従によって活動的な市民たちは、潜在的に重大もしくは深刻なあらゆる争点を提起し、ときには広範な変革に向けてそれを推進することが可能になるのである。アーレントと同様にハーバーマスが多数者支配《マジョリティ・ルール》に留保を加える主な理由は、それが自己統治を危険に晒すという点にあるのであって、個人の権利それ自体のためではない。十分な民主的正統性を欠いているがゆえに、人びとは有意味な公共の議論なき狭義の多数者による立法に違背する可能性がある。法律を遵守する義務は条件つきのものであって定言的なものではない。なぜなら法律や法令は、時には民主的正統性と矛盾するからである。

　ロールズに倣って、ハーバーマスは市民的不服従が抗議者たちにとって究極の、あるいは最後の手段だとしている。同時に、市民的不服従は歴史的に見て例外的なものではない。すなわち、市民的不服従の必要性は「繰り返し何度も生じるであろう。なぜなら、普遍的な内容をもつ現行の立憲主義の諸原理が実現される過程は長期的なものだからである」(1985b [1983]: 104)。法と立憲主義は民主化と直接に結びついており、排除と抑圧に反対する持続的で現在進行中の闘争として構想される。みずからの行為の代償として法律上の処罰を受け入れるとき、不服従者たちは法律や憲法への忠誠を象徴的に表明しているものの、もはやそうした忠誠が主として形式的な合法性の理想や厳格な憲法的現状維持を意味するとは考えておらず、むしろ不完全なプロジェクトとしての立憲民主主義に対する忠誠として理解しているのである。ハーバーマスの考えによれば、市民的不服従は暴力的な抵抗や革命とはカテゴリー上区別されるものであり、後者はいずれも現代のリベラルな社会にふさわしいものではないとハーバーマスは考えている（1987［1986］: 66）[28]。現行の立憲民主主義の内部には多くの病理が存在するとしても、政治的な非合法行為には制限が必要である。しかし、ガンディーとキング双方の影響を受けたハーバーマスからすれば、市民的不服従は依然として、限定的で用心深いリベラルな改革主義の狭い境界を、正統なかたちで乗り越えてゆく可能性があるのである。

国家を超えて？

民主主義的な市民的不服従は、特にハーバーマスの印象的なバージョンでは、先行するリベラルな考えの限界を克服することを目指して大きな一歩を踏み出している。もはや市民的不服従は行き過ぎた多数派から個人の権利を守ることにとどまらない。今やそれは民主主義をより広範に保護し、また潜在的には強化するのである。民主主義は進行中のプロジェクトを表現するものであるがゆえに、市民的不服従の民主主義的な理解はリベラルな理解よりも決定的に未来志向であり、そして潜在的には変化を生み出すものである。市民的不服従は、影響力のあるロールズのモデルにおけるような、共有された固定的

（28）　もちろん、何らかの最低水準を下回る自称リベラルな政治体制は、もはやリベラルと見なすに値しないであろう。そのような場合、より戦闘的でラディカルな法律違反が正統なものとなるかもしれない（第5章を見よ）。ハーバーマスはこの可能性を全く考えていないように思われるが、おそらくその理由は、そうした法律違反がドイツ連邦共和国のような「ある程度」機能している民主的な立憲国家にはふさわしくないと考えているからであろう。

な正義の構想に関して多数派が抱く誤った理解を矯正するだけのものではない。むしろそれは正義と権利についての新たな理解や、新たな参加の機会、そして広範囲にわたる社会的および経済的変化の口火を切るのに役立ちうるのである。法に対する忠誠が意味するのは、ダイナミックで未完成な共通の企てである立憲民主主義に参加する努力が誠実なものであることを、実際に示すことである。市民的不服従者たちは、自己統治と立憲的統治を更新し改良する際にきわめて重要な役割を果たしうるのである。

民主主義モデルが、最近のオキュパイ運動に関与した人びとを含む、政治的な活動家たちを鼓舞し続けているのは驚くべきことではない（Yingling 2016）。このモデルを構成する諸々の要素は、権威主義の状況下で行われる民主主義運動に活力を与える上でも役立った。中東欧における共産主義の打倒を促した一九八九年の運動がその例である[29]。

民主主義的アプローチは新たな達成ではあるが、これまで吟味されていないひとつの重要な想定を他のアプローチと共有している。リベラルによれば、近代国家は「包括的な範囲」と「他の諸制度に対する実質的な統制力」を正統に所有している（Rawls 1971: 236）。近代国家は他の制度に比べより決定的な形でわれわれの生活の見通しに永続的な影響を及ぼすがゆえに、結局のところ政治は政府と法律を形成する最善の方法に関する問いにかかわる（Rawls 1971: 222）。したがって、市民的不服従は一般的には国家当局を標的にすべきだということになる。もちろん、市民的不服従に関してよりラディカルな精神を持つ民主主義の理論家たちは、市民的不服従に対するこの狭い理解を捨て去る方向に進む。それにもかかわらず、かれらは依然として、暴力を正統に独占し、国内の平和とあらゆる市民の法律上の安全を唯一保証することのできる国家の存在を前提とする傾向にある（Habermas 1985b [1983]: 134）[30]。

過去数十年の間、まさにこの国家主義的前提が、哲学的な――そしてしばしば政治的に活動的な――

アナキストたちによる批判的な精査の高まりに直面しているが、これは市民的不服従にとって非常に大きな含意をもつものである。何ら驚くべきことではないが、そうした声は、市民的不服従を法の尊重に関する何らかの考えと結婚させるための長年にわたる探究に対する反感を表現している。次章ではこのアナキストの批判に目を向けてみよう。

(29) Ulrich Preuss (1995) による、東欧における大変動についてのアーレント寄りの説明を見よ。
(30) Arendt (1972 [1970b]) がまさしく国家のこの定義を拒絶しているように読める、というのは確かにそうだと思われるのだけれども。

第4章　蜂起するアナキスト

これまでの各章では、市民的不服従のそれぞれ競合するモデルについて検討してきた。本章でのわれわれのアプローチはそれとは異なる。われわれは、ガンディーからハーバーマスに至る活動家や知識人たちが構想し、あるいは実践してきた市民的不服従のきわめて幅広い課題を考察する。一九八〇年代から、政治的不服従についての多くの書き手が理論的あるいは哲学的なアナキズムを構想してきたが、そのなかでアナキズムの哲学的な省察は、従来の市民的不服従をめぐるさまざまな考えに重大な反論を提起してきた。政治的アナキズムもまた再興を果たし、アナキズムの活動家たちは最近の社会運動のなかで中心的な役割を果たしている（例えばグローバル・ジャスティス運動やオキュパイ運動）。

アナキストたちは、多様な形態や規模で姿をあらわしている。アナキストたちはおしなべて近代国家を拒絶し、それを基本的に正統化されないもの、広範な社会的ないしは物質的不正義に加担しているものとみなしている。[1] 従来の学術的知見に倣って、われわれは政治的アナキストたちを哲学的アナキストたちから区別する。前者には、そのきわめて独創的な歴史的人物たち（たとえばミハイル・バクーニン、ピョートル・クロポトキン、エマ・ゴルドマン）と、自発的かつ意見の一致に基づいた紐帯によって構築される、何らかの、おそらくはより優れた国家的ではない社会秩序を求め、国家を廃棄するという目的に突き動かされて街頭に出る今日のアナキストたちとが含まれる。政治的アナキズムは、共産主義と急進的な個人主義という両方の形態をまとって姿をあらわしている。ごく簡潔に言えばこうである。政治的アナキストたちが戦闘的な違法行為を追求するのは、自発的に組織された自治的な共同体といううみずからの選好と相容れない国家やその他の制度を破壊するためである。それとは対照的に、哲学的アナキストたちは「国家の非正統性を、国家に反対せよ、あるいは国家を排除せよという何らかの強い道徳的命令をともなうものであるとは理解しない。そうではなくてかれらは通常、国家の非正統性を、われわれ自身のまたは他者の既存国家への服従、遵守、あるいは支持につながりうる、いかなる強い道徳的想定をも排除するものであると理解する」(Simmons 1996: 20)。哲学的アナキズムはまた、左派的（反資本主義的）変種と、右派的（自由市場的ないしはリバタリアン的）変種の両方によって姿をあらわしている。それは現実生活に関する多種多様なインプリケーションを含んでいる。それにもかかわらず哲学的アナキストは一般的に言って、国家的ではない社会秩序を積極的に構築することを目的とした政治闘争を行うのではなく、現代のリヴァイアサンとその道徳的基盤を貶めることに関心をもっている。政治的アナキズムと異なり、哲学的アナキズムは、この時代のポスト・ユートピア精神を受け継いでいる。すなわちそれは、何か新しいオルタナティヴを構築するという見通しにあまり信頼を置かず、原理に裏打ちされた国家に対する敵意を体現している。

哲学的な傾向をもつアナキストであれ、政治的な傾向をもつアナキストであれ、かれらは自分たちの好きなように「市民的不服従」という用語を自由に流用している。すでに見てきたように、どんな単一の政治的あるいは哲学的方向性も、この用語の独占を主張することはできない。しかしながら私は本章で、既存の諸々のモデルに対するアナキズムの反論に焦点を当てる。その支持者の間には意見の相違があるかもしれないが、アナキズムは、〔市民的不服従に関する〕宗教的、自由主義的、民主主義的説明が共有する核となる直観に対する徹底的な批判として、もっとも実り豊かに解釈される。仮にアナキズムの批判が首尾よくいくなら、通常理論化されるような市民的不服従にはほとんど居場所は残らないことになる。哲学的アナキズムも政治的アナキズムもどちらも、市民的不服従の政治的および概念的独自性を批判している。仮に市民的不服従という考えが最低限なんらかの一貫した形で生き残ることができるとするなら、われわれはアナキズムの批判に対抗できなければならない。これこそが本章の主な目的である。

もちろん市民的不服従は、宗教、自由主義、民主主義のそれぞれから市民的不服従を支持する者たちにとって、常に異なることを意味した。しかしこの言葉は、互いに競合する政治的伝統が恣意的に異なる内容を詰め込む、空っぽの殻ではなかった。重要な差異があるにもかかわらず、それらの競合するアプローチは、四つの大まかな共通性に基づいていた。

第一に、それらのアプローチは市民的不服従を、国家と法の内側で変化を生じさせることを目的にす

(1) この区別は筋が通っているかについて解釈者のなかには疑問をもつ者もおり、かれらは、哲学的アナキズムは（国家と法律に対するその根深い敵対心のゆえに）必然的に、いくつかの政治的亜種に分岐すると論じている（Harris 1991: Senor 1987）。今日の「ポストアナキズム」は、新しいタイプの政治的アナキズムと見なすのが最善である。すなわちそれは、根源的な変容を目指す政治的な立場をみずから思い描いており、今やポストモダニズムとポスト構造主義の理論潮流によって深められ豊かなものにされた、古典的（政治的）アナキズムの再生をあらわしている。

るものであるとみなした。宗教を信じる者たちも民主主義者も、公職者や国家の役人に反対する活動に市民的不服従を狭く限定するリベラリズムのやり方には反対だった。ただしかれらは、リベラルたちと同じように、一般に法律違反者たちは政府の役人たちを揺さぶることに照準を合わせるだろうと期待した。なぜか。正統な強制力を独占する国家は、究極的な権威を保持し、他の制度ができない仕方で社会を形作っているからである。新しい法律や抜本的な改革を提案するときでさえ、市民的不服従は結果的に、国家や法の制度的優位性を前提としていた。それは、ある種の主権的な政府ないしは「国家」とともに、効果的な法執行機関を備え、通常は法の運用の成功に不可欠なものとして描かれる、合法性ないしは法に基づく社会秩序(いわば「法の支配」)の必要を受け入れていたのである。

第二に、市民的不服従のすべてのモデルは、法への忠誠、またはキングが「法に対するこの上ない敬意」と呼んだものに基づくとするのが最もふさわしい、ある独特な法律違反の様式として市民的不服従を描いた。これまで見てきたように、大半の書き手たちは、この点を市民的不服従者たちに罰を受けるよう求めることと結びつけたのだが、こうした要求をもっと懐疑的に捉えた人びともいた。いずれにせよ、市民的不服従を通常の、あるいは刑事上の法律違反とは異なるものとして位置づけるものは、望ましい社会であれば実現しようと強く求めるであろう、基本的な法的および憲法的理想への〔市民的不服従に〕付随する訴えかけである。宗教的、自由主義的、民主主義的思想家たちが、共有されたこの直観とは鋭く対立するものを提示するときでさえ、かれらが一致して市民的不服従であるとみなす種類の法律違反が高次の規範を有しているかは、法に忠誠を示しているかにかかっている。

第三に、これまでの市民的不服従のモデルは、それぞれ別のものだが相互に関連しあっている道徳、法、政治への訴えという、三方向から成る規範性に依拠してきた。それは実際のところは錯綜したものだった。すなわち、市民的不服従についての競合しあうさまざまなモデルが、三つの方向とそれらの相互関係について異なる説明をおこない、三つのうちのひとつないしはそれ以上を軽く扱ったり、さらには省略する書き手たちもいた。それにもかかわらずわれわれは、市民的不服従が道徳、政治、法という三つの方向に立脚していると解釈する一般的傾向を見出している。ロールズのリベラルなアプローチが典型的に示唆しているように、市民的不服従者たちは、公共政策を変えるように他の市民に公共の場で訴え（政治への訴えかけ）、かれらの行動は良心の声に基づいており（道徳への訴えかけ）、たとえ政治的不法行為にかかわる場合でも、法の尊重を示すことが期待されるべきである（法への訴えかけ）。ガンディーからアーレント、ハーバーマスに至るまでの幅広い伝統の中で、三つの方向には無数の組み合わせがある。ただ、それらの伝統はいつも繰り返し、その規範的な輪郭は多様でほどよく多面的でなければならないという分別ある前提に基づく、市民的不服従の三つの顔（政治、道徳、法）についての語りをもたらしたのである。標準的な見解によれば、市民的服従は仮に単一の（政治的、道徳的、あるいは法的）基盤に基づく場合はうまくいかないだろう。それはもっと多様で多面的な規範を活用しなければならない[2]。

第四に、宗教的、自由主義的、民主主義的市民的不服従の各モデルは、当初、そしておそらくは誤って、わかりやすい一連の前提条件（礼節、誠実さ、非暴力、公開性）のように見えたものを指針にしようとした。もちろん、互いに競合する政治的伝統は、衝突しあう解釈をもたらした。たとえば、どうすれ

（2）同じような理論的動向についてはCooke（2016）を見よ。かれは市民的不服従の三つにわかれる規範性をめぐって、より野心的な哲学的根拠づけをおこなっている。

ば最も良く非暴力を理解し実践できるのかをめぐって活発な論争が表面化した。それにもかかわらず、ガンディー以来の思想家たちは、正統な市民的不服従にはある共通の基準のまとまりがあるという、もっともらしい解釈をおこなってきた。その相違点が何であれ、かれらが代替案として提示する諸々のアプローチが——そこに必ず対立があるとしても——共有されたひとつの規範的枠組みを前提としている、という見方には依然として真実味がある。かれらはひとつの共通の概念的言語に参加していたのであり、たとえその言語を用いて対立しあう主張をしたとしても、そうなのである。

四つの共通項すべてを批判することによって、アナキストたちは市民的不服従の概念的および政治的独自性を粉砕することを目指している。しかしながら、政治的アナキズムの攻撃は、国家と法についての一連の支持しがたい前提に依拠している。哲学的アナキズムが求めているのは、もっと目を引く批判である。しかしこの繊細なアプローチも市民的不服従の主たる諸要素を排除しているがゆえに、不発に終わっている。ある潜在的な緊張関係がアナキズムの批判を特徴づけている。アナキストたちは市民的不服従についての従来の説明に反対しているものの、そこで自分たちが慣れ親しんだ概念的あるいは政治的縄張りからしばしばはみ出すことになる。かれらがそのようにはみ出した時、当初は激しい批判の炎にみえていたものは、勢いを失い始めるのである。

政治的アナキズムと直接行動

一九世紀のフランスの政治思想家であるピエール・ジョゼフ・プルードンは、国家に対するアナキズムの敵意を、鮮やかにこう表現している。

被治者であるということ（To be GOVERNED）は、あらゆる手続き、あらゆる取引きにおいて、記録され、登録され、登記され、税を徴収され、押印され、計測され、計数され、精査され、認可され、承認され、訓戒され、禁止され、改善され、修正され、罰させられるということである。それは公益を口実として、一般の利益の名のもとに、負担を求められ、訓練され、保証金をとられ、搾取され、独占され、巻き上げられ、搾り取られ、煙にまかれ、盗まれるということである。そうであるから、不平不満の最初の入り口としてすこしでも抵抗しようものなら、抑圧され、罰金をとられ、白い目で見られ、いやがらせをされ、後をつけられ、虐待をされ、殴打され、武器を取り上げられ、羽交い絞めにされ、収監され、裁判にかけられ、非難され、銃で撃たれ、追放され、いけにえにされ、売られ、裏切られることになる。挙句の果てには、馬鹿にされ、冷笑され、怒号をあびせられ、名誉を奪われる。これこそが政府であり、正義であり、道徳である。（Miller 1984: 6 より引用）

国家は、力あるいは暴力が凝集したものとして表象される。近代のリヴァイアサンは、その臣民に対して恐るべき一連の強制、搾取、刑罰の機能を行使する（Miller 1984: 6–7; also, Carter 1971: 38–40; Horton 2010: 107–9; Ritter 1980: 61–88）。この説明に立てば、現代の全体主義の恐怖は、国家の真の顔を明るみに出すものである。国家が慈悲深くふるまうように見えるときでさえ、その鉄拳はじきに、特権的な権力の立場に疑問を呈する人びとに振り下ろされる。その瞬間に国家権力はヴェールを脱いで暴力的な核心を露わにし、警察と軍隊は解き放たれ、近代国家の法の本質である緊急事態あるいは例外的権力が、いわゆる法の支配にとってかわる（Newman 2012: 313）。そのとき、恣意的な警察や軍隊の支配は、こっそりとではなく公然と、端的に自らの姿を明らかにする。

法――いわゆる法の支配――は、強制力をともなう諸々の装置を糊塗している。法は実際には、国家の暴力を監視しうるものではなく、それがきわめて狡猾に姿をあらわすものにすぎない。国家は高次の規範的理想（たとえば自由や平等）を促進するなどと誤ったことをほのめかしつつ、法は諸々の事実上の権力関係を神秘化している。法の形式性や「法律の条文」は通常、正義を妨害している。法の一般性は、国家の臣民たちを同質化し、粉砕するための装置にほかならない。臣民たちの個人性は、必然的に法の画一性によって侵害される。人びとがみずから法の支配に服従するとき、「かれらの理性的諸能力は行使されることはなく、精神はまどろみの中にとどまるだろう」（Newman 2012: 311）。法への忠誠は、諸個人を服従するロボットにし、かれらを国家の強制的な病理に加担させることでわれわれを貶める。それに対して、価値あるべきものは「個人の道徳的主権」であるが、それは常にどこでも、国家と法によって消し去られてしまっている（Graeber 2009: 222）。したがって、国家と法に対する抵抗は、道徳的ないしは政治的命令を表現している。

その生来の反国家主義と反法律主義を踏まえれば、政治的アナキズムが、通常考えられているような市民的不服従の原則的擁護をおこなうことはありえない。アナキストの著述家であるポール・グッドマンはこのことを正確に観察している。

「市民的不服従」は、われわれがおこなう種類の抵抗につけられた間違った名前である。この概念にしたがえば、法が表現しているのはわれわれが忍従している社会的主権である。それゆえ論理的に言って、もし不服従を示さなければならない場合であっても、不服従をとるならわれわれは罰を受け入れるということになる。アナキストとして言わせてもらえば、すべての政府と多くの法は、ばかげたものである。(Goodman 1970: 137)

アナキストたちが他の活動家たちと協力して従来のタイプの市民的不服従を追求する場合、かれらの連携は最善の場合でも便宜的なものである。アナキストたちは国家や法なしで済ますことを欲しているのであって、それらを変えたり改革したりすることを欲してはいない。ある不正義を正すように政治的な公職者たちに訴えかけをすることは、より根本的な法的理想を守るため、あるいは実現するために法を破るという考えと併せて、アナキストにとって必然的に受け入れがたいものである。アナキストたちは、政治的に動機づけられた法律違反者たちが法的処罰を受けるべきだという考えを拒否する。市民的不服従の長年にわたる法に対する方針は、ここにはない。

アナキストにとって、求められているラディカルな変化は必ず、法と国家を乗り越えて生じるものであって、それらに準拠して生じるものではない。多くのリベラルたちと同様に、アナキストたちはラディカルな、あるいは革命的な変化と改革とを対置させ、市民的不服従を後者と結びつけたうえで、そのおとなしそうな外見のゆえにそれを拒否する。アナキストたちはしばしば、市民的不服従の一般的な規範的言語を無視し、秘密裏の陰謀めいた法律違反を評価し、暴力を容認し、礼節《シヴィリティ》にほとんど関心を示さない。著名な今日のアナキストであるデヴィッド・グレーバーは、法を破ることは政治的に平等な人びとや民主的公衆に影響を与えるはずであるという考えをあざ笑っている。そのような人びとのことを彼は、「白人中産階級家庭からなる概ね想像上の共同体であり、大半のアナキストたちの意見にしたがえば、概ねメディアの創作物」(Graeber 2009: 420) として描いている。政治的同輩者たちへの最低限の敬意という観点から狭義に定義される場合でさえ、礼節は脇に追いやられる。なぜならアナキストにとって当然のことだが、政治的ないし法的平等というものは、正統ではない国家が一定程度生み出したものだからである。グレーバーは秘密裏の、密かな法律違反である財産の選択的な破壊（ただし人に対しては暴力をふるわない）を容認しているようであるが、彼がガンディーの理想として描くところのマゾヒスティックな自己犠牲は拒絶している（2009）。驚くべきことではないが、彼が今日のアナキストたちの間に見出している市民的不服従の「新しい言語」は、市民的不服従についての多くの従来の考えとはかけ離れたものにみえる（Graeber 2002）。

グレーバーとその他の今日のアナキストたちは、矛盾したことを求める傾向がある。かれらは市民的不服従を体系的に脱構築しつつ、そのあとでそれをふたたび取り戻そうとする（Newman 2012: 315）。有用な分析的かつ政治的独自性を犠牲にしてかれらが作り直したものは、政治的ないしは道徳的に動機づけられたさまざまな非合法な行為と同義になっている。その言葉が膨張するにつれて、その固有の概念的輪郭はぼやけてしまう。

従来のアナキストたちのなかには、もっと厳密に省察をおこなった者もいた。かれらは、革命的直接行動として率直に描いたものを抵抗の一形態として擁護した。用語が重なり合っているにもかかわらず（キングや多くの他の者たちも、「直接行動」というこの言葉を用いた）、アナキストたちの胸中にあったのは別のものだった。

政治的アクティヴィズムの歴史のなかで、直接行動は多くの異なった意味を帯びてきた（Carter 1973）。たとえば、キングや市民的不服従の他の擁護者たちにとって、それは典型的には、活動家たちがみずからの身体を危険にさらし、虐待に耐えるといった、通常の制度的な場所の外部での戦闘的な抗議を意味した。もっとも包括的な意味では、直接行動は、通常の政治的ないしは法的回路を迂回する政治的なアクションを意味する。その目的は「ある不正義を直接的に緩和ないしは除去すること、あるいは不正な命令によってなされる通常業務を停滞させたり妨害したりすることである。ストライキ、街頭でのデモ、占拠」がよくあるバリエーションを代表している（Conway 2003: 509）。直接行動はこの見方にしたがえば、合法なものも非合法なものもありうる。特定の条件に合致するなら（たとえば良心に基づくものや公開でおこなわれるものなど）、それは潜在的に、市民的不服従として認知できる様式におさまる。ただ、必ずしもそうとは限らない。たとえば仮に公共のあるいは私的な財産を武装した活動家たちが暴力的に占有して、その際に亡くなったひとが出た場合、それは通常、市民的不服従として特徴づけられはしないだろう。

政治的アナキズムが好むのは、ある特定のバリエーションの直接行動である。それはおそらく、「行為によるプロパガンダ」という一九世紀の考えによってもっともよく例示できる。それによれば、おそらくは非合法で暴力的でありうる人目を引く直接行動は、大衆の注目を集めて民衆の蜂起を喚起することを目的とする。このバリエーションによれば、行動は理想的にはそれ自体が物語り、即座に象徴的な貢献をなす対決的な性格を帯びた、ある直接的でたやすく理解できるメッセージを含む。たとえば、初期のイタリアのアナキストたちは、アナキズムの考えに沿ってゆくゆくは再編しようという意図で地方の農村地域を掌握し、他の小作農の地域が自分たちの範にしたがってくれることを願った（Miller 1984: 100–2）。より最近では、一九七〇年代から一九八〇年代にかけてのアムステルダムやハンブルクなどのアナキストたちは、議会に請願をしたり政府機関で座り込みをしたりするのではなくて、建物を占拠ないし「スクウォッティング」したり、あるいは共同的で非階層的な理想に基づいた協働の場へとそうした建物を変容させたりすることによって、住宅政策に抗議した。かれらは、あたかもそうした建物がすでに共同で所有されているかのように端的にふるまうことで、無責任な住宅政策に挑戦した。アナキストのスクウォッターたちは、自分たちが行動することで、非合理的な政策だけでなく、私有財産やリベラルな国家に反対する、広範な反抗を喚起することを期待した。

警察がスクウォッターたちを排除しようとする際には、暴力的な衝突がしばしば生じた。国家主義的ではない自己組織化の実験が擁護されなければならないのならば、アナキストたちにとって暴力とは、不幸な、しかししばしば避けることができない、政治生活の事実である。暴力が表現するのは、政治的な暴力の本当の核である国家主義的なリヴァイアサンに反対するための正当な自己防衛である。(3) そうしたアナキストにとって直接行動は、内密あるいは秘密のものでもありうる。公開性は組織や政治の道具として価値があるかもしれないが、道徳的な表明や、他の市民たちへの敬意の道義的な表明として価値があるのではない。実際に政治的アナキストたちは、かれらが破綻しているとみなす国家秩序における、法律上の同輩たちに常に対話や議論を求めるわけではない。あるいはまた政治的アナキストたちは、敵とのあいだで何らかの相互理解や道徳的な和解に至ることにあまり関心を見出さない。むしろかれらが目指しているのは、他の人びとを戦闘的な抵抗への参加へと誘う、模範的な政治的アクションである。バクーニンは、アナキズムが好むインスピレーションをもたらす行為と、単なる考えや「大げさな理論的言辞」（Miller 1984: 98 より引用）とを対比した。新しいアナキズムの社会秩序を予示する直接行動は、理想としては、その利点と実現可能性についての明白な証拠をもたらすものになる。他の市民や官吏たちに政策を変えるようお願いするのではなく、国家権力の触手をすりぬけるカウンターとしての制度や実践を創造することで、「あたかもすでに自由であるかのように行動すること」を強調する者もいる

(Graeber 2009: 207; also, Goodway 2012)。

たしかに、ガンディー、キングらは市民的不服従を、より優れた社会秩序を予示するものとして構想してもいた。ただしかれらにとって、どのような神々しい新たな見通しも非暴力的で法に基づいたものでなければならないので、そのような構想は、厳格な非暴力と法律違反者が法に対して敬意を払っていることの何らかの証拠を必要とした。それに対して政治的アナキストにとって、未来は理想としては、国家と法律を欠いたものになる。興味深いことに、今日のアナキストのなかには、同様の根拠に基づきながらも人間に対する暴力を拒否し、そのような暴力は自分たちが現在打ち建てようと望んでいる合意に依拠した階層的ではない社会世界と調和しない、と解釈する者もいる[4]。自由民主主義のコンテクストのもとで活動する際、かれらは典型的には、市民的不服従についての従来の考えに譲歩を示す(Graeber 2002; 2009)。その理由のひとつは明白であるように思われる。すなわち、もしアナキストたちが大きな運動を打ち建てることを成功させようとするならば、実際に他者を説得することが必要になるからである。従来の様式の市民的不服従は、他者を説得するための効果的な道具になるがゆえに、アナキストたちは、自分たちがしばしば協働することを余儀なくされる非アナキストたちがそのような様式を好む場合は特に、それを採用するかもしれない[5]。このような調子で、多くのアナキストたちは今日、もっと戦

(3) 幾人かのアナキストたち(たとえばジョルジュ・ソレル)は政治的暴力を祝福した。今日のポストアナキストたちにとって、国家の暴力は潜在的に暴力的な民衆の反応を必要とするものであるが、そうした反応は「暴力それ自体の廃棄を求める」ためのものである(Newman 2016: 72)。

(4) かれらは市民的不服従について過去に思索をした人びとの大半からはおそらく非難されたにちがいない、いくつかのタイプの暴力を依然として追い求めようとしている(Conway 2003)。

闘的な戦術と並んで非暴力的な市民的不服従をプラグマティックに認める「戦術の多様性」を是認している（Conway 2003）。しかしながら結局のところ、そのような戦術的な折衷主義が一時的な譲歩以上のものをあらわすのかは、不明瞭なままである。

政治的アナキズムに組み込まれた反国家主義と反法律主義は、アキレス腱であり続けている。政治的アナキストたちはしばしば、想像力に富んだ抵抗の先頭に立ち、消えかかっていた社会運動にふたたび活力を与えてきた。アナキストではない者たちでさえ、かれらによってインスピレーションを得てきた。アナキズムはまた、近代国家の抑圧をもたらす危険性をわれわれに思い起こさせてくれるという点でも有用である。ということで、アナキズムの洞察力や政治的に成果をあげてきたことを低く見るつもりは私にはない。

それにもかかわらず、国家と法律についてのアナキズムの理論は、まずいことに一面的であり続けている。現代の国家はさまざまである。すなわち、まったくもって全体主義的なものもあれば、他方では、いかにそれが完璧ではなく不完全ではあれ、自己統治と社会正義を強化するものもある。政治的アナキズムは、現代国家を生産的なかたちで政治的あるいは社会的に利用する方向を閉ざし、そうした利用は、国家にかわる非国家的な制度によって効果的に成し遂げることができると――限られた証拠をもって――示唆する。予想どおりであると言えるが、政治的アナキズムはまた、法律がもつ重要な保護の機能をあいまいにしており、特権をもつ者たちや有力者たちに有利な支配の道具として、法律を大雑把にしか見ない。ラディカルではあるがアナキストではない法学者のチェイス・メイダーは正しくも次のように指摘している。「法の支配とは妥協の産物であるし、つねにそうであるとは言え、それを完全に放棄するとすれば、それは間違いだろう」（Madar 2013: 123）。法の支配とは単なるリベラルなイデオロギー、あるいは社会的不正義を糊塗する以上のものであり、それは政治的にあるいは社会的に弱い立場の人びとに重要な保護を与えるものである（Neumann 1957）。

より根本的なところでは、民主的な平等と自由は、われわれの共通の事柄を形づくることができる公正な手続きに依拠している。われわれの声は有効性を示す何らかの方向のアクションをもたらすと、われわれが理性的に《リーズナブリー》で期待できる場合にのみ、民主的な熟議や参加は意味をなす。最低限われわれに必要なのは、拘束力ある決定にしばしば抗することを好む有力な有権者たちに対して、そのような決定を執行するのに有効な強制のメカニズムを備えた制度である。基本的な民主的諸権利や手続きは、それらを保護することに何らかの役割を必然的に果たす国家装置なしに保護可能であると、われわれは確信できるだろうか。言論の自由をめぐるわれわれの権利は、たとえばそれを侵害する者たちが法的制裁を受ける何らかの見通しがあるとわれわれが確信できる場合にのみ、確かなものであることが示されるかもしれない。

もちろんアナキズムが追求しているのは、社会正義と、さらに広範囲にわたる物質的平等である。しかしながら、より公正で平等主義的な社会においてさえ、われわれには国家と法律が必要だろう。競合しあう善き生の構想が不可避的に不同意と衝突をもたらす現代の多元主義の諸条件のもとでは、法的な諸制度（たとえば基本的諸権利）は、不人気な見解や選好を有する人びとを保護するために、ある重要な役割を果たしている。われわれが歴史的に国家と関連づけてきた諸形式の制度化は、法の有効性にとっ

（5）カナダのグローバル・ジャスティス運動内部に結果として生じている緊張関係についてはConway（2003）を見よ。

て重要であり続けている。法の執行は最終審級においてのみ、強制的な制裁に依拠することになる（Schauer 2015）。多元主義と抑えることのできない政治的紛争とを踏まえるなら、別のありかたを期待することは夢想的であるように思われる。複雑な事柄を不適切に単純化しないとすれば、国家を正当化する筋道のひとつは明快であるように思われる。つまり、自己統治は基本的な平等と互恵性という厳正な（規範的な）考えに依拠するということである。これらの考えを制度化しようという現実的な取り組みはどのようなものであれ、拘束力を有するだけでなく執行が可能な、一般的な法的支配と諸権利を要請する。われわれは民主主義を保護するために、アナキストの批判者たちが描くような怪物じみた暴力的なリヴァイアサンを必要とすることはほとんどない。それにもかかわらず、必要とあれば機能し、十分に整えられた、国家に訴える可能性は本質的なものでありつづけている。

市民的不服従の標準的な見解に対する政治的アナキズムの批判は、国家と法律についての偏った考えに依拠しているがゆえに、うまくいっていない。しかしながら哲学的アナキストたちは、かれらの政治的な親戚の誤りのいくつかを乗り越えようとしてきたのである。

哲学的アナキズム——ロックとソローへの回帰？

哲学的アナキストたちは、国家や法律を激情にかられて否定したりはしないし、国家なきユートピアのための戦いのために、街頭に出るように主張したりもしない。ひとつには、哲学的アナキストたちは、そう、そのほとんどがアカデミックな哲学者であるので、かれらの見方は概念的により厳密であるだけでなく、政治的にもより慎重である傾向がある。それにもかかわらず、政治的アナキズムは、これまでの各章で論じてきた市民的不服従をめぐるさまざまな考えに対する根本的な批判を提起している。一九七〇年代以来、哲学的アナキズムは、英語圏の政治哲学者たちのあいだで隆盛してきたが、このレッテルを受け入れることを拒否している多くの者たちのあいだでも、その主たる信条のいくつかは認められている。(6) もし市民的不服従に関する年来のさまざまな観念に対する哲学的アナキズムの批判の筋が通っているなら、これまでの各章で論じてきた理論化の多くは、もはや擁護できないことになる。

哲学的アナキズムが追い求めているのは、その政治的な親戚とは異なる戦略である。国家を暴力的な怪物として強引に描写したり、法律を特権的な人びとの武器にほかならないものとして一面的に描いたりすることから始めるのではなく、哲学的アナキズムは、政治的ないしは法的義務についての神聖であると言われるさまざまな考えを、飽くことなく壊そうとしている。換言すれば、哲学的アナキズムが批判するのは、大半の場合にリベラルの理論家たちが以下のような直観を正当化する数多くのやり方である。すなわち、特に基本的にはまっとうで正義にかなう社会に住む市民たちは、たとえそうすることが道徳的に嘆かわしく、非生産的で有害な帰結をもたらすおそれがあるとしても、法律に従うという何らかの一般的で明白な義務を有するという直観である。哲学的アナキストたちは、そのような義務や責務をどのように捉えるのが最善であるのかについて意見が一致していない。この点について、あるいは多くの他の複雑な事柄について、哲学的アナキストたちの分析は繊細であり、理論的に豊かである。しかしかれらの主たる目標は明確である。哲学的アナキストたちは、以下のようななじみ深い直観を割り引

(6) その嚆矢はおそらく、哲学者R・P・ウルフの簡潔な『アナキズムを擁護して』(1970) だった。このジャンルの要点をおさえた概説として Horton (2010: 106–34) と Simmons (1996: 19–39) を見よ。

いて考えることを望んでいる。すなわち、〈法は法であるのだからわれわれの忠誠や信義を得るに値する〉、〈何らかの法的規範や支配が公布されてきたのだからわれわれはそれに従う義務がある〉、あるいは〈急迫の理由は通常われわれに法律を遵守することを求める〉といった直観である。哲学的アナキストたちの説明によれば、法に関するそのような見方は、哲学的に正当化できないばかりか政治的な魅力に乏しい。というのもそれは、統治をめぐる健全な懐疑主義ではなく、盲目的な服従を育むからである。

哲学的アナキストたちは、一般的な政治的ないしは法的義務についての堅固な観念を生み出そうとする幅広い取り組みに決定的に反駁することで、新たな別の道筋に向かう。かれらは功利や一般的善という観念によってそのような義務を根拠づける功利主義的説明を引き受け、「同意による統治」をめぐる諸観念を再検討し、ロールズやその他の主要なリベラルな理論家たちの著作が、市民とその国家との間に特別な道徳的関係が存在するという考えの正当化可能性を再構築する様子を精査している(Egoumenides 2014; Feinberg 1979; Green 1988; Simmons 1979; Smith 1973)。哲学的アナキストたちはこう主張する。結局のところ、そのような正当化はどれも、概念的あるいは哲学的根拠に基づいてうまくいかないか、仮にうまくいっても、近代国家の当惑するような現実にはうまくあてはまらない。あらゆる近代国家は正統なものではない。それは、そうした国家が暴力的なリヴァイアサンであるということが主たる理由ではなく(ただし、哲学的アナキストたちのなかにはこの診断を共有する者たちもいる)、われわれにはそのような国家に従う一般的ないしは明白な義務があるという直観を首尾よく支持するようないかなる政治理論も見出すことはできないからである。一般的責務や義務というオーラをはぎとられれば、国家は、他の制度とならぶひとつの有力な——とくに危険な——制度でしかなくなるのであり、われわれはどんな特別な道徳的責務もそれに負ってはいない。われわれはそれに従うことを選ぶときもあるかもしれないものの、そうするのは具体的な、個別状況による道徳的ないしはプラグマティックな根拠に基づいてである。

政治的義務についての規範的に健全な説明と、近代国家の過酷な事実とのあいだの根本的な不調和という考えをきわめて印象深いかたちで展開してきたのは、リバタリアンの思想家であるジョン・シモンズである。彼は、ジョン・ロックに実質的には喚起された、政治的同意についての個人主義的な理論のいくつかの基礎を提示している（Simmons 1979; 1993）。この見方によれば、特に政治的関係——および国家それ自体——は、自発的で同意による行為ないしは合意にのみ根拠を置くことができる。シモンズが再構成するロックの社会契約論の厳格な規範的テストに首尾よく応える既存の政治秩序は存在しない。どれもみな、基準には達していない。現に存在するどのようなリベラルな国家も、自発的な個人の同意という観念を十分真剣に考慮に入れているともっともらしく主張することはできない。そうした国家では、われわれのうちでごく少数の者——おそらくは帰化した市民たち——だけが、ロックが考案した骨の折れるやり方（適切に解釈されるならば）で、自分の政府を自由に選択しているにすぎない[7]。きわめて厳格にシモンズは、現代のリベラルな国家はともかくも個人の同意や表明などの健全な観念に基づいていると解釈する一群の影響力のある試みを激しく批判し、次のように結論づけている。すなわち、他の国家ほどには厄介ではない国家もあるとは言え、相対的にまっとうで正義に適う自由民主主義諸国でさえ、基本的には正統ではないとみなすことができる。ここから導き出されることは、市民たちはリベラ

（7）これから見ていくように、彼のロック読解はアーレントのそれと著しく対照的である。シモンズにとって、ロックは哲学的アナキストでありリバタリアンであるが、アーレントにとって彼は共和主義者である。

ルな国家においてさえ、法律に従う厳密な義務のもとにはいない、ということである。特定の法律に従ったり、いくつかの分野で政府の活動を許容したりする道徳的あるいは思慮に基づく根拠は存在するかもしれないが、法秩序がある特別な規範的地位を保持していると解釈する理由は存在しない。要するにリヴァイアサンは衣服を身につけていない。それはむき出しの権力なのである。

シモンズがロックの理論の創造的再構築をおこないつつ論じていることは、他者の生命、自由、健康、もろもろの善を尊重する、あるいはまた、深刻な犯罪（殺人、暴行、レイプ、窃盗、詐欺）にかかわることを避ける自然な道徳的責務は、法律がそうした責務を裏づける場合には、われわれがそうした法律に従うように促すということである。人びとは、ある行為について、「どれほど好ましく思っていても」それをしないことがありうる（1993: 262, also 1987）。たとえば、殺人に対する法的な禁止が心に留め置かれるべきなのは、そうした禁止が直接、他者を害してはならないという自然な道徳的責務についてのロック的理念に立脚しているからである。法律が何らかの道徳的に正当化可能な積極的義務や権利（たとえば、困っているひとを助けるべきといった）を表現しているとき、あるいはまた、別の場合には道徳的に中立的な法律をある個人が侵害することで他者に危害がおよぶ場合には、関連法規を遵守すべきはっきりとした根拠があるかもしれない。ただし、その際にそのように順守すべき理由は、他者とその財産を害したり危害をくわえたりすべきでないという、ある道徳的責任をわれわれは有しているということであって、政府やその法律に対する、何らかの架空の一般的義務をわれわれが有しているということではない。

シモンズや他の哲学的アナキストたちにとって、一般的ないしは明白な法的義務という観念の評判を落とすことは、市民的不服従についての諸々の標準的な考えに対する批判を準備するものである。従来の見解によれば、市民的不服従者たちは、厳格な一連のテストを通過することが期待される。その理由はひとつには、立証責任は法律違反を正当化するかれらの側にあるからである。しかしながら、もしどのような一般的な法的義務も確立していないなら、われわれは「大半の他の種類の行為を判定するのと同じ方法、すなわちそれらの特徴や帰結に基づいて」(Smith 1973: 972)、法律違反を評価することができる。政治的な法律違反者たちはもはや法への忠誠を証し立てる心配をしなくてよいので、少なくとも、もし不当な危害を他者にもたらさないのであれば、しかも健全でプラグマティックな理由が、そうすることは筋が通ると示唆するなら、かれらは法的な処罰を受け入れる必要はない。大事なのは端的に言って、政治的な法律違反者たちの道徳的ないしは政治的目標の健全さであり、他者に対する影響が許容可能なものと考えられるかどうかである(Feinberg 1979: 57–8)。法律を尊重すべきかどうかについて反省する際、真に重要なのは「帰結主義的推論に基づく計算された適合性《コンプライアンス》」である(Green 1988: 254)。法律違反をおこなおうとする者たちは、自分たちの行為の予見可能な道徳的ないしは政治的帰結について焦点を当てるべきであり、そのような政治的不服従は原理的には、道徳的ないしはプラグマティックな根拠によって正当化される他の違法な行為、たとえば何らかのより大きな危害を避けるために交通規則を違反するといったことと異ならない。もしもわれわれが、命が危険な状態にある友人を病院に搬送するために、停止の交通標識を、危害を生み出すことなく無視するなら、われわれの行為を批判する者はほとんどいないだろう。それに対して、もしもわれわれが重大な交通事故を引き起こし、しかもその友人の生命は危険な状態ではないということが判明したなら、大半の人びとはわれわれの行為を非難するだろう。政治的ないしは道徳的に動機づけられた違法性について同様に大事なことは、その行為者が法的な忠誠を示しているか、あるいは何らかの要求された条件(礼節、公開性、非暴力)を満たしているかではなくて、端的にその行為が十分に意図されたものであるか、道徳的に許容できる結果をもたらすかどうかである。

ガンディーからアーレント、ハーバーマスに至る著述家たちもまた、市民的不服従者たちに起こり得るさまざまな帰結について、しっかりと考えることを求めた。ただしかれらは、それ以上のことを求めもした。政治的アナキストたちと哲学的アナキストたちとの不一致にもかかわらず、ここでもまた〔両者に共通する〕傾向として存在するのは、市民的不服従が共有している概念上の特質を解消しようとする点である。(8) シモンズは一九世紀に異議申し立てをおこなったヘンリー・ソローに立ち戻り、市民的不服従を広い意味で、通常は直接の目的や目標に限定された、熟慮と原理原則に基づいた法律違反として再定義している（Simmons 2005）。市民的不服従は、それまでの著述家たちであれば法律違反の別のカテゴリーとみなしたものを含む、開かれたカテゴリーへと形を変えている。すなわちそれは、政治的に動機づけられた行為であれ道徳的に動機づけられた行為であれ、非暴力的な行為であれ暴力的な行為であれ、公共的な行為であれ秘密裏の行為であれ、それらすべての行為をカバーする。シモンズや他の哲学的なアナキストたちは、市民的不服従の共通カテゴリーの言葉を犠牲にして、大半の標準的な話者にとって風変りに見えるやり方でそれを別のものに置き換えているのである。

ソローの著述のなかにシモンズが見出しているのは、政治的同意をめぐる、個人主義に適合する理論のなかの訴求力のある要素である。それはロックの理論に呼応するものであり、国家と法律に対する不可欠で主意主義的な敵意をともなうものである。ロックと同様に、ソローはその言葉が存在する前から哲学的なアナキストであり、国家と法律双方の非正統性を認識していた。(9) 一八四六年にソローは、人頭税の支払いを拒否して一夜を牢獄で過ごした。この一件は、もしも彼がその後にペンをとって、雄弁な道徳的かつ政治的正当化を書かなかったら、おそらく忘れられてしまったことだろう。しかしながら、政治的アナキストたちとは対照的に、ソローはみずからの徴税への反抗を国家なきユートピアを実現するための取り組みの一部としては見なさなかったし、合法的な当局に対する抵抗を一般的な命令や義務として構想しなかった（Hanson 2017）。[10] しかしシモンズが主張するところによれば、法的義務という見当はずれの観念は、法律違反は公共的（あるいは政治的）で非暴力的である必要がある、つまり（通常の回路が尽きたあとの）最後のあるいは最終的な訴えの手段であり、法的な処罰をともなうという、同じく混乱した考えを強化してしまうという今日の哲学的アナキズムの洞察を、ソローは明敏にも予期していた。一度われわれが一般的な政治的義務という考えを否定し、国家の非正統性を認めるなら、われわれは市民的不服従をめぐるソローの包括的な説明、すなわち後の著述家たちがあまりにもしばしば隠し、

（8）ジンの著述のなかに観察される傾向である。それは部分的にはかれのアナキズム的傾向のゆえである。

（9）たとえば「政府なき人間」という方向からのソローについての描写のように、シモンズは、反対方向に進むソローの思考の諸側面を軽視する傾向がある（Simmons 2010; Thoreau 1996: 2）。ソローについてのアナキスト的ではない解釈については Taylor（1996）を見よ。

（10）おそらく実際にはソローは、何足かの靴を受け取りに靴屋に行く途中、サム・ステイプルスという地元（マサチューセッツ州）コンコードの徴税人に出くわしたために、税金を納めるように言われたにすぎない。ステイプルスは、払うかそうでなければ、ソローのために税額分（一ドル五〇セント）を貸すことを申し出たようであるが、ソローは拒否した。苛立ったステイプルスは、そこでソローを拘束した。翌朝、ソローは留置所から釈放されたが、おそらくそれは、前の晩に叔母がその税金を払ったからだった。ソローは逮捕からほどなくして釈放されたかもしれないが、当然ながら腹を立てた当のステイプルスはすでに家に戻っており、ブーツを脱いでいた（Taylor 2015: 1–2）。

また歪めてしまった説明を評価できるようになるとシモンズは考えている。[11] 市民的不服従は他の市民を説得することを目的とした政治的ないしは公共的行為である必要はなく、良心に動機づけられた、悪を挫き、悪事への加担を避けるための取り組みを指すこともありうる。ソローが宣言しているように、「私が当然の権利として引き受ける唯一の義務は、いかなるときでも自分が正しいと思うことをすることである」(Thoreau 1996: 2)。市民的不服従はしばしば、法律を無視すること、あるいは法律から逃げることを意味し、さらには──奴隷制廃止論者のジョン・ブラウンに対するソローの評価に見られるように[12]──暴力的なアクションを意味する。おそらく非暴力の要請はなくても良い。というのも周知のように、暴力を定義することは難しいからである。ある状況のもとでは、暴力的な行為は正当化され得る。市民的不服従が原理原則に基づくという性格を帯びるのは、それを実践する人びとが行為のための適切な道徳的根拠を有している場合である。かれらはいかなる場合においても、法律に対する尊重を示したり法的な処罰を受け入れたりすることについて、心配する必要はないのである。

以上の概念の組み換えのなかでは、市民的不服従と良心に基づく不服従、あるいは非暴力的法律違反と暴力的反抗とのあいだに長く存在してきた概念的なあるいは政治的な区別は後景に退いている。だとすると、われわれはいつ、そしてもっともよいかたちで法律違反をすべきかについて、どこから善き助言を得ることができるのだろうか。政治的権威は自発的な個人の同意に基づくというロックの構想が、有用な限定をもたらしてくれるとシモンズは考えている。市民的不服従は、包括的に構想され直したときでさえ、「なんでもあり」を意味するわけではない。というのも、ロックの理論は、非合法なアクションの射程と性格を確定するための諸々の理由を提供するからである(1979: 193–4; 1987; 1993: 260–9)。

しかしながら結局のところ、シモンズのリバタリアン・モデルは、偏ったタイプの個人主義に依拠している。アーレントがソローを、政治的生活を個人の道徳的良心の命令に還元してしまっていると批判したことを、われわれは思い出すかもしれない。アーレントの批判的な読みにしたがえば、ソローの極端な個人主義は、市民のなかで、かつ市民と市民のあいだで、共に活動する《ジョイント・アクション》ものとしての市民的不服従にとって害がある（Arendt 1972 [1970a]）。実際のところ、気高き道徳的良心であったソローは、きわめて個人主義的かつ主観的に、共有されている政治的および社会的義務を解釈した（Rosenblum 1981: 98）。驚くべきことではないが、シモンズは個人の抵抗からなるさまざまな行為を熱心に正当化しているように見えるが、知らずして、共通善を目指す共同の公共的活動《アクション》としての市民的不服従がもつ市民の側面を軽視している。みずからのロックに触発された説明は、アリストテレスやヘーゲルらに見出せる対照的な哲学的立場の否定から始まることをシモンズは認めている。すなわち、政治的生活とは自立している諸個人の間での偶発的な選択に依拠しているという彼自身のきわめて個人主義的な方向なくして、「われわれは人間、道徳性、社会的相互作用を理解することはできない」ということをシモンズは認めている（Simmons 1993: 36）。実際のところ、論争の余地あるアナキストのさまざまな考えは、その極端に個人主義的な出発点におそらく最初から依拠している。個人の自律性は、政治的ないしは法的権威と適切なかたちで交わることは絶対にないものとして、すなわち政府は概念上の恣意的な判断に基づいて

(11) シモンズは多くの他の者たち（たとえばロールズ）とは対照的に、ソローを市民的不服従の正統な、そしておそらくは典型的な理論家として解釈することを欲している（2005, 2010; Lyons 2013: 130-47も見よ）。この方向にともなういくつかの潜在的な問題を強調する啓発的な概念史として、Hanson（2017）を見よ。

(12) ブラウンは武力を使って奴隷反乱を引き起こそうとしたが不成功に終わった。

おり正統なものではないと最初から構想されている。[13] 基本的な間主観的社会的紐帯が「完全に欠如していても、個人の道徳的判断は行使可能である」という暗黙の仮定は、継続的な反論を必要とする論争的なテーゼではなく、ひとつの前提として機能する傾向がある（Pateman 1985［1979］: 139）。[14] 国家と法律は、個人を潜在的に補完したり支援したりするものではなく、どうやっても彼または彼女と対立することが避けられない。

哲学的アナキストたちはまた、法的ないし政治的義務についての、厳格ではあるがおそらくは誤った考えから都合よく始めている。哲学的アナキストたちの見解によれば、「政治的義務は、あらゆる市民をあらゆる法に拘束することを意味する」（Green 1988: 228; 強調は著者）。それが表現しているのは、「あらゆる法律の主体と、適用されるあらゆる状況におけるあらゆる法律とに適用される、ある一般的な義務」である（Raz 2009［1979］: 234; 強調は著者）。この定義それ自体には間違ったところはない。しかしながらさまざまな問題が生じるのは、それが市民的不服従の標準的な観念の戯画化に利用される場合である。

これまでの各章で論じてきた活動家たちや著述家たちは実際のところ、このような硬直的な義務の説明を通常は提示しない。そうした活動家たちや著述家たちは、むしろ法律に従う条件つきの義務を提示するのが常であり、多かれ少なかれ広い意味での法律違反の可能性を通常は擁護している。実際のところどのような政治秩序も、厳格な、あるいは普遍的な義務感をいきわたらせる必要はない（Greenawalt 1989: 20）。法律違反者たちが法への忠誠を表明すべきであると主張するとき、かれらがそうするのは、あらゆる市民はすべての法律に従うべきであるという、完璧な、あるいは普遍的な義務への何らかの信念からではなく、既存の国家がかれらの目には根本的に正統なものとして映っているからでもない。そうではなくて、法に対する尊重を示すことで、活動家たちは自分たちが創り出したいと欲している、より完全なかたちの公正な秩序を予示することができるだろうというのが、かれらの洞察なのである。たとえばキングは、合衆国を根本的に正統であるとも、その法的秩序を普遍的服従に値するともみなさなかった。それにもかかわらず、キングが自らの支持者たちに法の尊重を示すように期待したのは、そうすることによって、アメリカ独立宣言ならびに合衆国憲法のなかのまだ実現されていない大志とより親和性のある、根源から改革された政体をかれらが建設する助けになるかもしれないからであった。アーレントとハーバーマスは、市民的不服従と法の尊重を密接に連環しあっているものとして描いた。それはかれらが今日のリベラルな諸国家を完璧に正統なもの、あるいは法的に健全なものと見なしたからではなく、法律違反者たちは立憲民主主義という未完のプロジェクトを完成させるべく仕事をすべきだからである[15]。リベラルな法学者であるドゥオーキンにとって、市民的不服従の法的側面は、立憲的諸原理の動態的性格に尊重を示すことをめぐるものである。つまりそのような諸原理は、多かれ少なかれ絶えざる適応と再解釈のもとに置かれているのである。

---

(13) ロバート・ポール・ウルフ（Wolff 1970）によるバージョンの哲学的アナキズムも陥っている問題である（Reiman 1972）。

(14) しかしながら、義務の「結合的（associative）」モデルについてのシモンズとホートンのあいだの重要なやりとりを見よ（Horton 2010; Simmons 2001: 65–92）。

(15) ハーバーマスは『後期資本主義における正統化の問題』（1975［1973］）と題された著作を著し、アーレントは今日の自由民主主義は深刻な危機に直面していると考えた。不幸なことに、英語圏の哲学的アナキストたちは、市民的不服従の民主的な理論家とみなせる広範な論者たちに関心がないように思われる。

哲学的アナキズムは、そのような〔市民的不服従の〕法的方向性がもつ前向きの意味を見誤っており、多くの宗教的、自由主義的、民主主義的な著述家たちが自分たちの主張だと認めるのが困難な仕方でそれを取り扱っている。哲学的アナキズムは実際のところ、市民的不服従の法的な特質をきちんと扱っていないので、一見そうみえるほどそれが問題のあるものであることを証明していない。おそらく驚くべきことではないが、最初は正面突破のようにみえたところから退却している傾向が、哲学的アナキストたちにはあることに気づくだろう。市民的不服従の主流をなす実践者たちにプラグマティックに合流していることに気がついている多くの今日の政治的アナキストたちと同様に、哲学的アナキストたちもまた、馴染みのある領域をふたたび訪れている。

普遍的あるいは一般的義務についての厳格であるが誤っている考えを否定したのち、哲学的アナキストたちは、自分たちには集団的な法律違反への門戸を開く意図はないと再確認する。いいだろう。法は法であるから従うという推定がないとしても、「あらゆる非合法な行為の九〇パーセントは、道徳的根拠からすると悪いことなので受け入れることができない」(Feinberg 1979: 57)。多くの法律はわれわれが他の人びとに負っている道徳的義務のゆえに従われるべきだということについて、シモンズはその理由を詳細に説明している。われわれには明白な法的義務があると考えることが誤りであるとしても、さまざまな喫緊の道徳的理由は、われわれが通常、法律に従うべきことを示唆している。すなわち、「われわれには通常、法律に従う善き理由、すなわちわれわれ自身がその一部であるかもしれない何らかのタイプの政府を支持する善き理由があるだろう」(Simmons 1979: 194)。ジョセフ・ラズは、厳格な法的義務という考えを放棄しているが、法に対する基本的な尊重、つまり「それを有している人びとが法律に従うある一般的な理由を有しているような……法に対する態度」がなぜ正当化できるのかを、紙幅を割いて詳細に論じている（Raz 2009［1979］: 250）。大半の人びとは、大半の場合に法律に従うさまざまな根拠をもっていることを、彼は認めている（2009［1979］: 242）。レスリー・グリーンによれば、「ひとは軽々しく、従わないということをすべきではない。それは、そのようなことが、従う明白な義務を侵害しているからではなく、不服従という公共的な行為は、諸々の深刻な帰結――それらを無視することは常に誤りであるような――を伴うかもしれないからである」（Green 1988: 254-5）。

哲学的アナキストたちは、特に自由民主主義諸国に住む人びとが法律に従うべき多くの理由を暗黙裡に認めている。現実には、哲学的アナキストたちがしばしば提案しているのは、限定ないしは条件つきの、法律に従う義務という古い考えの見た目の新しいバージョンである。すなわち、哲学的アナキストたちの反法律主義および反国家主義は、驚くほど控えめなものであることを証明している（Gans 1992: xi）。もし通常は法律に従う善き理由があるとするならば、それでも法律に違反する人びとはおそらく、次のことを説明することが期待されるべきである。すなわち自分たちの行為は、自分たちの基本的な法的義務と折り合いをつけられるのか、あるいはまた、「ある理に適った公正な国家において、不服従を肯定的に考慮することは、それを否定する推定に打ち勝つことができるのか」（Raz 2009［1979］: 262）である。あるいは、シモンズが認めているように、「われわれの社会において提供されている法的枠組みの内部で、しばしば人目を引く不服従を用いてでも、悪事……の公共的な周知を促すことは通常、最善なことだろう」（Simmons 1993: 268; 強調は著者）。礼節《シヴィリティ》の要求がここでもふたたび生じる。法律違反者たちは、「不服従をおこなう前に不正義の特徴について熟慮する用意がある」（Green 1988: 265）ことを示す必要がある。互恵性と社会的連帯が適切に価値あるものされている政治的共同体においては、われわれは軽微な、あるいはたまたまの不正義に寛容であることを強いられるかもしれない（Green 1988:

266)。実質的に哲学的アナキズムは、結局のところ市民的不服従のなじみ深い考えを取り戻しているのである。(16)

市民的不服従の標準的な見解に対する哲学的アナキズムの挑戦を軽く見るつもりは私にはないし、今日の論争に対する哲学的アナキズムの見事な貢献を単純化しようという意図もない。しかしながら、かれらの政治的な親戚についての議論のなかでもみたように、他の居場所を探索するのに刺激的な日々を費やしたあと、哲学的アナキストたちは元の家に戻ってくる傾向がある。哲学的アナキストたちもまた、いかにして法律違反が正統なものと見なされうるのか、いつそれは最善なかたちで、市民的で公共的で開かれた非暴力的なものとなりうるかを、自分たちが論じていることに気がついている。市民的不服従についての共有された概念上の言語に対する哲学的アナキストたちの反対にもかかわらず、かれらは自分たちがその言語を話していることに気がつく。哲学的アナキストたちは究極的に提示しているのは、法律への服従ないしは忠誠についての何らかの観念であり、知らずして、法の尊重と調和する市民的不服従の旧来の考えの門戸をあらためて開いている。法に対する何らかの余地を認めることでアナキストたちは、いくつかの国家は、絶対に完璧に正統なものにはならないにせよ、有用な諸々の機能を遂行していることを認めている。率直に言って哲学的アナキストたちのなかには、理想的な国家とはどのようなものかという長年にわたる問いに、一定の関心を寄せるに至っている者もいる（Wolff 1970: 21–67）。いくつかの国家は、たとえ完全に正統なものではないとしても、正当化可能である（たとえば、基本的な道徳的諸責務についてのロックの説明と整合する形式をとる場合など）と端的に主張する者たちもいる（Simmons 2001: 122–57）。つまるところ、哲学的アナキストたちは、市民的不服従の平凡な諸観念を熱心に取り戻そうとしているように見える。ただ、かれらの反国家主義と反法律主義が、体系的にそれをしようとするかれら自身を邪魔しているのである。

生き残るアナキズム

本章の最初で私は、市民的不服従についての大半の説明が共有している暗黙の一連のテーマ上の共通項を記述した。アナキストたちはそのような共通項に強力な一撃を何発も放ってはいるが、その攻撃は成功していない。

市民的不服従についての従来の諸理論は、アナキズムによってだけでなく、現実生活の政治的ならびに社会的潮流、すなわち私が次章でポスト国民国家化と民営化として描く潮流によってもっと脅かされている。標準的な諸モデルは、国家や法律それ自体ではなく、国民国家とその国家の法律についての、今や根拠薄弱となった諸前提に基づいている。国民国家とその法的秩序に対する最近の劇的な諸変化を踏まえてもなお、市民的不服従の概念は意味をなしているかどうかが、次章の主題である。

(16) アナキストたちのなかには、これまでの各章で論じたのとほとんど区別できない市民的不服従の説明をおこなっている者もいる (Woodcock 1966)。

第5章　ポスト国民国家化と民営化

一九九三年一一月三〇日、何千もの非暴力の抗議者《プロテスターズ》たちは、シアトルでの世界貿易機関（ＷＴＯ）の閣僚会議を妨害することに成功した。大半は北アメリカからの、しかし他の地域からもやって来ていた抗議者たちが、一時的にその閣僚会議を休止させたのだ。活動家たちが望んだのは、新自由主義《ネオリベラル》のグローバル化の害悪について公共的な認知を高め、社会的な懸念をＷＴＯの議題に乗せさせることであった。かれらの多くは警察による排除を困難にすべく「路上封鎖《ロックダウン》」を行ったが、その目的は、抗議者たちが負傷させられるのを避けるために逃げ道を切り開くことであった。これと同時に、アナキスト（通称「ブラック・ブロック」）グループは、商業地区にあるマクドナルドやナイキ、スターバックスといった巨大多国籍企業の路面店に損害を与えた。「シアトルの戦い」として描かれるようになったこの抗議のさなか、シアトルの市長が非常事態を宣言したことにより、警察の攻撃的な弾圧が開始された。目撃者たちによれば、警察はすべての抗議者たちを暴力的であろうがそうでなかろうがお構いなく一緒くたにし、多くの平和的な抗議活動を効率的に中止させた（Perrine 2001）。シアトルに結集したグローバルに活動する抗議者たちの多様な団体《バンド》の内部で、活気に満ちた、時に白熱した議論が行われた。そこでは次のようなおなじみの問題が論じられた。一体どのような場合なら、政治的な法律違反者たちは財産の破壊を大目に見るべきなのだろうか。どの程度まで、アナキストと他のグループは市民的不服従に従事する際に効果的な協働をすることができるのか、あるいはすべきなのか、といった問いである（Conway 2003）。

シアトルにおいて新自由主義的なグローバル化に異議申し立てを行う「グローバル・ピープルズ・ムーブメント」の形成を目撃した評論家たちは、その後二〇〇〇年にプラハで開催された国際通貨基金（ＩＭＦ）および世界銀行の会議や、ジェノバで二〇〇一年七月に開催された富裕な先進工業諸国の首脳たちによるＧ８会議に対する抗議活動の中に、自分たちの予想を裏付ける最初の証拠を発見した（Bleyer 2003: 31）。さまざまな国から集まった活動家たちが、権力を持つグローバルなプレイヤーの会合に対抗して草の根のエネルギーを注ぐ中から、抗議活動の革新的な形態がいくつか生まれた。たとえばジェノバの抗議活動では、「白いオーバーオール」の活動家たちが身体を保護材（フォームラバーの詰め物、薄いパッド、ヘルメット）で覆った格好で、警察が抗議者に立ち入り禁止とした区域へと挑発的な態度で侵入した。非暴力を奉じていたものの、警察からは危険な挑発者と見なされたために、白いオーバーオールの活動家たちは警察の攻撃を受け、これが国家による抑圧として衆目を集めることになった（Della Porta et al. 2006: 134-5）。当然に予想されたことであるが、ジェノバやその他の地域での戦略的および哲学的な相違が、アナキストたちと他の活動家グループとの間に緊張を生み出したのである。

「私たちは〔残りの〕99％だ」というスローガンのもとに集まり、二〇一一年にニューヨークのズコッティ公園を占拠した抗議者たちは、八〇カ国以上で同様のアクションを瞬く間に呼び起こした。オキュパイ運動の活動家たちは、不法侵入やその他の政治的動機に基づく違法行為を理由として法的処罰を受けた[1]。重要な点は、オキュパイ運動の参加者たちの多くは、アナキストであろうとなかろうと、国家の役人や悪しき公共政策を第一の標的にしなかったし、あるいは主要な標的にさえしなかったことである。かわりにかれらが標的としたのが、ひどい不平等に責任があると見なされた銀行家やグローバル資本主義経済だった[2]。かれらは自分たちの不満を表明するために、戦略的に選ばれた公共もしくは私有の場所を占拠した。たとえばズコッティ公園はマンハッタン南端の金融街の中にある。英国でのオキュパイ運動は、証券取引所の向かいでキャンプを張ろうとした最初の試みが裁判所の裁定により阻止された後に、シティのセントポール大聖堂の外にキャンプを張った。ドイツのオキュパイは、フランクフルトの欧州中央銀行（ＥＣＢ）本部の真向かいに苦労してキャンプを設営した[3]。

評論家たちはオキュパイ運動とそれ以前の市民的不服従運動との違いを指摘してきたが、両者の共通点を看過するならばそれは誤りであろう[4]。多くの参加者たちが、比較的厳格な非暴力の考えを支持し、

（1）　二〇一一年一一月一五日、ニューヨーク市警はズコッティ公園の占拠を強制的に排除した。抗議者たちは公園を再び占領しようとした際に逮捕され、後に再逮捕された。

（2）　オキュパイ活動家たちのあいだに見られるアナキスト的要素については、Barber（2011）を参照。

（3）　多くの国々でオキュパイ運動は不当かつ違法に公共空間を私物化していると解釈した国家当局に対抗するこの戦略の擁護については、Kohn（2013）を参照。

（4）　たとえばバーナード・Ｅ・ハーコートは、オキュパイ運動が市民的不服従を拒絶して（彼が政治的不服従と呼ぶものを志向して）いると解釈しているが、それは彼が市民的不服従を「政治構造と現在の政治制度の正統性」を受け入れるものとして狭く定義しているからである（Harcourt 2012: 33）。

自分たちの行為を十分に使い古されたレンズを通して見ていた。オキュパイ・ウォールストリートの著名な活動家の一人は次のような率直なコメントを残している。抗議活動は「なぜ法律が破られるべきなのか、そしてどのように法律が破られるべきなのかを完全に明らかに」すべきである。「そうすれば、一般の人びとは、われわれの意図が何であるかを理解することになる。つまり、われわれの意図は、単に法律を破るために法律を破ることではなく、混乱を引き起こしたり普通の人たちを傷つけたりすることでもなく、どのようにして一％の人びと、すなわちこの国のエリートがかれらの不人気な政策を強要するのかということの核心に到達することだ」（Del Signore 2012 より引用）。オキュパイ・ウォールストリートの活動家たちはズコッティ公園からの立ち退き勧告に耳を貸さず、一部の参加者は不当な銀行住宅ローンに抗議する手段として差し押さえられた家を不法に占拠した。そうしている間、かれらは自分たちが無責任に行動しているのではなく、無法状態を容認しているのでもないことを伝えようとしたのである。

ガンディーとキングはともに、当時出現しつつあった、国家当局に反対するグローバルな世論を動員することを狙いつつ、国際的な支持を確立しようとした。ベトナム戦争その他の場合にあっては、市民的不服従者たちは国際法に（特にニュルンベルク裁判で宣言された中核となる法的諸原則に）訴えた。これまでの各章で論じてきたように、市民的不服従の支持者の多くは、公的な権威ばかりでなく、民間のそれらに対しても、市民的不服従を擁護してきた。そうした連続性があるにもかかわらず、〔最近の運動における〕新しさが重要であることに変わりはない。今日、市民的不服従はますます、私がポスト国民国家化《ナショナリゼイション》および民営化《プライバタイゼイション》と呼ぶものに対して応答するようになっている。現在、政治的な権威は、広範に及ぶポスト国民国家化を経験している。最も力のある国民国家でさえ、主要なグローバル機関

(たとえば国連、WTO、IMF)、政府間組織、国際的な機関とレジーム、広域的な超国家機関(最も注目すべきは欧州連合)、そして特権的な民間のアクターたちと、その権威を共有している。同時に、国家の組織構造は大規模な民営化を経験しており、政治的権限機関の実際の日々の活動は、民間企業、アウトソーシング、外注、および新しい組織構造に依存している。これらはトップダウンの階層的な行政という伝統的な概念とは一致していない。

グローバル・ジャスティス運動の支持者たち、オキュパイ運動、その他の最近の社会運動は、様々な国から来た抗議者たちの協働した努力をしばしば頼りにして、ポスト国民国家的あるいはグローバルな射程をもつ諸問題にますます取り組むようになってきている(Della Porta et al. 2006: 134-49; Douzinas 2013: 6, 50, 89–106; Gould-Wartofsky 2015; Schock 2015: 90–1)。かれらは、「国民国家を超えたところに」しばしば位置している公的・私的両方の意思決定の場を標的にしており、国境に縛られない有権者たち(支持団体)から自分たちの地位を引き出している。なるほど、かれらは「市民的不服従」という言葉を緩く用いているので、その用法はガンディーやキングその他の人びとを驚かせるかもしれない。しかしながら、数多くのグローバルな活動家たちが言っていることや、市民的不服従の名の下で実際にかれらが努力していることを真剣に受け止めることは、分析の出発点としては適切であるだろう。それでも、伝統的な(宗教的、自由主義的、民主主義的)市民的不服従ための鋳型と同じものを再生産する際に、活動家たちは明らかに大きな障害に直面している。本章が示唆するのは、ポスト国民国家化と民営化がその理由を説明するのに役立つということだ。

政治的権威《ポリティカル・オーソリティ》の構造における最近の変化は、市民的不服従に対する従来の理解をわれわれが再考することを求めているのだろうか。[5] もしそうであれば、どのような修正が——あるとすれば——要求されるのだろうか。ここで私は、市民的不服従に関するロールズの影響力のある自由主義的説明を再検討する。一九六〇年代と一九七〇年代の市民的不服従に関する英語圏の議論は複雑で多岐にわたっており、ロールズは数多くの印象的な声——多くはキングと合衆国の公民権運動から直接影響を受けていた——のひとつに過ぎない。それにもかかわらず、彼の『正義論』(一九七一年)の驚くべき成功は次のことを意味している。すなわち、ロールズによる市民的不服従の擁護は、その長所も欠点も含めて、リベラルとそれに懐疑的な人びとの双方にとって基準となる地位をすぐさま獲得したということである。もちろん、彼のモデルは長い間、矢継ぎ早の批判に晒されてきた。私はすでにその批判のいくつかを支持した。しかし市民的不服従の研究者間での通例に従って、本章ではロールズに焦点を当てる。私は自分の主張をここで十分に展開することはできないが、ロールズに対して私が反論し、時には慎重に擁護するいくつかの、そしておそらく多くの議論は、市民的不服従に関する互いに競合する考えにも当てはまる。

私の批判を定式化するために、国家の変容についての啓発的な実証研究群に目を向け、国家と社会について明らかになっている一連の暗黙の前提を分析する。哲学的な批評家たちがしばしば見落としていることであるが、これらの前提は、一九六〇年代と一九七〇年代初頭にロールズや他のリベラルたちが理解したのよりも偶然的なものであることがはっきりしているばかりでなく、今や経験的観点からは時代遅れであるように思われる。ロールズのモデルにおける政治と社会に関する元の枠組みを再考することで、その弱点をよりよく理解することができる。また、政治的動機に基づく法律違反の多くの形態が現在、ロールズのモデルと衝突している理由も、おそらくよりよく理解できるだろう。要するに、ポスト国民国家化と民営化は彼のモデルに深刻な課題を提起しているのである。

にもかかわらず、この筋書きはロールズの見解がすべて捨て去られるべきだという安易な結論を裏付けるものではない。正しく構想し直されるならば、ロールズの見解の基本的な特徴のいくつかは依然として適切である。確かに、この控えめな結論では、オーソドックスなロールズ主義者もその最も厳しい批判者も満足しそうにない。だが、私はこの弁証が成功しうると信じている。

ロールズ再訪

ロールズの理解では、市民的不服従は、政治的少数派が共同体の基礎をなす正義の感覚についての競合する解釈を多数派に伝える手段であった。市民的不服従者たちは「各人の反省された意見からすると、自由で平等な男たち《ママ》の間での社会的協働の原理が尊重されておらず」、多数派が政治体において共有された正義についての理念を無視したり、それに背いたりしていると宣言する（Rawls 1971: 364）。市民的不服従とは、多数派と不当な扱いを受けている人びととの双方が共有している正義の原理を、前者が無責任に侵害しているというシグナル――言葉の上《シンボリカリー》では断定調であるが、政治的には防御的な――を、多数派に対して示すものである。

（5） 本章で取り上げる問題のいくつかについての先見の明のある議論については、Carter（2005: 107-75）を参照。私は「政治的権威／権限（political authority）」という用語を、正統性を主張する――また時には、相応の理由により、影響を受ける人びとに正統であると認識される――集合的に拘束力のある意思決定を指す言葉として用いている。ここでの政治的権威は経験的かつ規範的な概念である。つまりそれは、拘束力のある（そして通常は法に基づいた）意思決定の組織化された構造、および、そうした構造がクリアすることをわれわれが期待するところの規範的なテスト（たとえば正義の理想や民主的正統性）を指す。

市民的不服従はわれわれの通常の法的責務に反するので、それを行う者は「その行為が実際に政治的に良心に基づき誠実であること、公衆の正義感覚への呼びかけを意図していることを、多数派に対して」証し立てるために、法に対する基本的な忠誠を伝えることが期待されている（1971: 366–7）。これは非暴力および〔不服従行為の〕法的帰結を受け入れる意志によって達成できる。市民的不服従はまた、依然として例外的あるいは異例のものであり続けるべきである。なぜなら、「おおよそ正義に適う」社会では、選挙で敗北した少数派は、一般的には、救済のための通常の制度的チャネルを見つけることができるはずだからである。しかし、そうした基本的に公正な社会秩序であっても、ときに重大な不正義が生じることがある。そうした場合には、市民的不服従が適切であると証明されるかもしれない（1971: 351, 363）。反対派が目に余る不正義だけを問題としており、通常の政治的ないし制度的手段で対抗できる可能性がある不正義には挑まない場合、市民的不服従は潜在的には正統であると見なすことができる。

市民的不服従は道徳的な真剣さの証明を必要とするが、私的な道徳や宗教に訴えるだけでは十分ではない。そのかわりに、不服従を行う者は、政治的正義に関する共通の、あるいは共有された言語を話すべきである。この要求が現代の多元主義の要請と衝突する懸念を払拭するために、ロールズは以下のように譲歩している。

> 市民たちの正義の諸構想のあいだには、それらが同じ政治的判断をもたらす場合であっても、相当な違いがありうる。前提が異なっていても同じ結論を導きうるから、こうしたことが可能になる。その場合、そこには厳密な合意というよりは、むしろ重なり合う合意と呼んでよさそうなものが存在する。（1971: 387–8）

正義についての完全な合意ではなく、重なり合う合意であっても、それは将来、不服従を行うかもしれない人びとに必要な規範的基礎を提供することができるだろう。ロールズが示唆したところでは、そのような重なり合う合意の存在を示す最良の証拠はしばしば、違法な抗議行動を抑圧したり処罰したりするのを当局が拒否することに求められる。「他の社会では目論まれるかもしれない諸々の非情な方策は検討されない。」なぜなら、多数派はおそらく、不服従者たちが掲げる大義が健全なものであることを暗に認めているからである（1971: 387）。

グローバル化が加速した過去四〇年という視点から振り返ると、ロールズの説明がどれほど国家や社会について暗黙の諸前提に基づいていたかがわかる。ロールズが不服従者たちに対して、もっと広く公衆に向けて訴えるよう要求したとき、彼が念頭に置いていた「公衆」とは、（既存の）立憲民主主義諸国の国民であった。そして、ロールズの理解では、それは不服従者たちがそこに向けて訴えかけることが期待されていたところの、共有された正義の感覚を実現するための中心的な場であった。もっと一般的に言えば、ロールズの理論は、ナンシー・フレイザーが「ウェストファリア的な政治の枠組み」（Frazer 2009: 76–99）として説明したものが課す諸制約に暗に従っていた。ロールズが思い描いた国民《ナショナル・パブリック》＝公衆は、リベラルで多元主義的な政治文化を共有していた。不服従者たちは正義に関する共通の政治原理に訴えるよう義務づけられていた。なぜなら現代の多元主義は伝統的な道徳的ないし宗教的な訴えの説得力を制限するからだ。法律違反者たちと強力な政治的多数派との間の政治的ギブ・アンド・テイクもまた、言語およびコミュニケーション上の共有された基盤（たとえば国民単位のマスメディア）を前提としていた。非暴力が同胞国民との関係において実行された理由は、正すべきは正義についての同胞国民の誤った理解だったからであり、不服従者たちがその道徳的真剣さを証し立てねばならないのは、その同胞国民に対してだったからである。不服従者たちは、「一定の領土内で最終的かつ強制的な権限」（Rawls 1971: 222）を行使する国家機構への政策決定を左右するに至った、多数派の誤りを矯正することを求めた。良心に基づく法律違反者たちが求めていた政策変更は、もちろん国家レベルでのものであった。法に対する忠誠は、特定の「おおよそ正義に適う」（国民国家の）立憲民主主義の法秩序に対する忠誠を意味していた。法律に基づく刑罰は、国家の政治当局によって行われるものとされていた。

ロールズの説明は明らかに、国内的事象と国際的事象を厳密に区別するウェストファリア的前提をまさに再生産した（Beitz 1979; Pogge 1988: 211-80）。ロールズは、市民的不服従と良心的兵役拒否とを区別することには意味があると考えた。だから彼は両者の間に一線を引くための数多くの根拠を提示した。だが、線引きの理由の一つは地理的なものであった。すなわち、市民的不服従は国内事象にかかわるものであったのに対し、良心的拒否は「正義の理論を諸国民の法へと」拡張することを伴うものであった（Rawls 1971: 377）。彼のモデルにある暗黙のウェストファリア的枠組みには、国家の制度的優位性についてのかつてのありふれた考え、特に国家が「住民の問題を規制し、解決することが原則的に可能である」という期待もまた含まれていた（Fraser 2009: 79）。ロールズは、戦後の福祉国家の現状や、既存の規制された資本主義を擁護したわけではなかった。しかし彼は、戦後期における国家や社会に関する比較的型通りの想定、すなわちヨーロッパや北米その他の地域の左派リベラルや社会民主主義者が広く共有していた想定を支持したこともあった。ロールズは、基本的に正義に適う秩序とは強固な国家セクターが市場経済を是正するような秩序であると考えていた（Rawls 1971: 258-83）。彼が念頭に置いていた「おおよそ正義に適う」社会とは、公的権威が「他の諸集団に関する実質的な規制権力」を所有しているがゆえに、さもなければ分裂を引き起こす可能性がある経済的・社会的紛争を、公的権威が効果的に抑え込むことができるような社会であった（1971: 236）。

これらの前提は、市民的不服従の実施は市民的ないし政治的権利が侵害された場合に限定されるべきであるというロールズの理解を強く支えた。確かに、正義の第一原理（すなわち、平等な自由という考え）の辞書的優位性《レキシカル・プライマシー》についての核となる哲学的主張もまた、彼の分析において主要な役割を果たした（1971: 302-3）。だが彼の立場は、国家機関がさまざまな介入主義的措置や規制措置を通じて経済的な不正義を減らし、資本主義を文明化するのに成功するという、戦後期に広く流布していた信念を都合よく再生産した。大体において十分に機能しているリベラルな政治体の下では、社会的不正義が「手に負えなくなること」を公的権威が防ぐことを、われわれは現実的に期待できる（1971: 373）。社会・経済に関する政策は、議会に任せるのが最善である。そこでは、効率性や福祉に対するプラグマティックな考慮が優先される傾向にあるからだ。市民的ないし政治的権利に関する論争が原理に基づいており、それゆえコミュニケーションが容易であるのとは異なり、社会政策や経済政策においては、一般市民による正義の構想への訴えが十分に明確で説得的だと判明することはあまりない。したがって、「それらは通常、市民的不服従によって抗議を受けるべきではない」（1971: 372）。一九六〇年代から一九七〇年代初期に市民的不服従を論じた他のリベラルたちと同様に、ロールズは分配的正義の文脈においては、また民間の諸制度を主に対象としているときには、市民的不服従に不信感を抱く傾向があった。

ポスト国民国家化と民営化

国家や社会に関するこれらの前提は、もはや無条件に通用するものではない。これに関連する実証的な研究は複雑で多岐にわたる。それゆえ、主要な変化やそれらの根底にある原因について、きちんとした学術的な合意があると仮定することは誤解を招くだろう。しかしながら、そうした研究は二つの比較的明確な方向性を指し示す傾向がある（Genschel and Zangl 2008; Hurrelmann et al. 2007）。

第一に、国民国家は今や国際関係の場面で意思決定の権限を多くの制度的アクターと共有しているということである。このアクターは無数の形態をとる。そこには（EUや北米自由貿易協定［NAFTA］のような）地域組織、強力な国際組織（WTOやIMF）のほか、もっとよく知られたグローバルな政治体（国連）が含まれる。確かに、国民国家が依然として権威ある意思決定のための重要な場所であることに変わりはない。グローバル・ガバナンスについての流行りの話は、時としてその変わらぬ現実を覆い隠す。それでも、国民国家はロールズが前提としていたような政治的意思決定の事実上の独占――経験的な現実においてはおそらく、一九六〇年代の間に多くのOECD加盟国がそうした独占の状態に接近していたのであろうが――を、もはや享受していない。[6] ロールズが国民国家と関連づけて考えていた「最終的権威」は、複雑な多層システムの内部に――国家の意思決定権者はその中心にとどまってはいるが、もはや常に支配的な役割を果たすわけではない――位置づけられる傾向が強まっている。要するに、経験的証拠が示唆するところでは、ロールズと彼の同時代人のほとんどが予測できなかった程度にまで、国際的ないしポスト国民国家的な意思決定の場が果たす役割が大きくなっているということだ。

われわれはここで、意思決定権限の国際化やポスト国民国家化について、あるいは、出現しつつあるポスト・ウェストファリア的な諸制度の配置としてわれわれが注意深く描き出すものについて、語ることができる。いずれにせよ、意思決定の複合体としての「国家的なもの《ステイトネス》」は、現在、国民国家の内部の政治的権威とそれを超える政治的権威の双方からなる複合体によって、共同で生み出されている。正統な強制力を中央集権的に独占する包括的なグローバル国家や世界国家は、現在のところ存在しない。それにもかかわらず、いくつかの重要な国家機能は、不完全でしばしば無計画ではあっても、乱雑に配置された国際機関群と連携して活動する国民国家によって行使されている。[7]

第二に、一九七〇年代以降、国家の行政構造とその組織能力に劇的な変化が起きている。新自由主義にもかかわらず、国家は実際に、戦後の介入主義と福祉国家の全盛期よりも、社会生活に関わるより多くの領域に頻繁に関与している。しかし、その際には古典的なトップダウン方式の公的な官僚機構に依拠することは少なくなっている。この傾向はさまざまな形で現れている。たとえば、民営化は広く行われており（Freeman and Minow 2009; Zohlhöfer and Ohringer 2006）、いたるところでアウトソーシングや請負契約が行われている。また規制はしばしば新しい官民協力に依存している（Schuppert 2010）。これらの変化は、これまで国家主権の「硬い」核と結びついていた諸機能にも直接影響を与えている。「今では多くの国で民間の警備員の数が警察官のそれを上回っている」（Abrahamsen and Williams 2011: 1）。

（6）　そのような主張は常に何らかの理想化に基づいている。私が要約した実証研究は、主にＯＥＣＤ諸国における一般的なパタンに関するものである。これは分析的には理に適っている。なぜなら、「先進」ＯＥＣＤ諸国と、ロールズならば「おおよそ正義に適う」（つまり、基本的にリベラルかつ民主的である）と表現したであろう諸国家との間には、経験的な重なり合いがあることを想定できるからである。どちらかといえばＯＥＣＤ加盟国は、市場経済と、ほとんどの場合、福祉国家〔制度〕をもつ「発展した」（不完全ではあるが）自由民主主義国家である。

（7）　十分な権力（および必要に応じて強制力）を動員する国家の能力は依然として決定的である。私は、新興のポスト国民国家システムが「政府なき統治」というファッショナブルな反国家主義的観念を裏付けているとは思わない（Scheuerman 2014a; 2015 を参照）。

たとえば近年の国家による監視活動の大幅な増大は、儲けの大きい政府契約に大きく依存している民間の諜報・警備会社の急成長によって支えられている（Shorrock 2008）。国家機構が特定の規制業務に直接関与したままであっても、その機構は、劇的な行政上の構造改革《リストラクチュアリング》を生み出してきた新しい組織理念（例として「ガバナンス」や「ニュー・パブリック・マネジメント」）に従って、再編成されてきている。

われわれはここで、政治的権威の脱国家化ないし民営化について話すことができる。諸組織の複合体としての「国家的なもの」は、従来の公的官僚制度や新たな民間および準民間の諸制度の中で共同生産されているが、それらの多くは行政に関する伝統的な考え方とうまくかみ合っていない。国際化と民営化が融合することもある。たとえば国際的なビジネスにおける紛争解決の一部の形態は、本質的には民間の裁定者に大きく依存している（Culter 2003）。

こうした移行の直接的な結果のひとつは特に注目に値する。正確な因果メカニズムが何であれ、現在起きている構造上の移行は、国民国家が大きな綻びをみせていることに関係しているように思われる。すなわち、ロールズやその他の戦後の左派リベラルや社会民主主義者が期待したような、社会的・経済的問題にうまく対処する能力を国民国家が失いつつあるということである。国によって違いがあるものの、ＯＥＣＤ先進国の大半ではこの一般的傾向は依然として顕著である。たとえば、福祉国家の社会的セーフティーネットは多くの社会集団を保護できていない。物質的不平等は劇的に拡大している。国家の規制担当者は壊滅的な経済的混乱や危機を回避できていない（たとえば二〇〇八年の金融危機）。現代のグローバル化とますます加速する資本主義を管理するという点では、国民国家はほとんど常に不十分に見える。また、その結果生じたギャップを埋めるための効果的なポスト国民国家的規制メカニズムも存在しない。戦後の福祉国家や介入主義的国家の「黄金時代」を美化すべきではない。だが、何らかの根本的な――そして基本的に問題を孕んだ――変化が起きている。特定の原因が何であれ、現在の政治秩序は現代資本主義の病理を前にほぼ常に無力であるように見える。

ロールズの市民的不服従論に対する新たな脅威

そうだとすると、こうした広範な構造的変容は、ロールズの自由主義モデルについて何を示唆しているのだろうか。これは込み入った話になる。確かにロールズの枠組みは、市民的不服従について熟考する人びとが現在直面している課題を理解するのに役立つことがある。しかしながら、国家／社会関係の変容によって彼のモデルは限界まで拡大解釈される傾向がある。ある意味では、彼のモデルはもはや妥当ではないように思える。

1．意思決定の国際化ないしポスト国民国家化によって、市民的不服従者たち、かれらの訴えが向けられる公衆（政治的多数派）、そして関連する政治的権限機関《ポリティカル・オーソリティズ》とが、領域的に区画された単一の政治体の境界内で重なり合うという前提が揺らぐことになる。多くの重要な決定は今なお国民国家の諸機関によってなされており、特定の国に暮らす選挙民に直接影響を与えているため、ウェストファリア的枠組みは依然として適切である。だがこの先、良心に基づく法律違反者たちは、ロールズ的枠組みが都合のよい形で覆い隠した複雑な問題に直面することになる。なぜなら、ロールズが依拠するウェストファリア的枠組みは、現代の政治的意思決定の複雑で多層的な性格と次第にかみ合わなくなっているからである。不服従者たちの訴えは、誰に（地方《ローカル》の、国民国家《ナショナル》の、あるいはポスト国民国家の名宛人のいずれに）向けられるべきなのか。市民的不服従たちはどの政治的多数派を揺るがす必要があるのか、また、かれらは意思決定のどのレベルに位置づけられるのか。[8] いずれの政治的権限機関に是正を求めるべきなのか。変化が求められる（ナショナルあるいはグローバルな）関連法規や政策は何であり、そうした訴えが依拠すべき共有された正義の原理は何であるのか。法に対する根本的な忠誠を表明するとき、どの法が決定的に重要であるのか。出現しつつあるシステムの複雑さとそこから帰結する透明性の欠如によって、抗議者たちが答えを見つけることは難しくなっており、ましてや説得力のある政治的アピールを展開することなどは一層困難になっている。確かに、過去の市民的不服従者たちも同じような問題に直面していた。ガンディーとキングは、ローカルな政治闘争をグローバルな注目の的にする方法についても戦略を練っていた。にもかかわらず、今日、市民的不服従に従事する人たちは、並外れて複雑で切迫したかたちでそれらの問題に直面している。その理由の一部について以下で概観してみたい。

2．争われている法律や政策が、たとえば国際的もしくはポスト国民国家的な権限機関に帰属する場合、あるいは普通によくあることだが、複数の意思決定の場と関係している場合には、将来不服従を行う人びとは、ロールズが実際にはまったく考えたこともないようなことを、すなわち、通常のローカルな活動に専念するだけでなく、「国家を越えた」公衆や政治的権限機関に働きかけることが必要になる。だが実証的な研究が示唆するように、これは非常に難しいことである。ポスト国民国家的な争点にフォーカスすることに成功した活動家たちでさえ、国内政治に埋もれたままとなる傾向があり、その努力はしばしば脆弱で短命であることが明らかになっている。特定可能な共通のポスト国民国家的アジェンダを追求するために、国家間のギャップを埋め、国境を越えて団結できる活動家の数は比較的少ない

（Schock 2015: 140-57; Tarrow 2005）[9]。たとえば、最近のオキュパイ運動の活動家たちは国境を越えたつながりを築き、グローバルな不平等に対する共通の懸念に直接訴えたが、かれらの努力はすぐに水泡に帰した（Gould-Wartofsky 2015）。もちろん、いくつかの例外もある。非暴力の市民的不服従に従事した多くの人たちを含むグローバル・ジャスティス運動の活動家たちや、ギリシャやスペインなどで最近起きた緊縮財政に対する抗議活動に従事した人びとは、事実上、ポスト国民国家的な権限機関（Ｇ８、ＷＴＯ、ＥＵ）を標的にしており、国境を越えて影響を及ぼす論争的な政策に公衆の注目を向けさせている。このグローバル・ジャスティス運動は、言語の多様性や政治文化の違いがあったにもかかわらず、一貫したアジェンダを掲げて各国からの活動家たちを養成することに成功しており、明らかに国民国家を超える《トランスナショナル》性格を持っていた。それはまた市民的不服従の戦術のストックを創造性豊かにアップデートした（Della Porta et al. 2006）。いずれにしても、今日の活動家たちは目の前にある大変な課題をはっきりと認識しており、その内部の議論では時に最も困難な問題に対する取り組みがなされている。たとえばかれらは、政治的権限機関の重層的な形状を考慮するならば、どのようなやり方でアピールするのが最善なのか、組織のエネルギーを集中させるのに理想的なのはどのレベルなのか（つまり地方レベルか、国民国家レベルか、あるいはポスト国民国家レベルか）といった問題を議論している。しばしば賞

（8）また、豊かで強力な国の市民とそれ以外の国の市民の義務についてはどうだろうか（Ogunye 2015）。

（9）私の挙げる事例はそのほとんどが（西）ヨーロッパと北米大陸からのものであるが、これは、それらの事例が他のすべての地域の政治的経験をうまく代弁していると私が信じているからではなく、この章がいわゆる「おおよそ正義に適う」ＯＥＣＤ諸国の変化に焦点を当てているためである。

賛に値するかれらの努力にもかかわらず、現代の脱中心化された多層的なポスト国民国家的システムが原因で、容易に伝達可能な仕方で市民的不服従を正当化することはおろか、そもそも一貫した形でそれを行うことが難しくなっている。たとえそれが何とかできたとしても、不服従者たちの努力がロールズの思い描いたような法律や政策の変更をもたらすかどうかは不確かなままである。つまり、あまりに多くの主要な意思決定主体が世論から切り離されており、また、どれほど不十分であるにせよ、「おおよそ正義に適う」自由民主主義諸国における馴染みの政治機構の作用からも切り離されている。たとえば、WTOも欧州の「トロイカ」（欧州委員会、欧州中央銀行、IMF）も、大規模な市民的不服従を無視した場合でも、選挙で選ばれた国民国家の政治家たちと同じ政治的代償を支払ったり、同様の反発《リパーカッションズ》に直面したりすることはないようである。グローバル・ジャスティス運動と反緊縮運動は、おそらくこれまでのところ、ポスト国民国家レベルでの政策決定にわずかな影響しか与えていない。

3．ロールズの枠組みは、その概念上の限界にもかかわらず、このことの理由を説明するための材料を提供する。意思決定のポスト国民国家化が意味しているのは、正統性に関する基本的な民主主義的諸要件をおそらく満たしていない場で、重要な決定がますます行われるようになっているということだ。私は、国際組織あるいはEUまでも民主化することが道理にかなっているのかどうか、もしそうであれば、どのように民主化するのが最善なのかという、よくある問いに立ち戻るつもりはない。私はただ、市民的不服従が前提とするのは馴染みのあるリベラルで民主的なメカニズムが典型的な形で機能する「おおよそ正義に適う」社会の存在なのだという、極めて重要なロールズの但し書きを想起しているだけである。現代の出現しつつある新たなグローバル・システムが、「おおよそ正義に適う」という基準に関する何らかの最低限の解釈をパスすることができるかどうかという問いは、未解決のままである。多くの場合、国民国家は、民主的信任があるかどうか疑わしい機関（たとえばＩＭＦやＷＴＯ）によって「上から」公布された規則を遵守することを期待されている。[10] これは二つの理由から重要である。第一に、ロールズは、不服従を目論む人びとはまず通常の政治的チャネルを使い果たすべきだと主張した。しかしながら、現代に出現しつつあるポスト・ウェストファリア的世界では、関連するチャネルはしばしば透明性を欠いているか、ひどく未発達のままである。第二に、理に適う仕方で正義に適う民主的システムが存在しないところでは、抗議者たちが非暴力的な市民的不服従に伴う法的刑罰その他のテストを忌避して、より戦闘的な形態の抵抗やさらには暴力的革命を行うことが、原理上は正統だと判明するかもしれないことを、ロールズは認めている（1971: 365–8）。[11] かれらの役割はおそらく誇張されてきたけれども、明らかに、グローバルな活動家たちの小集団はときに厳格な非暴力を実際に放棄し、より厄介でより戦闘的な形態の政治的違法行為を行うことを選択している。たとえばグローバル・ジャスティス運動

(10) より強力な一般化を行うに当って、私は躊躇する。われわれの全体的な世界秩序が「おおよそ正義に適う」とは言えないとしても、法律違反者になりうる人びとが直面する特定の政治的および制度的シナリオはそれぞれ大きく異なる。われわれの多層的で脱中心的なポスト国民国家システムは複雑であって、われわれの理論的な説明はその複雑さを認める必要がある。たとえば、合衆国は世界銀行内部において他のほとんどの国とは非常に異なる立場を占めている。合衆国の活動家が世銀に対抗する自国の政策を形作るために、または世銀に直接抗議するために街頭に出かけるとき、かれらの行動は他国の活動家の行動よりも潜在的に多くの影響力を持っている。不服従者たちが直面するすべてではないがいくつかの状況では、非民主的でポスト国民国家的な諸機関が支配的または決定的な役割を果たす可能性がある。

の抗議者たちは、「警察と衝突したり、車に火をつけたり、窓ガラスを割ったり」(Della Porta et al. 2006: 147) したという理由で広く批判された。ヨーロッパの反緊縮政策に対する抗議行動にも同様に暴力が伴った (Hatzopoulos and Patelis 2013)。もし実際にポスト国民国家化によって主要な意思決定者の説明責任がよりよく果たされるどころか低下したのであれば、ロールズはなおも、そうした活動が正統である可能性を認めざるを得なかったかもしれない (もちろん、それらが正統でありうるからといって、それらの適切性や有効性が保証されるわけではない。十分に計画されていなかったり、タイミングが悪かったりすると、こうした活動は逆効果になりやすい)。

4. 新たに出現しつつあるポスト国民国家的政治秩序が、おそらく「おおよそ正義に適う」というテストに合格しないという事実には、さらなる含意がある。ロールズは市民的不服従を、社会的・政治的諸制度にすでに定着している既存の正義の構想を侵害した多数派を標的とした防御的活動として思い描いていた。それは基本的に正義に適う立憲的諸体系の安定化に寄与する (Rawls 1971: 384)。自由民主主義が不在であるならば、抗議行動は原理上はより戦闘的なだけでなく、より前向きで根本的に建設的なアプローチを取ることができる。興味深いことに、ポスト国民国家的あるいはグローバルな諸制度や諸政策を標的にした最近の運動のいくつかは、まさにそれを行っているように見える。かれらの政治的レトリックは防御的に聞こえることもあるが[12]、それらは基本的かつ潜在的に変革をもたらす改革を要求しており、その多くはグローバルな諸制度の広範な民主化の必要性を (Della Porta et al. 2006: 203-5; Smith 2007)、あるいは、その経済政策がもはや欧州中央銀行や力のある加盟国によって支配されないＥＵの必要性を (Douzinas 2013) 示唆している。他の点ではおなじみの形の非暴力的市民的不服従に従事している場合であっても、かれらの活動は政治的にも制度的にも防御的であるとはまず考えられない(Green 2002)。これらの運動は、もっともな理由から、共通のポスト国民国家的な秩序やグローバルな正義についての擁護に値するような包括的な理解を、現在のわれわれが手にしているとは考えていない。

5. ロールズが懸念したのは、公共的に認められた正義の構想が共有されていない場合、市民的不服従が失敗するのは避けられず、支配的「多数派が刺激されてさらなる抑圧的手段に打って出るだけの結果となるかもしれない」(Rawls 1971: 387)ということだ。ポスト国民国家化はこの危険性をさらに高める。重なり合う合意という観念が導入されたのは、多元的な政治共同体が、不服従者たちが活動するのに必要となる規範的領域をどのように提供するかを説明するためでもあった。われわれはこのような議論に沿った何かを、すなわち、これから市民的不服従を行う人びとが政治的敵対者たちを揺さぶるのに十分に強固な共通の規範的基礎を特定できるような何かを、ポスト国民国家のアリーナの中に(たとえばEUその他の中に)見つけ出すことができるだろうか。アレッサンドロ・フェラーラ(Ferrara 2014)がグローバルなハイパーポピュリズムとして巧みに描き出した現状に鑑みるに、その答えは自明でない。

(11) 同様の推論に基づいて、キャニー(Caney 2015)はグローバルな不正義に「抵抗する権利」を概説しているが、その理由の一部は、「おおよそ正義に適う」テストに失敗したグローバルな現状でのロールズの市民的不服従の有意性を彼が疑問視していることにある。しかしながら、ロールズによる市民的不服従の当初のモデルの諸要素は、キャニーが認めているよりも多く救出することが可能である。

(12) たとえば、ギリシャ、スペイン、その他の地域でのEU緊縮政策に対する抗議のナショナリスティックな響きについて考えてみよ。

6．ポスト国民国家化は、国家の制度的優位性、ひいては住民の基本的な社会的・経済的ニーズを満たすその排他的能力に脅威を与えている。この傾向は、国家の組織的能力の民営化と脱国家化によってさらに悪化している。原理の上では、民営化は、公的権限機関が適切な監督を行うことができ、中核となる政治機能を公衆の側が握っている限り、国家の意思決定に対する独占とそれに伴う国家の効果的な介入および規制の能力を弱体化させるのではなく、むしろ増強させるかもしれない。しかしながら経験的な証拠が示唆するところでは、これらの基本的なテストはしばしばクリアされないまま残されている。つまり民営化に対する怒りが意味するものは、基本的な安全保障に関連するものを含め、以前は公的な機能であったもののますます多くが、かなりの裁量を享受している、したがって公的権限機関によるごくわずかな監督にしか服さない、民間および準民間の団体にアウトソーシングされているということである（Metzge 2009）。他の点では民営化にシンパシーを感じている学者でさえ、こうした危険性を認めている（Verkuil 2007）。確かに、戦後の福祉国家と規制された資本主義の全盛期においてさえ、国家が民間の諸制度よりも包括的な活動範囲と優位性を保持しているというロールズの見解は、ひとつの理想化であった。今日、それは経験的な現実からますます離れているように見える。したがって、市民的不服従は公的な権限機関だけを標的にすべきで民間のそれを対象にすべきでないという考えは、もはや自明ではないように思われる。規制が不十分な民間企業が、少なくとも政府と同程度に人生の見通しに対して重大な影響を与えるようなところでは、民間企業は政治的な法律違反のための然るべき対象となる。ロールズ（や他の多くの人たち）が前提としていたようなあり方で国家が制度上の最高位でなくなると、官吏たちはもはや私的領域を「管理」しなくなる。かわりに政治的な業務はますます直接的に民間のものになってきており、それゆえ不服従者たちが非国家的諸制度を標的にすることが、おそらく意味を持つのである。

7．伝統的に公的あるいは国家の活動と見なされてきた事柄に従事している民間企業を直接ターゲットにしていない時でさえ、多くの抗議者たちや、これと密接に関係する市民的不服従者たち（たとえばオキュパイ運動や最近のヨーロッパの反緊縮運動での抗議者たち）は、非常に深刻な形態の経済的不正義に対してかれらのエネルギーを注いでいる。[13] このトレンドはロールズのモデルと衝突するが、その根底にある論拠は十分に明快である。ポスト国民国家化と民営化を前提とすると、ＯＥＣＤ加盟諸国はもはや経済的不正義が「手に負えなくなる」のを防ぐことはできない。リベラルな国民国家が経済をうまく監督できるだろうというロールズの戦後的な信念は非現実的に映る。現代の多くの抗議者たちが見るところ、最も衝撃的な不正義は、基本的には経済的なもの（たとえば物質的不平等の拡大と経済的不安定の増大）である。またかれらは、経済的な訴えが市民的・政治的権利への訴えに比べて必ずしも明確ではないというロールズの懸念も共有していないようである。

8．一部の論者たちは国家による政治的に動機づけられた法律違反の可能性、すなわち「国際的な市民的不服従」の可能性を分析するために、創造力豊かにロールズを一部援用してきた。残念なことに、おそらくかれらは、グローバルな舞台で優位に立つ制度的プレイヤーとしての国民国家という、従来型で

(13) ＯＥＣＤ諸国以外でも、たとえば「アラブの春」の蜂起は、国家機能の民営化に対する批判によって部分的に動機づけられていた（May 2015: 13)。

はあるが時代遅れの理解を再生産している（Goodin 2005; Miller 2015）[14]。さらに、「国家」を良心に基づく非暴力的な法律違反者として描き出そうとする動きは規範的な面で疑わしい。われわれが「国家」と呼ぶ乱雑で多面的な制度的複合体に、良心的な道徳的アクターというレッテルを貼ることは理に適っているのだろうか。そうすることでわれわれは、統一された道徳的な行為遂行能力《エイジェンシー》と体系的な道徳的反省能力を、それらの能力をおそらく欠いている国家に帰属させるという危険を冒している。国家が破壊的道具の宝庫であることを考えると、国際的なアリーナにおける国家の活動を、特にそれが法律違反に関わる場合には、原理に基づく非暴力と関連づけるのは妥当ではないように思われる。

何が残るのか――ロールズの市民的不服従論の現在

以上の私の分析は、「通常は法の変更をもたらすことを達成目標として行われる、公共的で、非暴力の、良心に基づきながらも政治的な、法に反する行為」（Rawls 1971: 364）というロールズの市民的不服従の定義は次第に的外れになってきている、という批判的な見解を裏付けている。民間のアクター（たとえば銀行や企業など）を標的にした場合の市民的不服従に関する懐疑的な評価、市民的不服従が基本的に防御的であるという理解、そして戦闘的な形態の（潜在的に「礼節を欠く」）不服従に対する敵意――こうしたロールズの信条はいずれも、ポスト国民国家化と民営化によって疑わしいものになっている。変化の途上にある現在の政治秩序は、新しいタイプの政治的な法律違反を招来している。その中にはロールズが予想もしなかったもの、恐らく批判したであろうものもある。しかし、彼の理論的な諸条件に拠る場合でさえ、そのうちのいくつかは今や正統でありうるように見える。

これらの知見は、次のように主張する人たちを利する可能性がある。すなわち、政治的に動機づけられた違法行為は現在、厄介で時に「礼節を欠く」形態をとるのであるが、この形態によりよく適合するように修正されたポストリベラルな市民的不服従のモデルを採用して、自由主義モデルをただ投げ捨てればよいという主張である。[15] かれらの主張によれば、そうすることで、抗議者たちは市民的不服従の理念が今なお保持している高い規範的評価の恩恵を受けることができ、同時に、自由主義モデルとその多くの限界を克服することができる。ガンディーやキングのような象徴的な法律違反者たちだけがそうした恩恵を享受すべきであり、最近の不服従者たちは享受すべきでない、などということがあろうか（Sauter 2014: 19–38）。

この立場に賛同して多くのことが言える。私が先に論じたように、市民的不服従の強固な民主主義モデルが適切に構想されるなら、リベラリズムの限界を克服することに成功するかもしれない。私はまた、それが成功するとすれば、その唯一の道はリベラリズムの成果を建設的に利用することであるとも示唆した。同じ精神のもと、私はロールズのアプローチの欠陥に対する賢明な応答は、その一方的な脱構築ではなく再構築の作業であるべきだと信じている。

たとえば、ここでの分析には、ポスト国民国家化や民営化が問題を明らかに複雑にしているとしても、市民的不服従は公共的でコミュニケーション的な行為、すなわち、政治的同輩たちを説得して（最終的には）関連する政治的権限機関が政策を変更することを目的とした行為であるという、ロールズの（あ

(14) この批判はロールズ以外のバージョンに対してもあてはまる（Franceschet 2015）。
(15) 詳細は第7章を参照。

るいは標準的なリベラルの）理解を疑うものは何もない。公示性《パブリシティ》に対する複雑で規範的なコミットメントは、時としてあまりに狭く解釈されることがある。たとえば、不服従者たちは自分たちが近々行う予定の抗議行動を公的権限機関に「公正な仕方で通知」すべきだという主張――オーソドックスなロールズ的立場からでさえ不必要であると思われる見解である――に基づいて、ロールズその他多くの人びとが無駄に設けた形式要件《パタン》がこれにあたる（Rawls 1971: 366）。政治運動は常に守秘義務、プライバシー、さらには秘密の要素にさえ依存している。したがって、公示性に関する機械的な説明、あるいは過度に厳格な説明は拒絶されるべきである。より緩やかに解釈されるならば、公示性は市民的不服従の構成要素であり続けることができる。

私の分析は、良心の役割が必然的に制限されることについてのロールズの直観の基礎を脅かすものでもない。彼の考えでは、不服従者たちが自己の誠実さを他者に印象づけるために、また法律違反が「十分な道徳的基礎」に基づいていると証明することがきわめて重要であるがゆえに、かれらが自分たちの道徳的な真剣さの証拠を示すことには意味がある（1971: 367）。われわれはここで、公共生活における道徳と宗教についての、より一般的には公と私の区分についてのロールズの考えに関する厄介な哲学的問題に直面する。私はロールズの理解を全面的に支持するつもりはない。さらなる批判的な精査が必要である（Cooke 2016）。だが、良心が一つの声で話すことができない、あるいは十分に強固で共有された道徳言語でさえ話すことができない多元的な社会において、道徳的ないし宗教的な訴えが占める場所が制限されていることを強調した点で、おそらくロールズは正しい。グローバル化の進展を考えると、市民的不服従を良心に基づいて正当化することには限界があるというロールズの洞察が妥当であることは変わらない。不遵守《ノンコンプライアンス》の十分な基礎として「ある法が不正だという良心に基づく信念が受け入れられるような法体系」が実現する見込みは、今日、グローバルな「ハイパー多元主義」を前提とすると、ロールズの時代よりもさらに低いように思われる（1971: 367）。現代の状況の下では、道徳的良心が不服従を正当化するのに十分だとするような法秩序は、法の尊重を必然的に気まぐれなものにしてしまうだろう。しかしながら、ロールズが正しく把握しているように、まっとうな秩序あるいは公正な秩序はどんなものでも法の支配を必要としており、そこでは権限機関が社会的協働のための信頼できる予測可能な枠組みを唯一提供することができる、明確で、公共的で、将来を見越した一般的規則に従うことが期待される。不遵守が蔓延するようになる法「体系」は、この価値ある願望とまったく調和しないだろう（1971: 235-43）。

また、私が主張したことは、非暴力についてのロールズの見解に原理上は何ら反対するものではない。すなわち、不服従者にとっての非暴力とは、自分たちと意見は一致しないが、自分たちの行動の誠実さの証しとなる人びと、かれらが説得によって納得させねばならない人びとへの、基本的な敬意の表現だとする見解である。「人びとを傷つけ痛めつける可能性のある暴力的な行いに携わること」は、自分の味方にしなければならない政治的アクターに向けた「呼びかけの様態である市民的不服従と両立しない」（1971: 366）[16]。ここまでの議論が総じて示しているのは、ロールズの言葉を借りて「おおよその正義（near justice）」という鍵となる前提を受け入れるなら、今や彼ですら、より戦闘的な法律違反、あるいは革命的でさえある法律違反が正統である可能性を認めざるを得なくなるかもしれない、ということで

（16）　この見解は人に対する暴力に強く反対しているが、物や財産に対する暴力に対してはおそらく語っていないことに注意せよ。

ある。[17] それにもかかわらず、ロールズならば、経験と規範の間にある重要な区別を排除してしまう危険を伴うような、市民的不服従の制約のない定義を採用することに対して、理に適うやり方で反対することもできるだろう。[18]

そうだとすれば、正統であると同時に効果的な法律違反は、キングが表現したことで有名な「法に対するこの上ない敬意」(King 1991 [1963]: 74) を体現すべきだ、というきわめて重要な理念についてはどう考えればよいのだろうか。ロールズはキングと同様に、非暴力的な法律違反は時として法を守るために必要であり、それは「法に対する忠誠の範囲内での法に対する不服従」(Rawls 1971: 366) と見なされるべきだという、一見矛盾した主張を支持した。彼はまた、再度キングに従って、法に対する忠誠は市民的不服従者たちがその法的帰結を進んで受け入れる意思によって最もよく示される、ということを示唆した。

ここでもロールズの立場は一見すると時代錯誤のようだ。彼の主張では、不服従者が法に対する尊重を示すべきなのは、共有されすでに実在する正義の理解に対して訴えかけることを期待されていたからである。この正義の概念は公共的に認知される必要があったし、これと関連する国民国家を基礎とした憲法秩序にとって不可欠であった (1971: 386–9)。彼はまた、「おおよそ正義に適う」共同体においては、たとえそれが正義に適っていない場合でも、われわれは通常は法に従うべきだとも主張した。なぜなら「市民としての礼節《シヴィリティ》は、諸制度の欠陥を正面から受け入れる態度と、制度の欠陥に便乗することを慎む姿勢を求める」からだ (1971: 355)。明白な不正義だけが、市民的不服従の引き金となるべきなのである。

ポスト国民国家化と民営化が進んでいる最中に、これらの議論はもはや容易には通用しない。先に述べたように、現代の秩序がおおよそ正義に適うものではなく、ＷＴＯやＥＣＢのような制度が大きな自律性を持つ、ますます非民主的で不公正な秩序であるならば、ポスト国民国家の意思決定者を標的とする政治的に動機づけられた法律違反者たちが法を尊重することを期待される理由はもはや明白ではない。国民国家を超えた《トランスナショナル》考えを、あるいはグローバルな考えを抱く抗議者たちは、なぜ、ひどく欠陥のあるポスト国民国家の法システムに対する忠誠を表明しなければならないのだろうか。むしろ、かれらの多くがもっともらしく要求しているように、われわれは、より優れた、より正義に適うポスト国民国家的秩序を早急に創設する必要があるのではないのだろうか。

それにもかかわらず、ロールズ的モデルのこの部分を捨てることはやはり間違っているだろう。今日の政治的意思決定は、単にポスト国民国家的であるだけでなく、脱中心化され多層的になっている。グローバルなレベルの政策をターゲットとする抗議者たちが、基本的権利と法の支配を権限機関が尊重する政治的状況のもとで活動する場合、かれらは権威主義的な状況下で活動する抗議者たちと比べると非常に有利な立場にある。現代のポスト・ウェストファリア体制の主要な特質を、「おおよその正義」というロールズの観念と調和するものと特徴づけることはもはや意味をなさないとしても、抗議者たちが街頭に出て非暴力的な仕方で効果的に法を破ることを可能にする、基本的権利と法の支配を維持することの決定的な重要性を軽視するならば、これは劣らず誤解を招くことになる。不服従者たちが、法に基

(17) そのようなアプローチの危険性を想起する点において、ロールズはおそらく正しい。自由民主主義諸国においてさえ、礼節を欠く不服従（uncivil disobedience）はありふれている。その記録はまったくもって動かしようがない（Kirkpatrick 2008）。

(18) ジンによる市民的不服従のより広い定義に対する、彼の敬意ある拒絶に注意せよ（Rawls 1971: 364）。

づく統治を守ることへの共有されたコミットメントに揺さぶりをかけることを望む人たちと対話《コミュニケート》することは、依然として極めて重要である。キングやロールズ、その他多数の人びとが理解していたように、市民的不服従が法に対するより幅広いコミットメントと調和し続けていることを示すことが、そのための最善の方法である。[19]

また、すべての正義に適う秩序が法の支配に基づかなければならないと主張した点でもロールズは正しかった。法の支配とはすなわち、リベラルな社会においてさえ時にうまくいかないことがあるにしても、法がそれに「近似していることが期待される」べき「理想的な観念」である（1971: 236）。政治的な法律違反者たちが法に対する忠誠を表明するとき、かれらは暗黙のうちに、自由でまっとうな秩序に必要な法的諸前提を実現するよう権力者に要請する規範的理想に訴えているのである。市民的不服従に関するロールズの理論におけるこの要素もまた適切であることに変わりはない。権力を持ったポスト国民国家および民間の意思決定者が諸々の基本的な法の美徳を嘲笑することがあまりにも多い。政治的にも社会的にも非難を受けやすい人たちに利益をもたらす可能性がある場合には特にそうである。グローバルなプレイヤーたちは、ルールが彼らの活動をチェックする可能性がある場合にはとりわけ、厳格なルールよりもチェックのない法的裁量を好む。[20]このような憂慮すべき風潮に挑戦しようとする不服従者たちは、理想的な権力者が心に留めることが当然に期待されるものとして、法の支配に対する忠誠を示すべきである。この文脈における法への忠誠は、改革され大幅に改善された秩序の可能性――そこで出現しつつあるポスト国民国家的な憲法的ないし法的規則は、実際にわれわれの尊敬に十分値することが明白である――を先取りしている。法に対する忠誠を表明することで、政治的に動機づけられた法律違反者たちはそうした秩序の形成に貢献する。かれらの活動は違法ではあるが、そうした秩序の実現を予示している。そうだとすると、かれらが直接象徴している役割とは、権力や特権をもつ者たちが最終的に他の人びとと同じ規則に従わざるを得なくなった場合にわれわれが必要とする、グローバルな新しい政治的ないし法的秩序の助産師としての役割なのである。[21]

確かに、強力なグローバル・プレイヤーたちは「法の支配」を説くことが多く、時にはそれを実践することさえあるが、それは自分たちの利益になる場合である。法の支配それ自体は民主主義や社会正義を保証するものではない。にもかかわらず、「法の支配に対する最大の攻撃」はやはり、「自らを法よりも上位に置き、実際に法に優越し続ける権力をもつ」人びとから為されることが一般的である。その保護機能が必要不可欠であるとしても、「法の支配には欠陥があり、またこれまでも常に欠陥があった」のであるが、それでも「それを完全に捨て去るならば、われわれは間違いを犯すことになるだろう」(Madar 2013: 123-4)。改善ないし改革された将来のポスト国民国家的な政治秩序は何であれ、それが正

(19) かれらはまた、法への尊重を示すために法的刑罰を受け入れることが必要であるとも主張した。しかしながら、原則として、刑罰に直面する意欲は、そうするための唯一の、あるいは常に最善の方法とは限らないかもしれない。

(20) Scheuerman (1999) および Schneiderman (2001) を参照。たとえば、最近の活動家グループの標的である金融危機とユーロ危機へのEUの対応は、法の支配の核となる特徴への攻撃を伴っていた。法学者のクリスチャン・ジョルジュによれば、欧州連合は「法がその整合性を失うという一種の非常事態を経験している。……欧州中央銀行はその法令を無視している。……議会は、有意義な議論ができないほどの迅速な決定を下すために召集されている。ギリシャと他のEUメンバーは、その主権が現在「制限されている」と言われている。そして政権交代は例外的な状況下でおこなわれている」(2012: 12)。

(21) その新しい秩序もまた、正統な暴力の中央集権的独占ではおそらくないものの、グローバル国家的なものを相当程度必要とするだろう (Scheuerman 2014a: 2015)。

義を具体化し、われわれの尊敬に値することが示されるべきであるならば、法の支配に依拠する必要があるだろう。ポスト国民国家化や民営化の影響下にあっても、市民的不服従は依然として「法に対する忠誠の範囲内での法律への不服従」であるべきなのだ。

ポスト国民国家化と民営化は、市民的不服従に関するロールズの自由主義モデルをむき出しの骨組みだけにしてしまうかもしれない。それでも、むき出しの骨は、骨すら無いよりもまだましである。残った骨が元の肉体と十分に似ているかどうかを議論する人もいるかもしれない。だがロールズであれば、彼の画期的な著書『正義論』の中で明らかにした影響力ある説明の骨格を、そこに見出すことができるに違いない。

第6章　デジタル化

「政治的に動機づけられたオンライン上の法律違反」としてひとまず定義できるデジタル領域での不服従は、山火事のように広がっているように見える。[1] この言葉は幅広い活動をカバーしている。含まれるのは、活動家たちが政治的目的のためにウェブサイトを停止させる方法として繰り返しウェブサイトにアクセスするＤＤｏＳ攻撃（分散型サービス妨害）、標的とする組織やその活動の面目をつぶすための入り口としてハッカーたちがコンピューターのサーバーに侵入する「ハクティビズム」、電子的に収蔵されている機密データや部外秘のデータをメディアや公衆に流出させる、アノニマスやウィキリークスのような個人（たとえばチェルシー・マニングやエドワード・スノーデン）や集団によるリークや内部告発である。[2]

（1）　近年の議論については、Harcourt（2015）、Owen（2015）、Sauter（2014）、そしてZüger（2015）を見よ。
（2）　アノニマスについてはColeman（2014）を見よ。ウィキリークスとジュリアン・アサンジという論争的な人物についてはLeigh and Harding（2011）を見よ。

デジタル・アクティヴィストやかれらを擁護する人びとが、自分たちの活動を記述するために「市民的不服従」というなじみ深い言葉に訴えるのは、おそらく驚くべきことではない。政府当局者たちが挑発に乗るのはまれである。そのかわりに検事や判事たちは、キングや他の象徴的な人物たちが実践する市民的不服従と、犯罪的で道徳的に受け入れがたいデジタル領域での法律違反（と言われるもの）とのあいだに明確な線引きをすると主張している。従来の身体的な、あるいは「路上」での市民的不服従は、政治的ないし法的に尊重される何らかの措置を享受することがしばしばある以上、この点はデジタル領域での活動家たちにとって重要である。[3] この傾向と連動して、デジタル領域での不服従をおこなう者たちは過酷な処罰を受けている。たとえば晩年のアーロン・スワーツは、JSTORの学術論文をひろく人びとに簡単にアクセスできるものにしようとしたことで、一九八六年にアメリカで制定されたコンピューター不正行為防止法（CFAA）によって起訴された。スワーツは、悲劇的な自死を遂げる前に、最高で罰金一〇〇万ドル、懲役三五年の複数の重罪で起訴された。別の事件では、社会運動をスパイするという悪質な過去をもつ民間の諜報会社をハッキングしたシカゴの活動家、ジェレミー・ハモンドが二〇一三年の一一月、コンピューターを用いた不正行為によりCFAAに基づいて有罪判決を受け、懲役一〇年で連邦刑務所に収監されている。二〇一五年一月、アノニマスと繋がりのある活動家兼ジャーナリストのバレット・ブラウンは、懲役六三か月を言い渡され、八九万ドルの罰金を科せられた。ブラウンを擁護すべく声をあげている人びとによれば、彼のもっとも重大な犯罪行為は、ハモンドが以前にウェブにアップロードしていたハッキングによって得た資料へのリンクをコピーしたということだった。[4] もっと目立つところでは、マニングは諜報活動取締法によって訴追され、当初は——オバマ大統領が結果的に減刑するまでは——懲役三五年を言い渡されていた。スノーデンはいまだ、この同じ法律によって訴追されており、ロシアで逃亡を続けている。

合衆国での公式の反応はとくに過酷であるものの、他国の政府もデジタル領域での不服従を同様に罰している。たとえば英国市民のライアン・〝カイラ〟・アクロイドは、さまざまな公共のサイトや民間のサイトをハッキングしたことにより、二〇一三年五月、英国の裁判所により懲役三〇か月の判決を受けた。(5) 当局がこれまで寛大さを示してきた国でも、近年の法改正が後に続こうとする者たちを阻むかもしれない。たとえば二〇〇一年に、一三〇〇〇人のドイツ人がルフトハンザによる移民の国外追放に抗議してDDoS攻撃に参加し、この抗議によって最終的にルフトハンザはこの政策への関与をやめざるを得なくなった（Sauter 2014: 5）。中心的な参加者だったアンドレアス・トーマス・フォーゲルは当初、罰金を科され、地裁から九〇日間の拘禁刑を受けたが、上級審は公共の議論に対する彼の貢献を認め、判決を覆した。しかしながら、二〇〇七年にドイツ連邦議会を通過して論議を呼んだハッキング防止法は現在、この種のDDoS攻撃を明確に禁止している。

（3） なじみ深いテスト（たとえば非暴力、公示性、法的効果の承認）に合致する場合、不服従者たちは時に応じて法的処罰を減刑される。これはもっぱら、数十年に及ぶ政治的な闘争の結果として起きる。問題になっている大義があまり知られていない場合は特に、これが達成されるかは不透明となることを示す証拠は数多い。不服従者たちがよくある話の流れに沿っている場合でも、過酷な処罰を受けることはあり得る。

（4） 錯綜した詳細についてはLudlow（2013）を見よ。ブラウンはＹｏｕＴｕｂｅの動画の中でＦＢＩの捜査官たちを脅迫することで、みずからの大義を明確にしなかった。

（5） しかしながらアクロイドは一〇か月だけ服役した。それぞれに異なる国の司法権がどのようにデジタル領域での不服従に対処しているのかについて比較した体系的な研究を、私は知らない。

自分たちの行為に何らかの正統性を与えようとする努力にもかかわらず、世界中で、デジタル領域での不服従者たちは、困難な戦いに直面している。かれらは政府関係者からの敵意だけでなく、かれらをどう解釈すべきかまったくわからない一般公衆にひろく浸透している疑念にも遭遇している。

評論家たちはデジタル領域での不服従に対する懲罰的な扱いを批判し、そのような扱いは目下の現象に概念上の暴力を加えることであり、さらに悪いことに、活動家たちを潜在的に暴力で脅かしていると論じている（Sauter 2014: 138–57）。しかしながら、評論家たちはある根本的な問いを無視する傾向がある。すなわち、デジタル領域での不服従と法律との間のつながりをわれわれはいかに解釈すべきかという問いである。デジタル領域での不服従は、合衆国の当局者たちが今日、紋切り型の主張をしているように、法の支配に対する犯罪的な、実際に重大な攻撃をあらわしているのだろうか。それともそれは、少なくとも潜在的には、キングが「バーミングハム市刑務所からの手紙」の中で「法に対するこの上ない敬意」と述べて有名になったものに原理的には基づいた、政治的に動機づけられた法律違反をなしているのだろうか（King 1991 [1963]: 74）。ロールズが影響力のある議論の中で言及しているように、それは「法に対する忠誠の範囲内での法に対する不服従」を示しているのだろうか（Rawls 1971: 366）。キングあるいは彼に触発された多くの者たちにとって、政治的な違法性をともなう良心的行為は、法に対する何らかの根本的な理想に訴える場合にのみ正統なものだった。ひょっとしたらわれわれは、デジタル領域での不服従を、なじみ深い「路上」の先人たちよりもむしろデジタルの時代に適した、まさに現代化された市民的不服従として解釈すべきなのだろうか。

デジタル領域での不服従者たちとかれらの同調者たちは、法に関する自分たちの見解をつねに十分に明らかにしてきたわけではない。かれらの仲間内のあいだではしばしば、明らかに合法ではないやりかたに出くわす。それにもかかわらず、かれらの行為のいくつかは実際には、法の支配を破壊するものではなく、それを支持するものとして解釈可能である。国家の役人たちは、自分たちが擁護する法的に疑わしい監視政策に基づいて、デジタル領域での不服従者を積極的に追跡しているが、かれらはしばしば法に基づく統治に対する主たる脅威となっている。ここでの私の取り組みは、デジタル領域での不服従を「法に対するこの上ない敬意」という考えと合致する政治的な法律違反の一形態として解釈することであるが、にもかかわらず、その多様なあらわれを市民的不服従の名のもとに性急にまとめることは控えるべきである。そのようにまとめてしまうことは、目にしている新しさをゆがめてしまうと同時に、デジタル領域での不服従者たちが身につけたいとは限らない衣服をかれらに着せるという危険をおかすことになる。

デジタル領域での不服従、監視、法の支配

法をめぐる偏った見方が、抑圧的な法的対応を正当化するために国家当局《オーソリティーズ》によって動員されつつあるが、そのような対応は実際には、法の支配を形骸化させている。ジェレミー・ハモンドが判決を受けた際、たとえば合衆国地裁のロレッタ・プレスカ判事は、「法の支配に対する尊重」にわれわれは共にかかわることがまさに求められている、と宣言することで、みずからが下した過酷な判決を説明した。彼女は続けてこう言った。「これらはマーティン・ルーサー・キングやネルソン・マンデラや……ダニエル・エルスバーグがしたことではありません。」(6) 政権によるチェルシー・マニングの起訴について説明するよう要求する抗議に直面したバラク・オバマは、二〇一一年四月に次のように応じた。「われわ

れは法律を遵守する国民です。われわれは、どのように法律が運用されるのかを個々人に決めさせはしません。彼(マニングの意味)は法律を破ったのです」(Greenberg 2012: 44-5より引用)。二〇一三年の身の毛もよだつインタビューの中で、ドナルド・トランプはスノーデンについて、「ひどい裏切り者だ。われわれが強い国だった古き良き時代に、われわれがかつてやっていたのがあるだろ。ほら、裏切り者に対してやっていたあれだ」と語り、多かれ少なかれおおやけに、彼の処刑を求めた(Chumley 2013より引用)。

「法の支配」をめぐる由緒ある考えがデジタル領域での不服従者たちへの積極的な刑事訴追を求めているという、以上のような見方について、われわれはどのように考えるべきなのか。この立場のまずもっての弱点は、それが法の支配の最低限の、しかし本質的な規範的実体を無視しているということである。たしかに、法の支配は複雑で論争的な概念である(Tamanaha 2004)。しかしながら標準的な見解によれば、法の支配はあらゆる法的な秩序が公示性、一般性、明晰性、予見性、一貫性、恒常性の実現を目指すよう要求する。法の支配はまた、党派的な政治的圧力から自由な、独立した裁判所を要求すると一般的に規定される。ロック、ルソー、ヘーゲルにわたる多様な古典的著述家たちの中にその哲学的な基礎を見出すことのできる馴染み深い説明によれば、法の支配は政府に対して、その活動が法に固有な諸々の徳(たとえば明晰性、公示性、一般性)を十分実質的に体現した法律に常に依拠すべきことを求める。法の支配がなければわれわれは、諸個人が最低限の個人としての安全や政治的自由を享受することを期待できない。正義や平等な自由に対する法の支配の貢献が限られているように見えるときでさえ、そうした貢献は「けっして無視できない」(Rawls 1971: 236)。共和主義者やネオマルクス主義者を含む幅広い哲学的ないしは政治的方向性をとる思想家たちが、法の支配を擁護してきたのは驚くべきことではない（Neumann 1957; Pettit 1997: 174-7）。

なぜ、このことが関係するのだろうか。デジタル領域での不服従者たちが訴追される際の法律――合衆国では防諜法やコンピューター不正行為防止法――は、基本的な法の支配の趣旨を踏みにじっている。どちらの法律も、相当な法律上の、特に検察の裁量をもたらすあいまいな法的基準でいっぱいである。ハロルド・エドガーとベノ・シュミット（Edgar and Schmidt 1973）が目を見張るような批判的議論の中で立証しているように、錯綜して時に理解不能な防諜法の文言は、「国家安全保障」という貧弱にしか規定されていない分野に関する広範囲におよぶ活動に対して、恣意的な権力を行政府に与えており、間違いなく違憲である。それが概して、政治的抑圧の不自然な手段として使われてきたのは驚くべきことではない（Stone 2004: 173）。同様に、電子フロンティア財団や、その他のアメリカで活動しているリバタリアンの市民団体は、コンピューター不正行為防止法（ＣＦＡＡ）がどのようにして、常識的なインターネットの利用法（たとえば仕事場のパソコンで個人のメールをチェックする）を犯罪と見なすのか、また――「許可《オーソライゼーション》」が意味するものを十分に明らかにしないままに――、許可のないコンピューターにアクセスする行為を潜在的な連邦法上の犯罪とするのかを立証してきた。その無制約さには唖然とするが、ＣＦＡＡは、国家安全保障に関する情報を得ようとする試み、多種多様な「保護された」コンピューター（あいまいに規定されている）を侵害する、あるいはそれに損傷を与えると脅迫する試み、さまざまなパスワードの秘密や受け渡しのセキュリティを犯す試みを、コンピューターにアクセスして詐欺行為をおこない有価のものを得る行為と並んで、「コンピューターによる詐欺と悪用」を規定して

（6）プレスカ判事のコメントはメディアでひろく議論された。例としてKopstein（2013）。

いる。ＣＦＡＡは、いかにずさんな法整備が、この法律を発布した人びとさえおそらくは意図しなかったであろうような非常に過酷な帰結を生み出しうるかをめぐる、わかりやすい例を提供している(7)。

法の支配をめぐる伝統的な見解によれば、法における一般性は、同一の事象に対して同一の規則を要請するものとして解釈される。すなわち、同様な、あるいは少なくとも類似した状況は、同様な、あるいは少なくとも類似した法的仕方で取り扱われるということである。道徳的な良心に基づく、あるいは政治的に動機づけられたデジタル領域での法律違反を、コンピューターによる詐欺あるいは諜報活動として取り扱うことは、この慣習的な法律上の観点からすれば不十分な点が多い。ハモンドのようなハクティビストはマーティン・ルーサー・キング・ジュニアとはきわめて異なる政治的人間であるという点では、プレスカ判事は正しいかもしれない。だがハモンドは、個人的あるいは私的な利益を得ようと人びとを騙すためにコンピューターを使う「イカサマ野郎」でも、営利目的で詐欺をはたらいたり取引の秘密を盗んだりする詐欺師でもない。「詐欺と悪用」についての歪んだ理解、もっとはっきり言えば、デジタル領域での不服従の政治的動機を端的に無視する理解に立つ場合にのみ、最近のハクティビストたちをそのように解釈できるだろう。

合衆国政府が積極的に防諜法を適用しようとしているにもかかわらず、マニングもスノーデンもスパイではない。彼女たちは合衆国を危機に陥れるために国家安全保障についての情報を得ようと試みたのではないし、外国の敵の成功を助けたのでもない。そうではなく、彼女たちの行為は、ハロウェイ・スパークスが「反体制的シティズンシップ」と呼ぶものの例をあらわしている。すなわちマニングとスノーデンはそうであると考えているのだが、「民主的な反対のための制度化された（日常的な）回路が不十分なとき、そうした回路を広げる、あるいはそれにとってかわる、反抗的な民主的実践という手段によって、現行の権力の配置」に彼女たちは挑戦しているのである（Sparks 1997: 75）。主たる国家による監視や外交政策に対する最低限の公共的なチェックの欠如であると判断されるものに怒りを感じた彼女たちの法律違反は明らかに、民主主義を機能させることを意図したものである。民主的プロセスへの主たる脅威は矯正されるべきなので、それは必要だったと彼女たちは断言した。それとともに両者とも、政府職員によって甚だしく侵害されている基本的な個人の諸権利（例えばプライバシー）の神聖さについて、特徴的にリベラルな関心を共有していた。彼女たちはまた、しばしば説得力をもって、合衆国とその同盟諸国は、自分たちの国内法と国際法を体系的に侵害していると主張してきた（Madar 2013; Scheuerman 2014b）[8]。

不誠実な検察のさまざまな戦略によって、政府当局者たちは、デジタル領域での不服従の特徴的な規範的特徴を、特に、政府自体によるおそらくは非合法な活動についての公共的な議論を生じさせるというデジタル領域での不服従の目標を、小さく見せることができる。たしかにわれわれは、「市民的不服

（7）コンピューター不正行為防止法についての発展的な批判的分析は、電子フロンティア財団のウェブサイトで見ることができる（https://www.eff.org/issues/cfaa）。この憂慮すべき法律の規定の仕方は、明らかに合衆国ないしはアメリカ的ではない。ドイツ連邦共和国の二〇〇七年のサイバーセキュリティ法（StGB 202）は、ハッキングに対して厳しい処罰（たとえば最高一〇年の実刑判決）を定めているが、コンピューターの専門家たちは、いくつかの過度に範囲が広く曖昧な法的カテゴリーについて当然のことながら懸念を表明している。

（8）マニングとスノーデンは、市民的不服従の互いに競合するモデルの諸要素が、社会の現実のなかではいかにしばしば融合するかを証明している。自由民主主義の政治的な文脈における政治的な法律違反は、競合する（自由主義あるいは民主主義）モデルのなかの諸要素をおそらく含む。

従」というカテゴリーをあまりに拡大して用いないように用心する必要はある。デジタル領域での不服従を弁護する人びとは時々、通常の範型に合わない活動をかばうために、この用語を緩く使いる場合がある。[9]それと同時に、デジタル領域での不服従は、「法に対する忠誠の範囲内での法律への不服従」という市民的不服従についてのロールズの有名な定義と時には重なり合う。デジタル領域での活動家のなかには、自分たちの相対的に軽微な違法性にとって大義であるとみなすほどに甚だしい、当局による違法行為に光を当てるために、法律違反をする者たちもいる。

問われているのは、法をめぐる根本的なことがらである。ロン・フラーは著名な『法の道徳性』の中で、法の支配（あるいは彼の用語では「法律性《リーガリティ》」）への忠誠は、相異なる、また実際に相対立する可能性がある諸々の政治的ないしは道徳的願望の追求と調和するという重要な主張をした。要するに法律性とは、現代の多元主義と共鳴している。ただそれは、暗黙のうちに人間の尊厳あるいは尊重という根本的な観念に依拠している。フラーは、この点をわれわれは容易に把握できると考えた。すなわち、政府が人びとに対して、公表されていない、秘密の、遡及的な法律に従うことを、つまり不可能なことを強制しようとするとき、あるいは政府が、権力者の恣意的でつねに変化する気まぐれに沿って人びとの行動をつねに変えるように求めるとき、政府は人びとに対する無関心を表明しているということである。政府が法の支配を侵害するとき、政府は市民たちを国家権力の単なる対象にするのであり、自分たちの自身の生を効果的に計画することのできる独立した行為主体としての人びとに対する敬意の基本的欠如を明るみに出す。これに対して、国家の行為が、明快で、公共的で、一般的で、ある程度定常的な規範に依拠していると主張することで、法の支配に基づいた政府は、人びとを、何らかの最低限の承認や尊厳の価値がある行為主体として尊重することを表明する（Fuller 1964: 162-7）。法の支配を具体的に裏づけるあらゆる政治制度の核心には、何らかの最低限の尊重と尊厳を伴う仕方でその制度下にある人びとを取り扱うという、暗黙の規範的なコミットメントを見出すことができるのである。

認めざるを得ないことだが、法的なカテゴリーとしての「尊厳《ディグニティ》」は、「多くの意見の不一致と単なる混乱」を隠している可能性がある（Rosen 2012: 67）。一部の司法権においては、「尊厳」への訴えは、適切な行動、あるいは「尊厳のある」行動という疑わしい基準への服従を市民に求めるような、時代に逆行する法哲学を生み出してきた。しかしフラーは、このような道にわれわれを陥らせはしない。彼の中心的主張はなおも健全である。すなわち、基本的尊厳という何らかの観念へのコミットメントは、政治的に良い条件にある人びと――とりわけ国家の公職に就いている者たち――が「普通の市民に対して敬意を示すことを求めるべきであって、市民が権力者に対してではない」ということを確認することを含意するのである（Rosen 2012: 75）。そうするための手段のひとつが、国家とその活動が法の支配に厳密に拘束されているということを確認することなのである。

（9）　たとえば、仮にジュリアン・アサンジとウィキリークスが、ヒラリー・クリントンの大統領候補としての魅力を低下させる資料を流出させるようにロシアの諜報機関に教唆したなら、われわれは、かれらの活動を理に適った仕方で市民的不服従の名のもとに位置づけることはできない。宗教的、自由主義的、民主主義的各バージョンにおいて、市民的不服従は、権力者や特権を有する者によってなされた不正義に反撃することにかかわるものであり、そのグローバルな競合相手を害するように権威主義的国家の地政学的利益を増進させることにかかわるものではない。法への尊重を証明することを意図した法律違反ではなく、権威主義的国家の利権を増進させ、正統な法に立脚した政府を破壊する目的のために、他国の立法機関を混乱させたり毀損したりすることをもくろんだ法律違反が例として挙げられる。

今日のデジタル領域での不服従者たちが当然にも憤りを感じているのは、国家と企業の当局が実施している、しかも新しいテクノロジーによって可能になっている、組織的かつ実際のところ歴史的に前例のない監視が増大していることを示す証拠のゆえである。常に必要な明確さをもって自分たちの懸念を言葉にしてきたわけではないものの、かれらの怒りが示唆しているのは、かれらを積極的に訴追する政府の職員たちの行為ではなく、かれらの〔不服従〕行為こそが、法の支配に対する深い、そして不変の敬意を潜在的には示しているということである。一部のデジタル領域での活動家たちが本能的に把握しているのは、効果的にチェックされていない国家による監視は、国家が敬意と何らかの尊厳ある措置でもって万人を扱うことを確実にすることへの法の支配の規範的なコミットメントと整合しないということである。すでに暴露されているが、近年の監視政策を下支えしている法律的なインフラは、おどろくほどザルであることが判明している。スノーデンが正確に観察しているように、合衆国政府が国内でのスパイ活動に与えている主たる正当化の根拠は、愛国者法（二〇〇一年）の第二百十五条と外国諜報活動偵察法（一九七八年）の第七百二条である。ある法律の専門家は、「議論の余地のある合衆国の監視活動にそれらの法律が何らかの根拠を与えているとは信じがたい」と認めている（Cate 2015: 27）。

いたるところでの公的あるいは私的な監視は、われわれの道徳的な人格性の基本的諸要素を破壊する恐れがある。ジョージ・ケイティブが「悪化の具合がほとんど感知されない、痛みをともなわない抑圧」として描き出している形態の今日の監視体制は、かつては浸透することのできなかった人格の境界を体系的に侵害している（Kateb 2006: 98）。私の行為や好みに関する詳細な情報がほぼ無限に保存される状態で、私のすべての行動が、影響力の強い公私の利害関係者によって注意深く記録されているところでは、私のプライバシーの権利のみならず、私の尊厳そのものが攻撃を受けているのである。監視が

意味するのは、

人が、不全を抱えたあるいは病理学的な、観察されるべき標本として端的に扱われるということである……。かれは、まさに絶えず見張られることによって常に疑念にさらされ、かれ自身についての情報の蓄積が、自分で書いたわけではない著者のいない自伝のような回答の集積となる時点で出現する、暗黙の取り調べに服することになる。そのような無実《イノセンス》の喪失……は、あまりにも圧倒的なものであるため、そこに介在する侮辱は、あらゆる個人の人格性や人間としての地位に対する攻撃となっている。(2006: 97)

法律性と尊厳との暗黙の連関を踏まえるならば、徐々に包括的なものになっている監視体制が、事後的な調査をかわそうとする公的機関の職員の偽善的な取り組みと同様に、前者つまり法律性を踏みにじっているのは驚くべきことではない。チェックを受けない監視は、法の支配がそれに部分的に依拠しているところの個人と政府との基本的な関係を覆してしまう。法律性が求めるものは、個々人がそれに沿って自分たちの事柄を計画できるように、国家の行為が明確かつ公開であること、そして適切な時期に法律を変更できるように、自分たちの政府がしていることを少なくとも原則の上では知りうることである。もちろん法の支配は、個人が国家に対して透明であることを求めない(Bobbio 1987: 79-97)。それに対して、国家とその同盟者である企業が秘密裏にスパイ行為をはたらいてプライバシーと匿名性を破壊するとき、またそうした国家や企業の活動を公共のもとに明らかにしようとする者たちを厚かましくも迫害するとき、法の支配は攻撃を受けているのである。

市民的不服従としてのデジタル領域での法律違反？

以上のようなシニカルな当局の法的立場がもたらすひとつの結果は、デジタル領域での不服従者たちの中に、当局の立場と一致する法についての一面的な見解を内面化しつつあると思しき者がいる、ということである。法の支配に対する実際の脅威は、たしかに、活動家たちから生じているのではなく、有力者の立場にある政治あるいは経済の人物たちから生じている。かれらは「自分たちを法律の上位に置き、実際のところ法律よりも上位にとどまるために権力を保持している」(Madar 2013: 123-4)。それにもかかわらず、デジタル領域での活動家たちのあいだに見られる、アナキズム的、リバタリアン的、あるいはその他の、反国家的かつ反法律的感情の高まりを見逃すことはできない。かれらにとって――驚くべきことではないが――法の支配は、国家による抑圧の単なる隠れ蓑に見えるようになっている。アノニマスに属するある活動家は、二〇一〇年九月の暴露的な投稿において次のように記載している。「われわれは合法性に関心はない……われわれの法律を決めている連中は、パブリック・ドメインに対する嫌がらせ、市民的自由の破壊、嫌悪すべき検閲……が、庶民に押しつけるべき良き正しいことである、と決定しているのと同じ連中である」(Coleman 2014: 113 より引用)。国家の過酷な反応を踏まえれば理解できるとはいえ、このような見方は、それが乗り越えると主張している立場をまさに再生産してしまう危険がある。法の支配という多面的な理念を権威主義的な法律主義《リーガリズム》へと還元してしまうことで、そのような見方は法の支配の規範的な核心と、本質的な保護機能を無視してしまう。それは、法の支配は抑圧的な国家の企てをチェックする役割を果たしているという事実、それゆえに、あらゆるまっとうな政治的社会的秩序が法の支配を必要とするという事実を見落としている。

このような厄介な傾向は、デジタル領域での不服従者たちのあいだに見られる〔監視活動に対する〕先見の明ある評価を台無しにする働きをしてしまう。すなわち、監視が政府の不法行為によるものであり、また法の支配が弱者や弱い立場にある人びとだけでなく権力や特権を有する人びとをも効果的に拘束するというコミュニティ観を監視が掘り崩してしまう、といった評価である。デジタル領域での不服従者たちが、みずからが暗黙のうちに抱いている法律主義的な直観をなかなか自覚できないひとつの理由は、かれらが法の支配を権威主義と類似した観点から評価するようになっているからである。

二つ目の関連する帰結は、市民的不服従の際限のない見方を受け入れてしまう、ある特定の傾向である。そうした見方に立つと、いくつかの従来の要素は力を失ってしまう。われわれがすでに見てきたように、こうした傾向の前提にあるひとつの理由は、政治的で戦略的なものである。すなわち、デジタル領域での不服従を擁護する者たちは、現在「路上」でおこなわれている市民的不服従にプラスになるものを、デジタル領域での不服従が拡大してくれることを願っている。もうひとつの理由は概念的なものである。デジタル領域での不服従のいくつかの形態は、市民的不服従の標準的な見方とはあまり合致しないということである。ロールズの有名な定義によれば、市民的不服従は「通常は政府の法律または政策に変化をもたらすことを目的としてなされる、公共の《パブリック》、非暴力の、良心的な、しかし政治的な違法行為」（Rawls 1971: 364）に該当する。彼の世代のほとんどの人びとと同じくロールズは、市民的精神をそなえた法律違反者たちは自分たちの行為に対する刑罰を受け入れる準備ができているべきだ、と考えていた。しかし、ロールズのモデルの厳密な公示性《パブリシティ》の条件は、情報をリークする者たちや内部告発者の匿名性と秘匿性を維持しようとする試み（たとえばアノニマス）とおそらくは矛盾する。多くのデジタル領域での不服従者はまた、自分たちの活動に対する法的責任を受け入れることに消極的である。かれらが直面する厳しい刑罰を踏まえれば理解できる立場だが、この点はロールズをはじめとする人びとを悩ませるかもしれない。

市民的不服従のより広い定義を主張するひとりであるモリー・ソーターは、市民的不服従について考える際の合衆国の公民権運動の特権的地位が、新しくも正統なデジタル・アクティヴィズムという形態を非正統化してしまう「歴史を無視する近視眼」をもたらしてきたと懸念している（Sauter 2014: 26）。デジタル領域での不服従と市民的不服従についての従来の観念とのあいだの緊張関係に対する彼女の答えは、多くのさまざまなデジタルな不服従を含むことができるように、市民的不服従についての従来の観念を拡大せよというものである。

このアプローチは、いくつかの重要な課題に直面する。市民的不服従というカテゴリーのもとに多様な形態のデジタル領域での不服従を分類することによって、われわれはこの言葉の意味を過度に拡大し、最低限の一貫したその輪郭を否定してしまう。デジタル領域での不服従が課す本当の課題に向き合おうとする者たちは、それを実践するために必要な、特別なニュアンスを帯びた概念上のいろいろな道具を失うことになってしまうかもしれない。市民的不服従と習慣的に結びつけられてきた主な諸要素をないがしろにすることは、混乱を引き起こす。（通常想定される）市民的不服従と、良心的拒否、情報のリークまたは内部告発、および暴力的抵抗または革命との違い、あるいはそれらのあいだでの有用な差異があいまいになったり、失われたりしてしまう。[10] われわれが潜在的に払う高い代償は、それらでは本当の新規性を識別できないだろうということである。デジタル領域での不服従は、われわれの慣習的なカテゴリーのおなじみの要素をいくつか含んでいるが、それは通常のこの概念の枠内に、いつもきちんと収まるとは限らない。

複雑なシナリオを私なりに読み解くと、たしかに全員ではないにしても、デジタル領域での不服従者たちの一部は、市民的不服従の「古典的」なレシピに従おうとするか、あるいは少なくともその主たる特徴のいくつかに同意している。たとえばアノニマスでさえ、標準的な公示性という条件のいくつかの特徴にコミットしているのは間違いない。個人の匿名性を主張する一方で、その情報のリークはしばしば公けにされる。すなわちこの集団は、広範な政治的インパクトを与えることを明らかに意図した自分たちの行為を擁護するために、雄弁な公の声明をしばしば出してきた。確かにアノニマスのメンバーたちは、かつての幾人かの市民的不服従者たち（たとえばガンディーやキング）とは著しく異なり、明確に認識できる公的な「顔」や代表者を得ようとすることにあらがうが、その理由は一部には、メディアに精通している権威主義的な指導者たちによって抗議運動が支配されてしまうことを懸念しているからである。市民的不服従内部での公示性への規範的なコミットメントは、他の分野と同様に、避けがたく複雑である。ある読みにしたがえば、アノニマスや他の「秘密の」内部告発者は、公示性テストの控えめな解釈に暗に忠実であることを表明していると解釈できる。公示性テストは、不服従者者たちが自分たち自身やあるいは自分たち自身の省察を完全に透明なものにすることを強制してこなかったし、強制すべきでもない。

同様に、最近のデジタル領域での法律違反者たちは刑罰を回避するとしても、かれらは原則に基づいた法律上の根拠を折にふれて述べている。この精神のもと、スノーデンは、なぜ合衆国政府の企てでは

---

(10) これにわれわれは、サイバーテロリズムやサイバー戦争を付け加えるかもしれない。

なく自分の企てが法の尊重を例証するものであるのかを定期的に説明してきた。彼は法的な罰則を受ける可能性を否定していないし、実際に、帰国の機会と引き換えに収監を喜んで受け入れる用意があると語った（Peterson 2015）。しかしながら、スノーデンの見解によれば、法の支配の中核をなす構成要素と調和しない法令である防諜法の諸々の不正行為《イレギュラリティ》に従っていては、法に対する忠誠が適切に証し立てられることはないだろう。スノーデンが正しくも直観しているように、罰則を受け入れることが意味あるものとなるのは、法の基本的美徳を体現している法的手続きに、不服従が期待を寄せることができる場合のみである。「公開裁判の権利がなく、公示性という目的のために罰を受けることを使える可能性もない」状況に不服従が直面する場合、あるいは異議を申し立てる人びとが見解を公表することを妨げるために罰則が過酷なものにされるなら、逃亡は時によって許容される（Singer 1973: 83-4）。仮に刑事訴訟が、あいまいで容易に濫用できる法的カテゴリーに依拠しており、公正な裁判の可能性を損なうほどに過度な政治化を被っており、過酷な判決を何度も下しているなら、訴訟を回避することによって、不服従者たちは法律性の破壊の共犯となることを避けているかもしれないのである。

そうすると、スノーデンが同じく認めているように、みずからが法を尊重していることを示す何らかの代替的な証拠を出すことが、法律違反者たちにとって義務となる。彼が成文法、憲法、国際法に訴えることで、自らの行為の詳細な弁護をおこなってきたのは偶然ではない。彼は国家安全保障局によるスパイ行為を違法で憲法に反するものであるとみなしつつ、そのスパイ行為を合衆国憲法修正第四条および第五条、世界人権宣言、そして多くのその他の国際規範や協定と調和しないものであると解釈し、このことについて詳細に語ってきた。合衆国の監視政策は、それよりも基本的な法の支配という観念と衝突していると、彼は何度も示唆してもいる。それゆえに彼は、合衆国の外国課報監視裁判所（ＦＩＳＡ

裁判所）の秘密主義を非難してきたのであり、「秘密裏に制定された法律、きまぐれな減刑、抗しがたい行政権力の複合体」が、関連する合衆国の立法と司法を脅かしていることについて懸念している（Greenwald et al. 2013 より引用）。スノーデンの行為が有しているオープンで公共的な特徴とは著しく対照的に、合衆国の監視を取り巻く秘密主義が腐敗させているのは「正義というもっとも基本的な観念である――正義はなされたことが周知されなければならない〔訳者注：R v Sussex Justices, ex parte McCarthy の文言〕」。不道徳なものが、秘密法の使用を通じて道徳的なものになることはあり得ない」（Snowden 2013）。スノーデンが正しく認識しているように、公示性、明晰性、恒常性は、あらゆるまっとうな法秩序の体系にとって根本的である一方、秘密の法律や裁判所は、恣意的で無責任な国家の行為をたやすく覆い隠すものになる。ハワイでの高給の職と快適な生活をあきらめ、いまや法的に不安定な状態に置かれ、今後とも長きにわたって合衆国当局からの逃亡をおそらく続けざるを得ないスノーデンはまた、みずからの行為に対して高い個人的代償を払ってきた（Scheuerman 2014b）。

これに対して、デジタル領域での不服従者たちが法律を軽蔑するならば、強力な道具を自分たちからはぎ取ることになる。自分たちの具体的な非合法性《イリーガリティ》を、法律性《リーガリティ》を支持するというより大きな探求の一部分として正当化できないなら、疑念を向ける公衆の目からすれば、自分たちの行為を正当化できないことにかれらは気づくかもしれない。抑圧的な国家の役人たちが法律の言語を独占するのを許してしまうことで、かれらは効果的な規範的資源を手にすることができず、国家に反対する者たちにとって豊かな、言説および政治の領野を放棄してしまう。

誤解のないように言っておくと、私の目的は、新しい諸形態のデジタル領域での法律違反に対して「古典的な」市民的不服従を特権化するために、キングやその他の人びとが実践したそうした「古典的な」市民的不服従の純粋さを擁護することではない。だが、デジタル領域での市民的不服従と、従来の形態の市民的不服従とをごちゃ混ぜにしてしまうなら、鍵となる諸々の差異をゆがめる危険をおかすことになる。

市民的不服従を越えて？

ジェレミー・ハモンドの事件にふたたび手短ながら立ち返ろう。ハモンドは二〇一一年にアノニマスの活動家たちと協力して、各国政府や私企業の意向をうけて活動している民間の情報収集企業であるストラテジック・フォーカスティング社（ストラトフォー）のコンピューター・ネットワークをハックした。そのリークによってたとえば、複数の大企業（ダウ・ケミカルやコカ・コーラを含む）がストラトフォーを雇って、それら企業の活動に干渉してくるかもしれないと危惧される活動家たちをスパイさせていたことが暴露された。（ダウ・ケミカルは、現在は同社が傘下に置いている企業のユニオンカーバイド社による、大惨事となった一九八四年の爆発事故に関連した過失を公表していた活動家諸集団を内偵するためにストラトフォーに依頼していた。）多くのハクティビストたちがハモンドと同じように、公共セクターだけでなく民間セクターにおいても高まりつつある監視を求める風潮から利益を得ている民間業者に狙いを定めていることを明らかにしている。ストラトフォーに対するみずからのアクションの一部として、ハモンドは同社のサーバーからクレジットカードの番号を流出させ（そしてその番号を使ってブラッドリー・マニングの支援団体にお金を払おうとした[11]）、同社のウェブサイトを破損させ、クライアントのデータベースを消去し、メールのサーバーを破壊した。この行為にかかわった者たちは、自分たちの動機についての声明を発表したが、ハモンドを駆り立てたように見えるものは、広範に及ぶ秘密裏の監視について公衆が何も知らないことに対する、ごくあたりまえのフラストレーションだった。「私がこれをしたのは、人びとには政府や企業が閉ざされたドアの背後で何をしているのかを知る権利があると思うからです。私は自分が正しいと思うことをしました」(Ludlow 2013 より引用)。

自分の行為を正当化し、刑罰に対する減刑を得るために、ハモンドと彼の弁護士たちは、彼の活動を市民的不服従としてカテゴリー分けした。上述の通り、プレスカ判事はこれに説得されなかった。プレスカ判事による自己流の権威主義的な法律主義は支持しがたいと私は論じてきた。それにもかかわらず、プレスカ判事やその他の人びとが、ハモンドのふるまいを市民的不服従としてただちに区分することに懐疑的である理由を理解することは可能である。

だが、許容しうる形態の政治的に動機づけられた法律違反は、なぜ市民的不服従に限定されるべきなのだろうか。あるタイプのデジタル領域での不服従は、従来規定されたかたちを越え出ているものの、それでもなお潜在的に正統なものであると、どうして認めてはいけないのだろうか。仮にこの直観が支持できるなら、ハモンドのような事件をもっと寛容で、リベラルな精神でもって扱うことが、検察官や判事その他の人びととの義務となるかもしれない。デジタル領域での法律違反者たちは、国家の役人たちによるそれほど抑圧的ではない処遇を期待できることが時によってはあるかもしれない。判事や陪審たちは、デジタル領域での法律違反者たちに対する刑罰を減刑したり緩和したりする穏当な理由を有する

(11) マニングの支援団体も、寄付がなされた他の活動家の諸団体も、実際にはそのお金を受けとることはできなかった (Coleman 2014: 277–83, 288–90, 337–63)。

かもしれない。

　ポスト国民国家化と民営化は、市民的不服従の標準的な形態を越える、乱暴でしばしば戦闘的な政治的法律違反への扉を開いている。デジタル領域での不服従は、このような大きな傾向と密接に関連している。多くのデジタル領域での不服従者たちは自分たちの行為を、自国の関係者たちのみならず、潜在的にはより広くグローバルな公衆に向けた行為として理解している。インターネットの部分的に脱領土化された特徴も、インターネットをコントロールあるいは規制しようとする国民国家中心のさまざまな試みの適切さ、さらにはその効果に対して、厳しい問いを投げかけている。政治的に動機づけられた法律違反のいくつかの顕著な例は、国家当局と民間のあいだのグレーゾーンでなされている。たとえばスノーデンは、合衆国政府のもとで民間人として雇用されていたのであり、彼とその同僚は、法的に疑わしい形態の監視に従事することが事実上許可されていたと主張している。ハモンドの行為は直接、民間企業を標的にした。

　すでに述べたように、マイケル・ウォルツァーは、民間企業に対するさまざまな違法な抵抗は、そうした企業が疑似的に公的な機能を担っているのなら、市民的不服従者たちに通常は課せられる厳格なテストに合致することを常に求められるべきではない、とする刺激的な議論を展開した。一九三〇年代の歴史的な労働組合の高まりを振り返りつつ、ウォルツァーは、急進化した労働者たちが関わった諸々の政治的な違法行為は、一九六〇年代後半までに多くの人びとが市民的不服従と結びつけるようになったのと同じ厳格な条件を満たすものではなかっただろうと述べた。ミシガン州のフリントやその他の場所での座り込みのストライキのような争議行為は、「礼節」の模範例とはほとんど言えなかったのであり、それらの争議行為はしばしば、秘密主義やさらには暴力に依拠していた。それにもかかわらずウォルツァーは、それら争議行為はおそらく「市民的不服従とはまったく呼べない」としても正統であると考えた（Walzer 1970 [1969]: 24）。彼にとっての鍵となる考察はこうである。すなわち、民間企業に異議を申し立てる際の法律違反の基準は、市民たちが一般的に何らかの影響力を有しているリベラルな国家を直接的に目標とする抗議の際の基準よりも緩やかであるべきだというものである。独裁的な企業の決定に影響を受ける従業員たちはしばしば、そうした抗議さえ認められていない。「企業は国家のために税を徴収し、国家が要求する基準を維持し、国家の金を使い、そして特に、きわめて多くの種類のルールと規制を施行している」にもかかわらず、それら企業の権威に服している未組織の労働者たちは、企業をチェックするための法的手段を、仮にあるとしても、ほとんど有していないかもしれない（Walzer 1970 [1969]: 26）。だとすると、より戦闘的でおそらくは乱暴な形態の法律違反を労働者たちが選好することに、なぜ反対すべきなのだろうか。

コンピューターの画面の前に快適に座っているハクティビストたちと、一定の経済的な福祉を獲得するために自分たちの体を張って隊列をつくる搾取された労働者たちとを同一視するつもりは私にはない。デジタル領域での不服従は多くの場合、相応のリスクを、あるいはおそらく、それなりの勇気を引き受けることをしていないということは正統にも指摘できるかもしれない。ただ、デジタル領域での不服従者たちが今や、スパイ行為のような疑似政府的な機能を担っている民間企業に対して、しばしば自分たちの怒りを向けているというのは、それでも事実である。民主的な国家の命を受けてさまざまな民間企業がそうしたことをしている場合でさえ、それら企業と市民たち、あるいは市民たちから選ばれた代表者たちとを結びつける正統性のつながりは脆弱であるように見えるし、おそらくは切れてしまっている（Shorrock 2008）。そうした民間企業の活動に対する国家の規制は、驚くほどに未発達のままである。このような文脈において、従来にはない形態の非合法な抵抗は、通常の民主主義の機構によって現在行使されているが、囲い込まれて、おそらく存在していないことになっている企業によるスパイ行為という監視の仕方を踏まえるなら、原理の上では正統なものになるかもしれない。監視に従事している人びとはまた、自分たちの活動をヴェールに包んでおくことに強い関心をもっているので、政治的関心に基づく非合法のさまざまな活動がない限り、「政府や企業が閉ざされたドアの背後で何をしているのか」を市民たちはどのようにして知るのか、皆目明らかではない。

そのようなさまざまな行為が、建設的なもの、ないしは分別あるものなっているかどうかは、たしかに、政治的判断という込み入った問題であるのが常である。私の見方では、多かれ少なかれ民主主義が機能している国々ではとりわけ、非暴力は人びとと向き合う際には必須のものであり続けているということである[12]。補足すれば、原理に基づく非暴力は、健全でプラグマティックな根拠に則ってもいる。すなわち、ガンディーとキングが明敏にも直観していたように、非暴力が一般的に、印象の上で政治的ないし戦略的な優位をもたらすということを、社会科学の調査は示唆しているということである（Chenoweth and Stephan 2013）。もちろん、非暴力をどのように理解するのが最善であるのかをめぐって、さまざまな厄介な問いは存在し続けている。これは論争の余地のある問題であり、それについて重大な意見の不一致があり続けている。市民的不服従その他についてのなじみ深い考えに基づいた政治的な法律違反を真剣に考察する者は誰であれ、そこに内在する諸々の危険やリスクを醒めた目で見る必要がたしかにある。そうした人びとはまた、責任ある仕方で行為し、そうすることで無辜の関係者に対するいかなる予見可能な損害も最小化することが期待されるべきである。これまでの各章で頁を割いて論じてきたように、そうした者たちが通常、市民的不服従の長きにわたってつくられてきた（宗教的、自由主義的、民主主義的）諸範型に従うように努めるべき、多くの切迫した理由が存在する。しかしながら、いくつかの状況においては、非合法なアクティヴィズムの代替的なモデルが必要かつ適切であるのかもしれない。

たしかに、デジタル領域での不服従の多くの活動は、現在でも政府の活動を標的にしている。そうした活動のもっとも重要な歴史的先駆はおそらく、ペンシルヴァニア州のメディアでの一九七一年の不法侵入のような行為である。その際、ニューレフトの活動家たちは――かれらが正しくも直観した通りに行われていた、活動家たちに対する広範な監視と嫌がらせに怒りを感じて――連邦捜査局（ＦＢＩ）の建物に押し入り、かれらがもっとも懸念していたことの証拠となる、驚くほど多くの証拠書類を流出させた。陰謀と秘密のもとに実行され、夜陰に乗じて連邦の建物に押し入り、自分たちの個人の身元を秘密にしたがゆえに、かれらの行為は、その言葉のいかなるなじみ深い意味においても、「市民的不服従」として描くことはたしかにできない。過酷な処罰の可能性と、組織的な全米規模での捜索に直面したにもかかわらず、活動家たちは法的処罰の回避に成功し、自分たちの関与を数十年にわたって秘匿し続けた。驚くべきことではないが、そのようにすると決めたことで、かれらは莫大な個人的コストを払った。すなわちそれに参加した者たちは、場合によっては新しいアイデンティティを身にまとうことを強いられたことで、家族や友人たちとの関係を断ち切らなければならなかった。かれらのうちの何人かは、連邦当局が自分たちを逮捕するかもしれないという恐れのために、数十年にわたって「逃亡」を続けた

（12）　権威主義的ポピュリズムの運動によって今日生み出されつつある一部の政治システムが、なおも自由民主主義的なものにカテゴリー分けされるに値するかどうか、明確ではないように思われる。

（Medsger 2014）。

重要なことは、メディアでの活動家たち、あるいは自称「ＦＢＩを捜査する市民委員会」が常に非暴力であり続けたということである。このグループはまた、その行為を公の場で弁護し、説明するとともに、流出させた証拠書類をジャーナリストたちが利用できるようにした。このグループはＦＢＩの違法行為に反対しただけでなく、その行為は次のような先見の明のある直観の上に成り立っていたように思われる。すなわち、無法なＪ・エドガー・フーバーや不正なＦＢＩを前にして、法の支配が究極的には擁護されなければならないのなら、政治的に動機づけられた違法行為は避けられないという直観である。活動家のひとりは次のように述べた。「われわれが法律をもつ国民であることには、もっともな理由があります。われわれのほとんどは、このことを非常に真剣に捉えています。いつ法律を破るべきかを決心することは、些細な決定でも軽々しい決定でもないのです」（Medsger 2014: 428 より引用）。多くの今日のデジタル領域での不服従者たちと同様に、メディアでの活動家たちが考えたのは、法的に疑わしい国家の監視に対して遅ればせながら公共的な関心をひきつけるための唯一の方法は、証拠書類を盗み、それを流出させることである、ということだった。かれらの努力がなければ、ＦＢＩはおそらく一九七〇年代に真剣な改革の要求に直面することは絶対になかっただろう。

このようなタイプの政治的に動機づけられた違法行為を何に分類するのが最善であるのかについて、それらを観察する者たちのあいだでは正統にも意見の不一致がありうるものの、何らかのバージョンの「内部告発」という概念には潜在的な利点がある。多くの今日のデジタル領域での不服従者たちは、メディアにおけるかれらの先駆者たちと同様に、「それについて知られ、熟議がなされるべき深刻な政府による悪事、あるいは諸々のプログラムや政策」を白日の下にさらすことを目標にしている（Delmas

2015: 101)。かれらが法律を破るのはもっぱら、通常の法律や政治の回路では深刻な問題に公共の光を当てるには効果がありそうもないと、何らかの正当性をもって決心した後である。最終的にかれらは、「潜在的に今後起きる可能性のある諸々の危害を最小化するための」然るべき配慮を頻繁におこなってきた(Delmas 2015: 101)。少なくともいくつかのタイプのデジタル領域での不服従をその名のもとに実行しようとすることには分別があるかもしれないという、十分に法的な保護はないものの何らかの基本的な別の理由を、内部告発者たちはすでに有している[13]。

デジタル領域での不服従のさまざまな個々の活動をどのようにカテゴリー分けするかにかかわらず、まっとうな政治と法の秩序は、民主主義と法の支配に対するそれら活動の潜在的に不可欠な貢献を認める義務がある。いくつかのタイプのデジタル領域での法律違反は実際には、市民的不服従と近いもの、あるいはそれと密接に関連したものとして、おそらく特徴づけることができると私は論じてきた。事態がもっと錯綜しているように見える、それ以外のタイプのデジタル領域での法律違反であっても、国家の役人たちから丁重な、そしておそらくは寛大な取り扱いを受けるに値する。民主主義と法の支配に対するデジタル領域での不服従のさまざまな貢献は、デジタル領域での不服従を押しつぶそうとしてきた国家の役人たちのそれらに対する貢献と端的に比較対照してみるなら、今後とも有望なものなのである。

(13) しかしながら、法解釈者のなかにはそのような法的保護が内部告発者を守ることができるということに懐疑的な者もいる(Alford 2001)。

第7章　無益な戦いなのか？

市民的不服従は今もなお現代における抗議《プロテスト》の政治の不可欠な一部分を構成している。この言葉はもっと汎用性のある他の言葉（たとえば「抵抗《レジスタンス》」）に取って代わられる傾向があるにもかかわらず、活動家とその支持者たちは、たとえ新しいやり方で活動を展開するときでさえ、市民的不服従という言葉が依然として有用だと感じている。おそらくはソローの著作の編者によって考案され、その後ガンディー、キングらによって変化を与えられたこの概念は、長らくグローバルな価値を有してきた。市民的不服従をめぐる理論的な議論が衰えることなく続いていることは、何ら驚くべきことではない。

本章ではこの議論に関する最新の諸研究を検討する。私はここで完璧な調査結果を提供するつもりはないが、それは他の人がすでに実りある仕方でこれを行っているためである（Delmas 2016）。しかし私は、市民的不服従の概念的基盤は緊張状態にあるという、これまでの各章の議論から正統に引き出される推論を裏付けるものとして、いくつかの両義的な傾向を特定したいと思う。アナキズム、および〔現代の〕主要な社会動向（デジタル化、ポスト国民国家化、民営化）は、市民的不服従の宗教的、自由主義的、民主主義的モデルに挑戦を投げかけている。現代の哲学的議論も同様にそうする傾向がある。最近の思想家たちは、市民的不服従に関する従来の考え方に対して強力な批判の矛先を向けている。それでも、かれらはたらいの水と一緒に赤子を流す危険を冒している。かれらの批判は、本書が読者に想起させたこの概念の多面的な歴史のうち、一部の非常に片寄った説明に依存する傾向がある。

ジョン・ロールズの幽霊

市民的不服従に関する現代的思考の最も顕著な特徴はおそらく、リベラルの、特にロールズのモデルに囚われていることである（Delmas 2016）。今日、市民的不服従を論じる際に後期ロールズの幽霊を仕留め損ねる者はほとんどいないのだが、しかし市民的不服従に関するこれまでの思索の実体的な部分は『正義論』（1971）に見出される説明に還元されている。[1] 通常、解説者たちはロールズの影響力を強調することから始める。トニー・ミリガンによれば、「おそらくロールズの名前など聞いたこともない［活動家］の間でさえ」、市民的不服従に関する「不安定な［ロールズ的］コンセンサス」が見出される（Milligan 2013: 26）。ラファエル・ラウダーニも同様に、ロールズの見解を標準的《カノニカル》であると説明している（Laudani 2013: 112）。多数の著者がロールズと、おそらく彼に負うところがあると思われる市民的不服従のオーソドックスな見方を標的にしている。[2] 少なからぬ数の学問的立場からすると、ロールズと彼の見解は、より洗練された市民的不服従の理論へと前進する際にやっつけておかねばならない厄介な「他者」を構成しているのである。

ロールズの影響力にもかかわらず、この先入見は便利な修辞的戦略を提供する。この先入見のおかげで、彼の批判者たちは、ロールズの市民的不服従の理論が市民的不服従に関するオーソドックスな（と言われている）モデルのまさしく典型例であるかのごとく語りながら、それなりに説得力のある一連の反論を唱えることができるのである。最初のステップでは、批判者たちは市民的不服従の中核的な諸特徴を、特殊リベラルかつロールズ的な市民的不服従の捉え方へと還元する。次のステップでかれらはそれらの要素を棄却するのであるが、そうする理由は主として、かれらの批判が偏向した諸前提から出発しているためである。たとえば、今や多くの論者たちは、宗教的、自由主義的、および民主主義的な思想家たちに見出される、市民的不服従と法の尊重との間のつながりという直観を退けている。その過程でかれらは、市民的不服従に関する従来の考えがその上に恒常的に構築されてきた三本の柱からなる（道徳的、政治的、法的）規範性を放棄する。かれらは異論の余地のある釈義的な推論によってこれをおこなう。何の吟味もなく、ロールズは市民的不服従の「法律主義的《リーガリスティック》」モデルの典型例と見なされる。自由主義（ロールズ的）モデルと法的規範性を都合よく組み合わせ、ロールズの欠陥ある見解を放棄することによって、法律という彼の不愉快な相棒も同時にお払い箱にできるとわれわれは思い込んでしまう。議論をこのように進めることで、批判者たちは、「法律主義」と市民的不服従との間の他のもっと強固な組み合わせ方を迂闊にも軽視してしまう。批判者たちがリベラリズムと結びつけてきた宗教的および民主主義的な変種は、脇に追いやられる傾向がある。

確かに、表明されている批判の多くはこれまでの各章で議論されたものとほぼ同じである。たとえば批判者たちは、ロールズのモデルにおける民主主義の赤字について適切にも懸念している。かれらが正

（1） 重要な例外として、Goodin（2005），Lefkowitz（2007）を参照。

（2） 特に、Brownlee（2016），Celikates（2013: 211–18，Douzinas（2013: 91–6），Lyons（2013: 112–29），Welchman（2001）。

確に思い出させてくれるように、市民的不服従は、熟議と参加を深めることによって、多数派による権利侵害だけでなく、民主政治の主要な欠陥を是正する助けとなりうる。市民的不服従は、ハーバーマスに依拠する熟議民主主義者のウィリアム・スミスが適切にも「熟議の停滞」と名づけた状況――そこでは「明白かつ緊急に取り上げられるべき問題」についての政治的見解が不当に周縁化されている――に対抗する（W. Smith, 2013: 70）。ダニエル・マルコヴィッツの印象的な共和主義モデルでは、市民的不服従の機能は、そもそも意味のある議論が行われてこなかった可能性のある問題に注目を集めることによって、または既存の政策を再考することが必要であるのに制度的停滞や強力な特権的利害関心によってそれが妨害されている状況において、政治的な自己満足を突き崩すことである。しばしば主要なジレンマとなるのは、ある「政策が民主的主権者によってまったく是認されなかったにもかかわらず、そのかわりに、同じ政策が他の何らかの仕方で、すなわち当初はそれと非常に異なる政策がゆっくりと目立たずに変化するようなかたちで、出現する」ことである（Markovits 2005: 1933）。ラディカルな民主主義者であるロビン・セリケーツにとって、市民的不服従は有権者（constituent）と憲法制定権力（constituted powers）との根本的な対比を劇的に表現するものであり、人民主権が「国家機関の硬直化傾向」に対抗することにより、それは「動的な対抗勢力」として機能する（Celikates 2013: 223）。市民的不服従は、「われわれ人民」が法と国家を超えて行動することを可能にする。セリケーツにインスピレーションを与えたエティエンヌ・バリバールも同様に、市民的不服従を、階層的で垂直的な国家の権威に挑戦して時にはそれを一時的に停止させるような、全人民の利益《ゼネラル・インタレスト》にコミットする、水平的で公共心に富んだ、自由なアソシエーションに基づいているものと考えている（Balibar 2014: 176, 289）。

他の人びとは、いわゆるオーソドックスな（およびロールズ派の）見解が政治的法律違反の経験的事実とますます乖離してきているように思われることに正しくも注意を払っている。反グローバリゼーションの抗議者たちが警察と戦う場合、またはハクティビストが個人所有のコンピューターに密かに侵入する場合、かれらの行為を標準的な仕方で分類することは容易ではない。また、動物の権利活動家がひそかに行う「アニマル・レスキュー」や、エコ・サボタージュ——そこでは過激派がツリー・スパイキング〔木に釘を打ち込んで伐採困難にすること〕その他の物議を醸す活動に従事している——の分類も同様である（Welchman 2001）。ジェンダーとセクシュアリティについて深く浸透した態度をあらためることを主な目的とした法律違反もまた、おそらく従来のモデルからはみ出している（Hill 2013）。ゲイとレズビアンのＡＣＴ ＵＰ活動家が政治指導者を怒鳴りつけたり、教会の礼拝を妨害したり、非同性愛者に辛辣な批判を投げかけたりするとき、かれらは許容可能な「市民的」不服従と考えられるものの限界を押し広げている（Brouwer 2001）。同様に、フェミニストたちは礼節に関して標準的なリベラルの思想がおこなう排他的な線引きに懸念を示し、神話的な、暗に性別化された、同質的な公衆を当たり前のものとすることを批判する（Zerilli 2014: 116）。

通常考えられている市民的不服従と実際の政治的な法律違反との不一致は現に存在している。これまでの各章で私はその原因のいくつかを特定しようとしてきた。ただしその解決策は、概念的構造を経験的現実と同期させることや、現実生活の諸事例に直接合わせて調製されたより実践ベースの概念的モデルを使用することにあるのではない（Celikates 2016b: 986; Welchman 2001: 105）。こうした方法論的な処置は魅力的ではあるけれども、それは相対立する政治現象の多様性に合わせてわれわれの概念を曲げる危険を冒すものであり、結局のところ、適切な規範的または分析的な導きをもはや提供できないことが明らかになるのである。そうすると市民的不服従は、広範な政治的違法行為を指し示してしまう可能性、つまり有用なカテゴリー的区別を完全に消し去ってしまう可能性がある。[3] もちろん経験的事実はわれわれに直接語りかけてくることはない。つまりわれわれはその探究の最初の時点から、それらを枠づけるための概念的構図に依存している。われわれの概念は、社会的現実を捉えると共に有益な規範的および政治的区別を行うための確固たる基盤を提供するものでなくてはならない。市民的不服従のような価値評価的であることが避けられない概念は、少なくとも一部の経験的事実とは常に緊張関係にある。[4]

残念なことに、市民的不服従の標準的な概念を批判する最近の批評家たちには、すでに存在するものをわざわざ再発明する傾向があり、ときには従来の概念をそれよりも機能性の低い新しい概念に交換している。

たとえばバーナード・ハーコートは、市民的不服従は常に「われわれの政治構造と政治制度の正統性」を前提としてきたと宣言している。これはリベラルが支持する見解であるが、ガンディー、キング、その他の多くの人びとが支持するものではない（Harcourt 2012: 33）。彼は不正確にも、法の尊重という考えが政治的および法的現状の維持を擁護することを必然的に含むと解釈している（2012: 34）。市民的不服従の法的側面に関する多彩な擁護論を政治的にもっとも消極的なあり方に還元した上で、彼は市民的不服従の新しいパラダイムを提案するのである。そのアプローチは、いくつかの生産的なフーコー的洞察によって活気づけられているものの、最終的には多くの慣れ親しんだ考えを再生産するものにすぎない。

セリケーツも同様に、公示性と非暴力という標準的なリベラルの（特にロールズ的）テストを破棄したいと考えている。彼を苛立たせるのは、不服従者たちがみずからの行動を「当局に対して事前に公正な仕方で通知」するという、市民的不服従に要求される公示性基準に対する過度に狭い――そしておそらくは不要な――解釈である（Celikates 2013: 213; 2016a: 38）。非暴力の基準が人に対する暴力と物に対する暴力を融合させてしまうという事実に悩まされることを理由として、セリケーツは、従来の非暴力の観念にも懐疑的である（2016a: 41–2）。しかしながら、彼は自分が反対するリベラルたちと同様に、人に対する非暴力に関する何らかの見解をおそらく保持している（2010: 294–7）。彼は市民的不服従の法的側面の内部に法的および政治的な現状維持に対する自己満足的な支持を見出した上で、この法的側面を放棄する（2010: 283–6; 2013: 216; 2016a: 38–9）。彼は、政治的にもっと野心的なその諸々の変種を都合よく無視している。一見すると「矯正しがたいほど敵対的な力」という、彼の法に対する見方は、たとえ彼がラディカル・デモクラシー的な代替案を定式化するという彼自身の賞賛に値する努力を支持するためにそうするのかもしれないとしても、彼が本当のところはその法的側面を真剣に受け止めることができないことを示している（Cooke 2016: 1001）[5]。

コスタス・ドゥジナスは「市民的不服従」という用語を完全に放棄してこれを「抵抗する権利」に置

（3） たとえばセリケーツは譲歩して、市民が法律、政策、または制度の変更を求める「意図的に違法で原理に基づく抗議行動」を、市民的不服従の「より限定的でない」定義として認めている。良心的拒否や「全面的な革命的蜂起」とは区別されるものの、彼の定義は「市民的不服従が公共的、非暴力的、［そして］良心に基づくものであるのかどうかを意図的にオープンなままにしている」。セリケーツは市民的不服従が物理的・軍事的な論理ではなく市民的な論理に依拠すべきだとつけ加えているが、その論理の具体的な輪郭についてはいくぶん不透明なままである（Celikates 2016a: 39）。

（4） これと対応して、最良の経験的研究のいくつかは、政治的意図をもつ法律違反の規範的輪郭を真剣に受け止めている（Sutterlüty 2014）。

き換え、以前の自由主義的および民主主義的な考え――これらは現代的諸課題のためには不十分であると彼は考えている――を「引き受けつつ乗り越える」ものとしてそれを解釈している（Douzinas 2013: 96）。この抵抗する権利は、最初は伝統的な自然法、「国法よりも高次の法理念」に依拠しているように見える。しかしドゥジナスはロールズや他の多くの人びとと同様に、今日において自然法を効果的に再生できることを疑っている。すなわち自然法は「神の法を信じることに関するあらゆる認識的および理論的困難を身に帯びている」（2013: 90）。このように〔近代リベラリズムとその〕出発点を共有しているにもかかわらず、彼はリベラリズムとの関係を一切持たないことを望んでいる。なぜなら「リベラリズムの中核にある不寛容を隠すことは容易ではない」からである（2013: 93）。しかしながら結局のところ、彼が考案した正統な抵抗のためのテストは、古く、そして明らかにリベラルな言葉遣いの一部を繰り返している。〔彼によれば、〕抗議者は法的処罰を受け入れる用意だけでなく、比較的厳格な一般性と公示性のテストにパスする準備ができている必要がある。この条件が満たされない場合、抗議行動は単なる「説法《モラライジング》」であって原理に基づく正統な政治的法律違反ではない、とドゥジナスは――ロールズや他のリベラルたちとまったく同様に――確信している。

第一のテストは、処罰のリスクと可能性（今風に言えば蓋然性）をすすんで受け入れることである。第二のテストは、何らかの道徳原理に服するかたちで特定の不満や要求を表明することである……。不服従者が服従する善や原理は、誰彼問わず万人に表明しうるものだろうか。それらは普遍化できるだろうか。……［これ］は厳しい、不安を引き起こす道徳的テストである。条件を満たさない場合、それらは空虚な説法と化すのである。（2013: 99）

ミリガンはというと、彼はより柔軟だと思われる礼節《シヴィリティ》を中心とする代案を求めてロールズの定義を放棄する。不服従者が不満を公然と表明することを求めるロールズのモデルを批判して、彼は、このモデルが非暴力の法律違反を〔単なる〕公の場での演説《パブリック・スピーチ》へと還元してしまうと信じている（Milligan 2013: 18）。そうした対話中心的な見方は、抗議活動が主に一部の活動を混乱させ妨害することを目的とする場合のように、コミュニケーションと公共的対話が脇に置かれるタイプの法律違反を不当に非正統化するという。しかしながら彼の新しいモデルにおいて、不服従者は依然として以下のことを立証することが期待されている。

> （ⅰ）他者の尊重、あるいは……他の人間が同胞であること、すなわち同じ道徳的コミュニティのメンバーであることの承認、（ⅱ）ヘイトスピーチの拒否、（ⅲ）憎悪に突き動かされた行為を慎む、（ⅳ）暴力や暴力による脅しを行わないよう努めることへのコミットメントがおおよそ成功していること……、（ⅴ）残酷さの回避、そして最後に、（ⅵ）注意義務の承認、あるいは見境なく他人を危険に晒すことのないようにすること。（2013: 36）

（5）対照的に、セリケーツが依拠するバリバールは、市民的不服従は「結局、合法性を弱める問題ではなく、たとえ法を法自体から守るこうした方法が……法律上は違法でしかないとしても、合法性を強化する問題である」という見解を支持しているようである（Balibar 2014: 176; also 2002）。市民的不服従に関するフランスにおける最近の議論については、Moulin-Dos（2015）を参照せよ。

これらの条件が自明のものとしてコミュニケーションを要せずに満たされることなどありそうもなく、むしろ何かしらの公共的な弁護を要するであろうという事実をわれわれが無視するとしても、この新しいアプローチは、標的とするリベラルのそれに劣らず要求過多であり、潜在的には制約の多いものであると思われる。たとえば、ひとつ説得力のある解釈として、「注意義務」を示し、「同じ道徳的コミュニティのメンバー」として他者を尊重することを求める規定は、元のロールズの規定とほぼ同様の負担を課すことになりうる。

キンバリー・ブラウンリーの『良心と信念——市民的不服従の擁護』（Brownlee 2012a）は、この分野における近年で最も重要な哲学的貢献である。同書は、市民的不服従を「断固とした、誠実で、真剣な、しかし誤りである可能性を含む道徳的コミットメントに動機づけられた、良心に基づく対話的《コミュニケイティヴ》な法律違反」と再解釈しており（2012a: 23, 強調は原著）、またロールズの公示性と非暴力のテストを批判している。ブラウンリーは非暴力という基準が混乱を引き起こすことを懸念している。というのも、暴力が「ぬいぐるみを着て警察に突撃するなど、リスクはあれども必ずしも損害や危害を与えるわけではない一連の行為や出来事」を指す場合もあるからである（2012a: 21, 強調は原著）。公示性テストに関しては、一部の市民的不服従者たちは開始段階で行動を秘密にする必要があるかもしれない〔と述べている〕。

ここでも、この著者が従来の観念を超え出ることに成功したのかどうかは不明のままである。ブラウンリーは、非暴力基準の代わりに「おそらくはそれよりも重要な、危害の問題」を強調している（2012a: 22）。だがおそらく危害の概念は、ジョン・スチュアート・ミルがリベラルな哲学の大黒柱に据えて以来、暴力の観念と同じぐらい多くの曖昧さを含んでいる。ブラウンリーが公示性テストを放棄したことに関して、彼女自身は、開始段階では秘密にされる不服従の行為は、「にもかかわらず、その後に不服従の行為とその理由が認められれば、［最終的には］公開され、対話的になることができる」と書いている（2012a: 23）。市民的不服従のあらゆる側面が公開されるべきだということを疑う点でブラウンリーは確かに正しいが、実際のところ、政策変更の引き金となることを期待して企てられる「良心に基づく対話的な法律違反」が、開かれた態度や公示性なしに機能する様子を想像するのは難しい。

はっきりさせておく必要があるのは、私の狙いは実際に深刻な問題をはらんでいるオーソドックスなリベラルないしロールズ的見解を救うことではないということである。私が言いたいのは、ロールズの幽霊と戦う意欲をもつ批判者たちが、より公正な傾聴に値する市民的不服従の核となる諸特徴を捨てているということである。かれらは従来の見解を理解しようとするよりも、むしろそれを乗り越えようとして四苦八苦している。市民的不服従に関する幅広い議論をリベラルまたはロールズ的な議論へと還元し、それらを捨て去って急いで先に進もうとするがために、かれらはたらいの水と一緒に赤子を流してしまう。ロールズの努力の限界がどうであれ、彼は、市民的不服従がわれわれの「法に対するこの上ない敬意」を潜在的に表現していると考える点で、キングに倣おうとしたのである。言うまでもなく、いまロールズの理論を軽視している人びとはこの魅力的なアイデアをも無視する傾向がある。

反法律主義

法律に対する深い懐疑心は、政治的または哲学的アナキズムに公然と同意していない人びととの間でも広く見られる。現代の理論家たちは、市民的不服従の法的側面を体系的に削り落とすことにより、市民的不服従の思想史を精力的に再解釈している（Lyons 2013）。他の人びとは改訂された定義に基づいて、

この法的側面を軽視している。(6)

当然のことながら、このストーリーは複雑である。だが、現在の反法律主義の風潮の背後にある発想は十分明瞭であるように思われる。すなわち、以前のモデルの限界とされるものに対する非難が、その法的側面の入り口に定期的に置かれる。法的な訴えを国家的暴力のイデオロギー的外装として、あるいは衒学的な法律主義的枝葉末節への招待として解釈する反法律主義の一部は、粗雑な法懐疑主義に基づいている（Lovell 2009: 47-8; Sitze 2013: xix）。別の原因としては、国家と法律を自己統治の可能性の条件ではなく自己統治に対する明白な脅威と見なす、反国家主義への偏向が挙げられる。

しかしながら、最後の例における反法律主義の主な根拠はおそらく、「法律に対するこの上ない敬意」というのは、法律および憲法の現状に対する忠誠、または「司法命令の正統性」に対する忠誠を必然的に含意する、という不正確な主張である（Milligan 2013: 99）。現代の理論家たちが自由主義モデルを乗り越えると主張しているとしても、かれらは法に関する政治的に慎重な考えを再現しているのである。現在の批判者たちはリベラルの反対側にキングを据えるが、かれらは法とラディカルな変化の可能性との結びつきに関するキング自身の刺激的な洞察を無視している（Celikates 2013: 216-17; Lyons 2013: 112-29）。批判者たちは、潜在的には前向きで政治的活力に満ちた法的規範性の姿を不明瞭にしているのである。

法の尊重が広く共有されている政治の世界では、この法的側面は依然として注目に値する規範的および政治的資格を保持している。キングと彼に触発された多くの人びとは、市民的不服従と法の支配との密接なつながりを強調した点で正しかった。キングの洞察にあるように、「公然と、愛をこめて」法律に違反するとき、不服従は、規範的に正統かつ正義に適う法体系の中核的基礎を直接に再現する（King

1991 [1963]: 74)。この基礎は、法的および政治的秩序の変革に対する未来志向の熱望を直接に表現している。かれらの行為の開かれた公的な性格は、法における公平性、明快さ、公示性に対するおなじみの法の支配の要求を反映している。「愛をこめて」法律を破ることによってかれらは、不正な現状ではなく、より直接的に互恵性と相互関係に基づく法的秩序を実現することへのコミットメントを体現している。これに対応するかたちでキングは、正義に適う法を「それに従うよう多数派が少数派に強いているが、みずからも進んで従っている規則《コード》」と定義した。「これは法のかたちを得た平等《セイムネス》なのです」と（1991 [1963]: 74)。一般性を体現する法だけが通常は正義に寄与するのであり、かつ、われわれの尊重に値する。法的処罰の可能性を受け入れることで、不服従者たちは、残念ながら不正な法律を破ることを現在の悪しき状況が要求しているとしても、原則として他のすべての人と同じ法的規則に服するところまで譲歩するのである。

現代の多元主義を前提とすると、良心に基づく数多くの道徳的訴えはどうしても主観的であって満足のゆくものではないように思える。論争的な政治的主張も同様であろう。対照的に、法は共有された規則と原理で構成されており、人びとはそれに必然的に同意するわけではないが、それでも公けに宣言され公布されている。ある政治秩序が法の支配の理想を真剣に受け取っている場合、それは通常、明確で、公共的、一般的、そして予見可能な法に基礎をおいている。比較的アクセスしやすい共有された行動規範として、法は、数多の道徳的および政治的な訴えでは満たすことも代替することもできない、共同的

（6） たとえばスミスによるロールズの定義の啓発的な再定式化――「法への忠誠の範囲内での法への不服従」を「熟議的意図の範囲内での法への不服従」とする――を見よ（W. Smith 2013: 32)。

な規範性の源泉を構成している。当然のことながら、法の支配に基づいた政治秩序では、政治的言説は「法律主義的」形態をとる傾向がある。アレクシ・ド・トクヴィル以来の知識人が注目するこの傾向を一部の共同体主義者は嘆いているかもしれないが、しかしこの傾向が法の顕著な美徳のひとつ、すなわち、違法な抗議活動が偏狭な党派的基礎以上の何かに依拠しようとする際に依然として不可欠な美徳を暗に強調しているという点を認識することが非常に重要である。不服従者たちは法の言語を話すことによって、論争的な道徳的ないし政治的主張を、より広範な、また一般的であることが暗示される規範的訴えへと生産的な仕方で変換するのである。

もちろん現実には必ずしもそうとは限らないのであるが、原則として、民主主義社会における法は市民の一般的な合意に基づいており、各市民はその公布に貢献している。法は原則としてわれわれ全員に属するのであり、皆が参加する公共的論争の複雑な過程に基づいている。もちろん、個々の法律は論争的あるいは不正であるかもしれないし、その法律を生み出した政治過程には欠陥があるかもしれない。しかし、法の制定や公布という端的な事実は、たとえ政治共同体が広範な意見の不一致に直面した場合でも、拘束力のある公共的規則への同意を得ることに成功してきたことをおそらく示唆している(Waldron 1999)。拘束力のある法は、現代の多元主義の文脈における「平和的な熟議と敬意ある協力関係の勝利」を表している(Whittington 2000: 693)。多くの論争的な道徳的ないし政治的な訴えとは対照的に、法は多元主義と不一致を真剣に受け止めると同時に、われわれの繁栄のために共有された拘束力のある規則が必要であることを認めている。法的秩序が基本的な法的美徳(公示性、明確さ、一般性、予見性)を首尾よく実現するとき、それは、たとえ当面の間だけであっても、一定の拘束力のある規範をわれわれが有することにまつわる諸問題に関する、潜在的に包摂的《インクルーシヴ》な公共的会話を招き寄せるのである。

宗教的ないし道徳的観点の多元化と軌を一にするところの、包括的な道徳的世界観の脱魔術化は、伝統的な自然法の概念がもはや普遍的妥当性をもっともらしく主張できなくなったことを意味している。現在も生き残っているのは、「法の一般性、男たち《ママ》の平等、個人的な立法的決定の禁止、特に刑法における遡及的立法の不可能性、および司法の独立」への原理的なコミットメントである（Neumann 1957: 90）。この解釈によれば、法の支配というのは、多元的で脱魔術化された道徳的宇宙に対して自然法が遺した財産を代表するものである。法の支配は民主主義や社会正義と同一視されるべきではないため、時折それは「薄くて不十分な」遺産のように見えるかもしれないが、自由でまっとうな秩序の諸前提を維持する上で不可欠な役割を果たす（Neumann 1957: 4）。それを放棄すれば、われわれは大きな危険を冒すことになる。

確かに、人種的ないしは社会的に正義にもとる共同体や権威主義国家では、法に関するこうした見解はナイーブに映るかもしれない（Celikates 2016b）。現在の自由民主主義社会における不穏な反リベラルおよび反民主主義の風潮を考えると、この見解はそうした社会においてすら非現実的なのではないかと段々思われてくる。それでも、法の支配が不完全にしか実現していない場合でも、ある程度の法的保護はおそらく確保されている。国家の行動が公的であることを保証することにより、法の支配は、たとえ確実にではないとしても、政治的論争と討論への扉を開くのに役立つ。歴史には法的な権威主義の諸事例が含まれているけれども、法の支配は通常、独裁と抑圧に対抗するのに役立つ。人種差別主義と権威主義体制は一般に、法の支配を破壊することを好む（Fraenkel 2017［1941］; Fuller 1964; Neumann 1957）。政治システムが疑わしい行為や抑圧的な行為を隠蔽するために法的美徳を犠牲にするとき、法の支配への訴えは、それを批判するための効果的な出発点を提供する。あからさまな不正義が存在する状況下でさえ、法的抗議は、戦闘的な抗議行動と適切に結びつけられた場合、改革を生み出す可能性がある。市民的不服従の法的側面を軽視することにより、現代の理論家たちは、市民的不服従の概念的基盤を掘り崩し、抗議者たちの死活的な防衛ラインを奪っているのである。

ブラウンリーは、市民的不服従において良心に基づく動機が果たす役割について素晴らしい説明を提供しているにもかかわらず、市民的不服従の法的側面を軽視する一般的な傾向に屈している。この変化の原因のひとつは、道徳的に良心に基づいて行われる法律違反に対して体系的に不利な地位を与えるような明らかに実証主義的な法学を、この著者が受け入れている点である。ブラウンリーは、形式化された法的構造を成文化するために不可欠であり、「しばしば「法の支配」の名の下にひと括りにされる、一般性と予見可能性に関する手続き的規範は、不正なシステムと実質的に両立可能である」と主張している。こうした法の支配の標準的美徳は、「その根底にある道徳的役割に関する実質的、文脈依存的、かつ成文化不可能な道徳的責任」に従属するものと考えるべきだという（Brownlee 2012a: 96）。もっと単純な言葉に置き換えれば、法の支配は恐るべき不正義と調和する可能性があるため、良心に基づく道徳的行為よりも法に対する忠誠を優先させるための原理上の根拠を見出すことはできない、というのである。

ここでの問題は、法の支配からあらゆる規範的内実を取り去るという、法の支配に関する物議を醸す評価であるが、これは法的実証主義に共感する者でさえ行き過ぎだと考えることがある立場である（Waldron 2011）(7)。法の規範的源泉に対するこの著者の懐疑は他の箇所にも表れている。先ほど私が示した、良心と比較して法の規範的および政治的長所を強調する見解に反対するブラウンリーにとって、法とは、理に適う善い社会を支配する社会規則と道徳規範の最も鈍感な表現形態にすぎない。法は、そうした規則および規範の内容と効力に関する最終的な調停者ではない。（Brownlee 2012a: 23, 強調は原著）

ブラウンリーは法を、道徳的な良心に基づく行動にとって重荷となる、ときには煩わしい制約として描く傾向がある。法の認識上《エピステミック》の恩恵が誇張されることを懸念する彼女は、法制定のメリットおよび条件つきの法遵守を支持する周知の理由を切って捨てる目的で、立法政治に対する非常に懐疑的な見方を提出している（2012a: 158, 175–6）。現実生活における民主的立法に対して彼女が手厳しい評価をおこなうのは、道徳的な良心に基づく抗議の——要求の多い、そして非常に理想化された——ヴィジョンと比べてそれが好ましくないと評価するためである。なるほど確かに、ブラウンリーは市民的不服従を「熟議的な民主的プロセス」を豊かにする可能性があるものとして理解している（2012a: 116）。だが彼女はそのプロセスに不可欠な法制定の要素を非常に批判的に見ているがゆえに、彼女の説明には法を軽視する傾向が紛れ込んでしまっている。法が公共的、一般的で、予見性があり、不完全でありながらも依然として包括的で、自由な、そして熟議的なやり取りに由来する場合に、法の尊重が意味をなすことの数多くの理

（7）ここで複雑な法学上の問題が発生する。法の支配を擁護する立場は、法的実証主義と自然法の中間的な道を探さねばならない。われわれは法の支配を「善き法の支配」に還元すべきではなく、同時に倫理的・規範的な内容のすべてを取り去るべきでもない。われわれはまた、はなはだしく司法主義的な構想も過度に立法主義的な構想も欲してはいない。法の支配の基準（たとえば、明確さ、公示性、予見性、一般性、恒常性）の実現（それは常に野心的な企てであり、したがって常に不完全なものであるが）には、立法府、裁判所、および行政府の間での協力が——それが十分であると証明されるためには——必要である。

由は、〔彼女の議論の中では〕脇に押しやられている。

驚くことではないが、ブラウンリーは、市民的不服従者たちには条件つきで「処罰されない道徳的権利」が存在すると結論づけている（2012a: 240）。非暴力の法律違反者が自分の行為の法的帰結を受け入れるべきという従来の要求は疑問視されるべきである、つまり、社会はかれらに関与するための「非懲罰的で修復的な方法に目を向けるべき」であると（2012a: 251）。

市民的不服従に必ずしも常に刑事罰を伴わせるべきではないと考えるための十分によい理由は実際に存在する。反法律主義の傾向を帯びていない過去の著者たち（たとえばアーレント、ドゥオーキン、ハーバーマス）もほぼ同様の結論に達している。原理の上では、市民的不服従の法的扱いに関するさらにきめ細かく調整されたアプローチは、法への忠誠を示そうとする不服従者の姿勢と必ずしも矛盾しない。不服従者たちは一般に、刑事罰と結びつく道徳的非難や汚名から切り離された諸々の法的帰結だけに向き合うべきである。良心に基づき政治的に責任あるものである場合、不服従者の行動は通常の犯罪とは質的に異なる。そして〔かれらに適用される〕法は、かれらの示差的な特徴をよりよく理解した上での処分に依拠することで正当化されるかもしれない。多くの場合、良心に基づく法律違反者にスティグマを与えるような従来の各種処罰ではない、何らかの法的処分（罰金など）が適切である（Lefkowitz 2007; Smith 2013: 94–8）。残念ながらブラウンリーの議論はおそらく度を越している。市民的不服従をおこなう道徳的権利の法に対する優越を体系的に支持するがゆえに、彼女は最終的に、「良心に基づく対話的な法律違反」が、単に「堅固で誠実、真摯な、しかし誤りである可能性を含む道徳的コミットメント」だけでなく、法に対する原理に基づく忠誠にも依拠している理由を最終的に説明できないのである（2012a: 23–4）。

実践上の効果

最後に、長い伝統をもつ――しかしますます論争の的となっている――市民的不服従の法的側面を私が擁護することに対するありそうな反論のひとつに簡潔に応答することで締めくくりたい。ある批判的な見解によると、法的側面を擁護する努力は端的に今日の現実と同期《シンクロ》していない。つまり、それは有意義な政治的変化をもたらすことを目指す反対者たちを効果的に支えることができない。結局のところ、市民的不服従の法的側面を放棄する主要な理由は、まさに現代の政治的および社会的運動との不適合である。いったい誰が今日、法の支配への退屈な訴えを通じて、広範囲にわたる変化を進めることができると本気で信じているのか、と。

現代におけるいくつかの事例は、おそらくそうでないことを示唆している。

エドワード・スノーデンの内部告発は、正統な市民的不服従の核となるいくつかの条件を満たしていると思われるが、既存の法律および法の支配の暗黙的な観念を大いに頼りにしている。(8) 二〇一三年七月にモスクワ空港で行われた公式声明の中で、彼は、合衆国憲法(特に、適正な手続きを要求し、不当な捜索と押収を禁止する修正第四条と第五条)や国際人権法、またニュルンベルク原則を引き合いにしながら、〔政府による〕監視政策を批判している。

(8) Scheuerman (2014b) を見よ。これに対する応答は Brownlee (2016) を参照。

個人には、国家に服従する責務を超えた諸々の国際的な義務がある。したがって、個々の市民には、平和と人道に対する犯罪の発生を防ぐために国内法に違反する義務がある。（Snowden 2013）

スノーデンはまた、非公開の合衆国外国諜報監視裁判所が最小限の司法監視を怠ったことを公けに知らしめてきた。そして彼は、自身の違法行為が既存の憲法（および国際法）を刷新し、遅滞している改革を促し、そして法の支配に関連する法的美徳をよりよく例示することを助けるために必要であると考えている。彼の観点からすれば、法の支配を体系的に放棄したのは合衆国政府であり、他方で彼の行動はその言語道断な違法性を衆目に晒すのに役立った。

公正な観察者たちは、スノーデンが世界規模の公共的討論に火をつけた理由と方法について、理に適う仕方で反対することができる。だが、彼の驚異的な魅力の一部は彼が適切にも市民的不服従の法的側面に訴えたことに由来する、という強力な議論を展開することができる。スノーデンの例は、ポスト国民国家化の文脈においても市民的不服従が価値を有することを示唆しているのかもしれない。スノーデンによる国際法と法律性《リーガリティ》の原則への訴えは国境を越えるものであり、その訴えは世界中の人びとの琴線に触れた。彼の大義は合衆国や英国だけでなく他の地域においても、侵入的な監視政策に激怒している新興のグローバルな公衆と政治的イニシアティヴにとって共通のスローガンになっている。

それでは、これ以外の状況におけるこのアプローチの有意性についてはどうだろうか。

ギリシャやスペインその他の場所での緊縮財政に反対する抗議は、最近における第二の事例を提供している。ジョナサン・ホワイト（White 2015）は、「エマージェンシー・ヨーロッパ」という適切なフレーズを用いて、最近のＥＵのエリートレベルの政治的レトリックを描き出している。それは、「確立された手続きと規範に違反する」論争的な措置を、必要な、避けられない、したがって本質的に合理的なものとして正統化するために、緊急の例外的な、実存的でさえある、あらゆる種類の脅威の存在を定期的に持ち出してくるようなやり方である。その結果、法的に疑わしいトップダウン型の行政措置への依存が増大し、通常の審議と立法の過程を格下げする不穏な傾向が生じている。たとえば、ギリシャでは、EUによる財政援助と緊縮法案が法の支配を侵害するかたちで成立したとされる。

この融資と覚書に関する合意は、それが議会に到達する前に増税および給与と年金の削減を課したが、これは議会の役割を既成事実（*fait accompli*）にゴム印を押すだけのものへと貶めるものであった。この合意を実施する法律は、五分の三の同意を要するという憲法上の規定にもかかわらず、単純多数決で採決された……。緊縮政策を課す複雑な覚書は、最小限の議論による「ギロチン」手続きの下で可決された。この法律は、経済・社会政策のすべての側面をカバーし、既存の法律を廃止し、議会の承認なしに国家主権の一部を譲渡する更に拘束力のある合意に署名することができる執行令を発行するための白紙委任状（*carte blanche*）を大臣に与えるのである。（Douzinas 2013: 46）

ギリシャとその他の人びとは、「合法性の主要な側面すべてが弱体化される」という嘆かわしいシナリオに直面している。「規則は規制に、規範性は正常化に、立法は行政措置に、原則は裁量に置き換えられている」（Douzinas 2013: 44）。

驚くにはあたらないが、ほとんどの抗議活動は特定の不正義とその背後にある論争的な国家政策および全EU的政策を対象としている。だが、緊縮政策が基本的な法的美徳を偶然とは言い難いかたちで犠牲にしていることを考えれば、反対者たちが「法に対するこの上ない敬意」を鮮明に伝える非暴力的な不服従を追求することもまた筋が通っている。もし緊縮政策が緩和または撤回されるべきであるならば、その批判者たちは潜在的な支持者に対して、それが悪しき実質的政策を代表するものであることだけでなく、ＥＵとその加盟国が忠誠を表明している、長年にわたる法の支配の理想に対する直接的な攻撃でもあることを示す必要がある。活動家たちは、かれらの法律違反が、法および欧州の民主主義の中心にある根本的な法的理想――この危機の開始以来かなりの圧力に直面しており、そして一部のケースでは体系的に蝕まれてきた理想――に対するかれらの忠誠を鮮明に表現する可能性を真剣に考慮する必要がある。他の多くのシナリオと同様に、ここでは法の支配に対する攻撃と悪しき公共政策とがしばしば手を取り合っている。実行可能な対応としては、目下の具体的な危害と、法に基づく統治に対するより広範囲で潜在的にはさらに重大な攻撃、この両方に対抗する必要があるだろう。

法の支配と調和する市民的不服従という馴染みのある――しかし現在ますます無視されている――考えは、すばらしい概念的および政治的な力能を今なお与えてくれる。今日それを性急に捨て去ろうとしている人びとは、このことに十分留意したほうがよいだろう。

結論

市民的不服従の現在

私は、市民的不服従の概念がブラック・ライヴズ・マター（BLM）やグローバルな移住が意味しているものの理解に役立つのかどうかという問いで本書の序論を閉じた。長い道のりを経て、われわれは今、この最初のオープンな問いを生産的なかたちに再定義するためのより良い方法を手にしている。すなわち、BLMが実践している法律違反や移民による違法な国境通過は、われわれが吟味してきた市民的不服従に関する四つのモデル（宗教的、自由主義的、民主主義的、アナキズム的）のいずれかの要素に対応しているのだろうかと問うことである。

このように言い換えたとしても、問題は依然として複雑である。つまり、〔この問いに対して〕相対立する複数の正統な回答が可能だと思われるのである。私としては、本書の中心的議論に辛抱強く付き合ってきたあなたが、今やあなた自身の答えを出すことに関して、以前よりも良い状況にあることを願っている。以下の短いコメントは、〔市民的不服従の問いに対する〕最終的回答になることを、あるいは最後から二番目の言葉になることさえ意図していない。言うべきことがまだ多く残っているが、読者自身がそうすることが私の希望するところである。議論の出発点として、私は以下の短い考察を試論として提示しておく。

トランプ大統領を含め、「法と秩序」を無謀にも傷つけているとしてBLMを非難する批評家たちは、この抗議の背後にある思慮深い道徳的および政治的配慮を無視している。かれらは不当にも、人種差別的な取り締まり《ポリシング》と刑事司法に対するBLMのパワフルな批判を、ありきたりの犯罪行為へと矮小化している。たとえBLMに反対する立場であるとしても、反人種主義に基づく法律違反を暴行と同一視するというのは、まったくもって不十分な議論である。

それにもかかわらず、BLMの目標が市民的不服従を含むその活動をどのように構成すべきかについて十分な反省を加えていない点で、日和見主義であるという批判をかれらが受けやすいことを、私は懸念している。古い世代は、BLMがキングのヴィジョンの重要な側面を放棄していると指摘する点では正しい。しかしながら、かれらの世代が好む宗教的‐霊的モデルには多くの欠陥がある。なぜなら、それが特権的な尺度であるべき理由は存在しないからである。問題の原因は別のところにある。

時々、BLMの本能はアナキストであり、それゆえに反‐法律的であるという風に見えるが、「BLMの世代が経験している刑罰国家」に鑑みれば、「公的機関に対する不信感により、多くの活動家の間に反国家主義の機運が生じた」(Biondi 2016) ことは驚くにあたらない。当然のことながら、この反国家的傾向は、警察官を標的とした政治的には的外れなスローガン（たとえば、"Pigs in a blanket! Fry 'em like bacon!"〔毛布にくるまった豚ども！ ベーコンみたいに揚げちまえ！〕[1]）を許容することからも明らかなように、法のために法律に違反するという市民的不服従の考えそのものを効果的に表現するための運動を妨げている。別の機会では、ＢＬＭは市民的不服従の自由主義モデルの要素を含んでいる。たとえば、「キャンペーン・ゼロ」に参加した人びとは、望ましい政治的および法的改革の詳細な擁護論を提供している。おそらくかれらは、その非暴力的な法律違反が法の支配と立憲的統治の尊重と暗黙裡に一致しており、両者が公的な人種差別と警察の恣意性を突き崩す可能性があると解釈している。(2) オパール・トメティなどの運動の主要人物は、「今まさにこの国に旋風を巻き起こしている、非暴力的な市民的不服従の真に勇気ある行為」を、労働者階級の黒人や他のマイノリティ・コミュニティを踏みにじる「われわれの民主主義の危機」への適切な反応として正当化している（Garber 2015 より引用）。彼女と他の人びとは、明確に民主主義的な市民的不服従の観念を支持しているように思われる。

政治運動は常に雑然としている。それゆえ、ＢＬＭが市民的不服従についての競合する複数の思想を体現しているとしても驚くにあたらない。それでも、緩やかで脱中心化されたＢＬＭの組織は、それがいかに政治的に有利であるとしても、それが公けにするメッセージばかりでなく、市民的不服従のあり方に関しても、バラバラであるという特徴が強調される。(3)

それでは次に、現在あらゆる場所で政治的アイデンティティを再形成し、ヨーロッパ、北米などで外国人嫌いの政治的反発のおそらくは引き金となっているグローバルな移住についてはどうだろうか。ウィリアム・スミスが正しく指摘しているように、国境の通過自体を、自由主義的または民主主義的

（1）二〇一五年八月のミネソタ州フェアの外での抗議に際してＢＬＭの活動家が用いたとされる文句。〔訳者注：「ピッグス・イン・ア・ブランケット」は小さなソーセージをベーコンまたはパイ生地で包んで焼いたもの。〕
（2）そのリストについては以下のサイトを参照。https://joincampaignzero.org

〔不服従の〕モデルと同期するかたちで、世論を動かすことを目的とした良心に基づくパブリック・アクションと見なすのは奇妙に思われる。違法な移民は通常、国境が明らかに正統なものではないと考える理由を他のびとに伝えることに関心があるようには思えない。かれらはさまざまな理由で入国管理法の遵守を拒否しているが、その多くは、市民的不服従の標準的な正当化とは関係がないように思われる。かれらは自分たちの努力を道徳的ないし法的に正当化することはめったになく、その法的な諸帰結を受け入れることもない（Smith 2015）。〔たしかに〕国境管理を緩和する十分な道徳的、法的、政治的理由が存在するかもしれない。だが、不法移民を市民的不服従の下に位置づけることは、おそらく目下の複雑な問題を混乱させることになる。(4)

しかしながら、合衆国のいわゆるドリーマー（ＤＲＥＡＭｅｒｓ）のように、不法移民が公然と「違法」な地位を明らかにし、世論を動かして移民法を改正するために強制送還される危険を冒すとなると、状況は異なって見える。(5)ラテンアメリカ系の若いドリーマーたちは、ジョン・マケイン上院議員や他の著名な政治家のオフィスを占拠し、法的資格のない「外国人《エイリアン》」を国外退去者収容センターに移送するバスの通行を妨害した（Volpp 2014）。ある人は正統にも、政治的に動機づけられたかれらの違法行為をどのように解釈するのが最善であるのかを議論するかもしれない。かれらは市民的不服従の競合する諸見解を体現してもいる。しかしながら、ラテンアメリカ系の若い政治活動家たちがその共通の概念語を採用していることは疑いない。

権威主義者や人種差別主義者のための市民的不服従?

自分の考えを話すと、私は次のようなタイプの質問を頻繁に受けた。すなわち、基本権や民主主義、さらには人間の平等に関する根本的な理想をも尊重しない人びとがおこなう法律違反についてはどう考えるのか。市民的不服従を擁護すべく努力するなかで、人種差別主義者やネオファシストを含む権威主義者に対して、うかつにも民主主義を解体するための道具をわれわれが手渡してしまう可能性はないだろうか。

(3) 二〇一六年七月、ミネソタ州セントポールでは、警察が非武装の運転手を殺害した後の抗議行動の際に暴力が噴出し、多くの警察官が負傷したことが報告された。BLMの活動家たちは、警官に石やレンガを投げつけたとされる一部の人びとを含む地元のアナキストたちが暴力をエスカレートさせたことを非難した。かれらの主張はしかしながら、BLMの非暴力的なコミットメントとは異なる目標と戦術を持つグループによる参加に対して脆弱になるという、この集団の脱中心的で異種混交的な構造的・組織的特徴を無視していた。

(4) 難民の場合、世界人権宣言が核となる法的保護を保証している。難民の行動を市民的不服従の構図の下で捉える人びとは、難民の行為を違法なものとして描くことにより、宣言に調印した国家の責任者がそれらの保護の実施を拒否する場合にはこの責任者こそが本当の法律違反者であるという、決定的に重要な点を歪曲する危険を冒している。

(5) この言葉は連邦法であるDREAM法案——子どもとして合衆国に渡ってきた不法移民に法的地位を認めることを目的とした法律——に由来するものである。この法は当時のバラク・オバマ大統領と議会民主党の支持を受けたが、共和党の反対により成立しなかった。私が書いたように、ドリーマーたちは法的および政治的な宙づり状態に置かれており、トランプは彼らを強制送還するための厳しい措置を約束している。

権威主義的なポピュリストが相当な政治的躍進を遂げていることを考えれば、こうした懸念には十分に耳を傾ける必要がある。ネオファシスト、人種差別主義者、および外国人嫌悪者たちは近年、かれらと一部のオブザーバーが市民的不服従と称するところの違法行為に従事している。

たしかに市民的不服従は、歴史上の「善良な人びと《グッド・ガイズ》」（たとえばガンディーやキング）のためだけのものではない。特にその自由主義モデルと民主主義モデルは現代の多元主義を正しくも前提としており、それによって、いかなる道徳的または政治的行為者も真理への特権的なアクセスを主張できないことを認めている。提案された法律や政策について不可謬の進歩的な知恵をもっている者は誰もいない。つまり自由な公開討論と意見交換は、荒々しい政治的対立と並んで、拘束力のある法的地位に値する見解を暫定的に決定することを可能にする。そしてただ事後的にのみ、われわれはその結果が予想を満足させるものであったかどうかを判断できる。市民的不服従はより広範な政治過程の一部を表しているため、その背後にある大義や思想をわれわれが支持するに値するかどうかを事前に決定してしまうことはできない。特に自由主義者と民主主義者にとっての市民的不服従は、自分たちの政治的同輩たちに対するアピールを表現しており、他の政治的アピールと同様に、結果としてうまくいく場合もそうでない場合もある。一部の見解や集団が市民的不服従を追求する可能性をア・プリオリに否定するならば、それは基本的な政治的諸自由、特にコミュニケーションの自由をかれらから奪う行為と同様に、すべてのメンバーの自由と平等を実現することを前提とした多元主義および政治的コミュニティの核となる理想を無視することになるのである。

実際、市民的不服従の多くの行為は、〔われわれには〕受け入れがたい人物によって行われている。不正に反対したり、民主主義を前進させたりする人びとだけでなく、それほど高尚でない大義を追求する人びともこうした実践を続けるだろう。自由と品位を目指すコミュニティにおいては、不人気な立場が抑圧され脇に追いやられる危険があることに留意する必要がある。われわれは、自分たちが共感するかもしれない人びとだけでなく、自分たちが好まない、そして恐らく嫌悪するような人びとのためにも、市民的不服従のための十分な余地を与える必要がある。法律違反が主要なモデル〔宗教的、自由主義的、民主主義的〕のいずれかにあてはまる場合、抗議者とその大義にわれわれがまったく賛同できない場合でも、通常は、不本意ではあれ、その行為はある程度の尊重に値するのである。(6) 標準的なモデルに従うことにより、法律違反者は誰もが理解可能であるべき共通の規範的言語〔の世界〕に参与することになる。そうすることで、法律違反者は暗黙のうちに、その政治的敵対者に対する基本的な敬意を表明するのである。かれらの〔おそらくは奇妙な、あるいは警戒すべき〕アジェンダを失速させたいと願っている人びとは、〔相手の敬意に〕報いることが期待されて然るべきである。これと対応するかたちで、政府当局もまた敬意を払いつつ、多くの場合、寛大な対応をすべきである。

これは何でもあり《エニシング・ゴーズ》という意味ではない。たとえ権威主義者や人種差別主義者が時おりその通常の形態を真似する戦略をとることがあるとしても、かれらが正統な市民的不服従の核となる条件をどうしたら満たせるのかを想像することは依然として困難である。権威主義者は必然的に、自由主義モデルと民主

(6)　政治的および哲学的アナキズムについての私の議論〔第4章〕に基づいて、右派リバタリアン的変種を含むアナキズムがさらに困難なケースを示していることの理由を明確にする必要がある。市民的不服従に共通の言説に参加するアナキストもいれば、これを拒否する者もいる。一部の人びとは政治的に平等な存在として他者を尊重することを暗黙裡に表明しているが、この点があまり明確でない場合もある。

主義モデルの根底にある前提、すなわち、政府や社会は自由で平等な人びとによる協働的な努力の所産であるという考えを軽視する。世論形成の手段としての市民的不服従という観念は、必然的に独裁の擁護者に忌み嫌われるのである。かれらは政治的に平等な人びとの間での草の根の論争を通じて世論が結実することをよしとせず、操作とプロパガンダを通じて上から世論を作り出せると信じている。首尾一貫した権威主義者が宗教的またはアナキズム的モデルに収まる方法を考えることも劣らず困難である。宗教的モデルが十分に民主的たりうるかどうかについては、先に論じたように、時として不十分な点が残る。それにもかかわらず、ガンディーとキングは共に、最低限のところで、政府がすべての人を「愛をもって」、または敬意をもって扱うことを要求する一連の道徳的・宗教的理想を支持した。これとは反対のプロパガンダ的な主張や独裁は、そうした理想を支持できない。二人はいずれも、排除され抑圧された人びとの基本的権利を否定するのでなく拡大するためにも勇敢に戦った。アナキズムに関しては、その敵役は常に「強力な」、中央集権的で階層的、そして説明責任を免れた国家——換言すれば、これはまさに権威主義者が望むものである——であった。

ファシストはもちろんのこと、人種差別主義者の市民的不服従というのは、さらに一貫性のない観念である。人種差別主義者とファシストは、人間を人間として尊重するという根本的な考えに挑戦するが、この考えは本書で論じた市民的不服従のすべてのモデルが暗黙裡に共有する観念である。暴徒が怒りにまかせて難民や移民を輸送するバスを攻撃したり、人種問題を引き起こしかねない外国人嫌悪の罵詈雑言を口にしたり、移民のための仮設住宅を破壊したりした場合、かれらの行為は市民的不服従とは何の関係もない。(7) それどころか、それらは互いに競合する宗教的、自由主義的、民主主義的、アナキズム的な政治的伝統が総じて価値を認めるすべてのものに対する直接的な攻撃を表現しているのである。

(7) 二〇一四年七月、カリフォルニア州ムリエッタでは、怒った暴徒たちが、不法移民の子どもや家族を満載したアメリカ国境警備隊が運行するバスが入国センターに到着するのを妨害した。二〇一六年二月、ドイツのクラウスニッツでは、難民を乗せたバスが、地元の人種差別主義者とネオファシストに焚きつけられた暴徒によって、引き返すことを余儀なくされた。難民が収容される予定だった元ホテルは火をつけられ破壊された。

解説

安藤丈将

一　市民的不服従のグローバルな広がり

本書の内容や背景は、監訳者である森達也のあとがきがカバーしているため、ここでは本書の邦訳が出版され、日本語圏で「市民的不服従」を議論することの意義を論じていきたい。改めて確認すれば、市民的不服従とは、意図的な法や命令破りの実践である。法や命令よりも高次の正しさに訴え、非暴力のやり方で公的な支持を獲得することを目指す。

今日、市民的不服従者として知られているのは、スウェーデンの議会前でストライキをして抜本的な気候対策を求めたグレタ・トゥーンベリであろう。彼女は、一一歳の時に学校で環境問題(世界中の海に浮遊するプラスティックゴミ)の映画を見て衝撃を受け、それをきっかけに気候問題について勉強を始めた。政治家はごまかし、メディアは報道せず、周囲の大人は他人事であるのにいら立ち、二〇一八年八月二〇日、一五歳の時、学校ストライキを敢行して、国会議事堂前に三週間座り込み、気候危機に対する大人たちの不作為に抗議した。

グレタの行動は、気候危機の問題に関して、世界中の人びとに政治的無力感から抜け出る方法を指し示した。気候変動は、彼らの暮らしに無視できない影響を及ぼしている。恒例化したゲリラ豪雨、雪の降らないスキー場、干ばつの被害を受ける農作物。なんとかしなくてはならないという思いのある人びとも、どうしてよいのかわからず、悶々としている。他方、問題に蓋をしようとする力も働いている。世界中の科学者が無数の証拠を出しても、気候危機を認めない政治家が対策を先延ばししている。

グレタは、そんな閉塞した状況でも人びとが沈黙せずに声を上げる方法を示した。座り込むことは、誰にも実行可能であり、その気になれば一人でもできる。もちろんそれには行動力（調べたり、計画を立てたり、それを実行に移したりする力）を要するが、行動力はカネやコネのような限られた人に占有された資源ではない。市民的不服従は、人が「おかしい」という思いを抱えた時、それを押し殺すことなく、不特定多数に働きかけ、社会を変えるための方法として、グレタに発見されたのである。

グレタは最初一人で市民的不服従を実践したが、世界中の様々な事例を見てみると、実はその行動は、社会運動を基盤にして行われている。マハトマ・ガンディーやマーティン・ルーサー・キングは、市民的不服従の生みの親として知られている。前者はインドの独立運動、後者はアメリカの公民権運動の中で不服従の行動を実践した。市民的不服従は、社会運動の中で生まれ、繰り広げられてきたのだ。

社会運動には様々な定義があるが、その定義に共通して含まれる要素の一つが、価値や信念、アイデンティティを共有する人びとの間の連帯である。「おかしい」という思いを抱えていても、一人でそれを表現するのは勇気もいるし、容易なことではない。同じような思いを抱える仲間との連帯は、ためらう自分の背中を押してくれる。すなわち、運動の連帯は、市民的不服従のハードルを下げてくれる。

グレタの座り込みには、すぐに追従者が現れた。「何かを始めたひとりにもうひとりが加わった瞬間、それは運動にな」ったのだ（エルンマンほか 2019：196）。こうして一人から始まった行動にも仲間が増えて運動になり、運動がまたさらなる市民的不服従の行動を生み、世界各地で「未来のための金曜日（Fridays For Future）」の座り込みが始まった。さらに、グレタ自身は、二〇一九年九月に国連の気候行動サミットにスピーカーとして発言の機会を与えられるほど気候危機をめぐる世論に影響力を持つようになった。このように市民的不服従は、社会に確かな変化を引き起こす力を秘めている。

市民的不服従の広がりは、今日のグローバルな現象である。スウェーデンを離れて世界各地を見てみると、二〇一一年一月にはカイロのタハリール広場が人びとに占拠され、二〇一六年一一月にはソウルの光化門広場がキャンドルデモの参加者で埋め尽くされた。これらの行動は、権威主義的な政治指導者を失脚させる結果につながった。二〇一四年三月には台湾でサービス貿易協定に反対する学生が中心になって立法院を占拠し、香港では二〇一九年六月以降に逃亡犯条例に反対する人びとが街頭に集った。これらの行動は、世論の批判を受けた政治的決定（法律や政策の可決）を止めるという成果を生んだ。このような目に見える政治的成果をもたらしたこともあって、市民的不服従に対する世界中の注目が高まっている。

二　なぜ、非暴力を追求するのか

市民的不服従の原則は、非暴力である。非暴力とは、不服従者が目的を達成するのに、暴力という手段に依拠しないことを意味する。ここで暴力とは、主に人に対する危害を加えることを指す。物は破壊されても修復できるので、人に対する危害とは同列に語るべきではないが、それでも物の破壊には、人に対する脅威を伴うことがある。また、身体や物に対する物理的な攻撃を加えることには、差別的、侮蔑的な言葉を投げかけて、精神的な打撃を与えることを伴う場合もある。

なぜ、市民的不服従者は、非暴力を追求しようとするのだろうか。非暴力的抵抗の研究者や実践者は暴力が不服従者の目的の達成には必ずしもつながらないという(たとえば、Chenoweth and Stephan 2013)。この分野の知見を、三つにまとめてみよう。

第一に、暴力が不服従者の大衆的な支持を奪うということがある。暴力の行使は、社会の多数派にはハードルが高い。市民社会の主流の道徳が人びとに暴力の使用をためらわせる、あるいは禁じるからである。そのような中で暴力に拠るのは、不服従者が公的支持を失う恐れがある。彼らは、不特定多数に働きかけて自らの主張に対する支持を広げることで、自らの目的を達成する。その点からすると、暴力の行使は、不服従者の目的を損ねる方向に働きかねない。

また、暴力の行使が警察の介入を招くことが、不服従者の大衆性を奪うという問題もある。警察は抵抗者を日常的に監視し、彼らの行動の情報を入手したり、事前に準備して行動を妨害したりする。そんな中で暴力的な抵抗を効果的に実践するには、警察の監視の目を逃れ、隠密に準備を進める必要がある。このことは、アクティヴィストが広く参加を募り議論を重ねて行動に移すというプロセスを踏むのを難しくする。警察が行動を混乱させたり、邪魔したりすることを避けるには、行動の情報はよく知った者の枠内にとどめておくのが安全だからだ。こうして市民的不服従の行動は、ジーン・シャープのいうように「秘密主義」になりやすく、大衆的な広がりを持ちにくくなる(Sharp 1973: 487)。

第二に、暴力がイシューに対する関心を逸らすということがある。この点もシャープが指摘をしているので(Sharp 1973: 597)、彼の主張をもとに議論してみよう。研究者がしばしば指摘するように、暴力的抵抗はメディアの注目を集める。これはアクティヴィストたち及び彼らの関わる社会運動にとって、大変魅力的である。マスメディアに報道され、広くイシューが共有され、世論の支持を得ることは、現代の運動がその目的を達成する鍵である。しかしメディアが社会運動に注目するのは、滅多にないことだ。それは、社会運動の出す情報がしばしば政府や企業に対する批判を含むためである。政府はメディアの監督者であり、規制権限を有し、企業はメディアのスポンサーであり、財政基盤を握っている。それゆえに、メディアは運動による政府や企業に対する批判を記事として掲載するのをためらう構造がつくられている。実際に政府や企業が直接介入するにせよ、メディアの側が忖度するにせよ、社会運動がメディア上に存在を確保するのは容易ではない。

暴力的抵抗は、この状況に風穴を開ける。暴力は、鮮やかな「絵」をメディアに提供する。たとえば、警察に散々暴力を振るわれてきた市民がパトカーを燃やす、といった「絵」である。それは、メディアが読者や視聴者の興味をひくのに有用である。他方、「絵」の切り取りには問題も伴う。メディアは「絵」をひたすら流すが、その背景について多くを語らない。アクティヴィストにとっては暴力の行使の背景を伝えることがより重要であるにもかかわらず、である。なぜ、暴力的抵抗に至ったのかという背景は、複雑で説明に時間を要するので、シンプルなメッセージ性を期待される映像メディアでは特に好まれない。こうして人びとの印象には、暴力という「絵」ばかりが残る。その是非が語られるばかりで、背景にまで人びとの想像力が及ばない構成になっている。アクティヴィストによる暴力の行使は、しばしばイシューに対する関心を逸らし、彼らを失望させる。

第三に、暴力が不服従者の正当性を損ねるということがある。現代社会において、不服従者が「敵」として対決しているのは、しばしば国家である。マックス・ウェーバーが指摘したように、国家は暴力を独占している。ある市民が別な市民に暴力を振るった場合、法の下に厳格に処罰されるのに対して、警察が市民に行使する暴力は、法が正当化してくれる。アクティヴィストたちは、しばしばこの不均等な関係を問題にしてきた。一九六〇~七〇年代にかけてのニューレフトがそうであったように、彼らは、自らの行使する暴力に国家暴力への「対抗」の意味合いを与え、暴力を市民（民衆）の手に奪い返すことを訴えてきた。

しかし、「対抗暴力」の行使には、不服従者の正当性、すなわち、主張と行動の正しさを国家エリートと同じまたは近い次元に引き下げるという問題がある。運動と国家（警察）は、目的こそ違うが、手段としての暴力を肯定するという点で共通してしまうからだ。たとえアクティヴィストが暴力の正当性を訴えても、暴力の犠牲者の存在を正当化することは容易ではない。しかも暴力は「敵」である国家や企業のエリートには向けられず、彼らを頂点とする組織のピラミッドのより低い位置にいる一般構成員が犠牲になるのが普通である。犠牲の理由に対して沈黙してしまうことは、結果として不服従者の正当性を損ねることにつながる。

しかも一度暴力が肯定されてしまうと、それが内部に広がる傾向があるのも厄介である。それを象徴的に示すのが、日本の左翼運動における暴力の問題であろう。暴力は、自分たちの方針を受け入れない人びと、自分たちほどに献身的に運動に取り組まない人びとに危害を加える、無差別攻撃や「内ゲバ」を生み出した。これは「革命」という運動の目的のために、手段としての暴力の行使を許容したことの副次的な効果であるといえる。問題は、アクティヴィストの暴力による犠牲者の産出が、運動の正当性をさらに損ねることである。現代の社会運動は、物理的な力（軍事力）では「敵」に及ばない。それゆえに、正当性を前面に押し出し、世論に訴えかけながら、「敵」に対する優位さを確保する方法をとらなくてはならない。暴力の行使を通して不服従者の正当性が「敵」と同じ、またはそれに近い次元まで引き下げられてしまうと、運動の強みが失われてしまう。

三　暴力的抵抗が消えないのは、なぜか

このように、研究者と実践者は、暴力的抵抗が運動の目的を達成するのに必ずしも効果的な方法ではないと見ている。それでも、運動の中で暴力の行使は消えない。最近でいえば、香港の逃亡犯条例反対運動でも、アメリカのＢＬＭ（ブラック・ライヴズ・マター）運動でも、人に対する脅威や物の破壊のケースが報告されている。暴力を伴う抵抗は、なぜ、なくならないのだろうか。

一つ目は、暴力が運動の目的の達成に効果を発揮することがあるからだ。先に論じたように、研究者たちは、暴力という手段が運動の目的を達成する効果を否定的に見ている。だが、暴力的抵抗は、運動が「敵」と対峙している時、膠着した局面を打開することがある。先ほど触れた逃亡犯条例反対運動では、二〇一九年六月一二日に予定されていた立法会における審議の前に、立法会を包囲する人びとの数が膨れ上がった。参加者の中には建物の敷地内になだれ込み、警察との衝突を辞さない行動を取る者が現れた。これに対して警察は、催涙弾やゴム弾を、敷地外の人びとにも向けて発射し、行政長官は人びとの行動を「暴動」と名指した。政府の対応は多数の人びとの反発を招き、一六日午後のデモの参加者の数は、二〇〇万人に達した（益満 2021：64-71）。この過程で立法会は条例の審議を延期し、最後には行政長官に条例を撤回させるに至った。

このように暴力的抵抗は、運動にある一定の効果を及ぼす。これは「暴力副次効果（violent flank

effect)」と呼ばれるが、その中には運動の目的の達成にとってポジティブ、ネガティブ、両方のものも含む（Nepstad 2015: 113）。社会運動にポジティブな「暴力副次効果」が顕著に表れるのは、政治体制の転換（革命）時であろう。暴力は、政府と抗議者との間の膠着状態を打開する役割を果たすことがある。ただし、暴力は非暴力的な行動と混じり合った時に、より大きな抵抗の波を構成すると付け加えておこう。ベンジャミン・ケースがいうように、市民的抵抗とされる行為の束の中にはしばしば暴力的抵抗が含まれるため（Case 2019: 194）、ある巨大な抵抗の波を一義的に暴力的とか非暴力的とか定めることは、不可能である。

二つ目は、自分では暴力であるとは思っていないのに、暴力と認知されることがあるからだ。ある行為が暴力であるかを一義的に判断するのは難しい。ケースは、ある市民が自らに暴力を働いた警察に向けて石を投げるという行為を例にして説明する。これは、「市民的抵抗」の行為として解釈することもできれば、「暴力」として解釈することもできる（Case 2019: 191）。投石という行為に至る一連の流れを「線」で見るか、投石という行為を「点」で見るかによって、その行為の評価は変わってくるのだ。

人に対する危害は、暴力というラベルを与えられる可能性が高い。他方、物の破壊は、評価が分かれる。一九九九年八月、フランスの農民であるジョゼ・ボヴェは、仲間とともにアメリカのEU農産物に対する制裁関税に抗議して、地元にある建築中のマクドナルドの店舗を「解体」した。彼らのさながらモデルハウスの見学会のような牧歌的な行動は、メディア上で必ずしも「暴力」として捉えられなかった（ボヴェ＆デュフール 2001：22–23）。このように物の破壊及びそれに伴う秩序の攪乱は、そのやり方、訴えの内容、メディア対策（不特定多数に対する説明の仕方）のいかんによって、非暴力的抵抗と評価されることもあるのだ。

暴力／非暴力の境界線は通常考えられているよりも曖昧であり、複雑でもある。[1]結局、ある行為が暴力／非暴力のどちらであるかは、認知の問題を伴うがゆえに文脈に注意を払う必要がある。そのため、不服従者が自分では非暴力の行動のつもりでいても、暴力というレッテル貼りをされてしまうこともあるのだ。

三つ目は、暴力が人びとの抵抗の表現方法として用いられる場合があるからだ。安丸良夫は、人びとが、自己の「内的真実」を語るのにふさわしい言葉を持たない点に注目する。極めて限定された言語形式しかもたないので、彼らの本当の願望や日常意識の底に秘められた葛藤は、非言語的に表現されることがある。安丸が研究の対象とした一揆や騒動型の民衆運動は、暴力を通してこの願望や葛藤を表現してきた（安丸 2013：273–275）。

もちろんその表現は、必ず暴力に結実するわけではない。それでも、暴力は権力者との間に絶対的な力の不均衡を抱える人びとが、言葉を与えられていない自らの思いを表現する方法という意味合いがある。それは、先ほど例示した香港の逃亡犯条例反対運動でも、アメリカのＢＬＭ運動でも同じだろう。暴力には、絶対的な力の不均衡に直面した人びとが自らの尊厳を回復するという側面がある。それゆえに、人びとの暴力の使用は、力の不均衡が存在する限り、決して終わらない。[2]

暴力が運動の指導部に対する不満の表現としてなされることもある。これは、組織的な非暴力行動の

（1）　暴力という言葉のあいまいさやその過度な道徳性のゆえに、（非）暴力ではなく、「強制力（coercion）」という言葉の使用を提唱したり、暴力と「力」を概念的に腑分けすることを提唱したりする論者もいる（Livingston 2021；酒井 2016）。

実践の中で起こりがちである。ジーン・シャープは、市民的不服従の実践的なガイドの中で、その実践にはグループ内の規律を要するという（Sharp 1973: 615）。誰か一人でも暴力に訴えた場合、非暴力という原則が壊れてしまい、外部から暴力的というレッテルを貼られ、運動の目的の達成にネガティブな影響を及ぼしかねないからである。そのためグループの指導部は、時に一人ひとりの行動に厳しい制限をかけることがある。その行き過ぎは一人ひとりの自由な政治的表現を規制するがゆえに、メンバーの中に潜在的な不満を引き起こす。規律に従うことに納得するにはグループ内で事前の十分な議論を重ねる必要があるが、それでも納得できない者は、非暴力の原則から逸脱する。ここで暴力の行使は、規律的な指導部に対する批判の意味合いがある。

以上のように、暴力的抵抗が消えないのには、理由がある。時に非暴力的抵抗の中に混じり合って政治的効果を発揮することもあるし、暴力を行使しているつもりはなくてもそう見られることもあるし、うまく言葉にされない人びとの願望や葛藤の表現であることもある。このような理由から暴力的手法の役割が消え去ることはない。

四　市民的不服従は、非暴力の文化をつくる

市民的不服従の困難さ

それでも人びとが非暴力的抵抗にこだわることには、いかなる意味があるのか。最後に、日本における広義の市民的不服従の運動史を概観しながら考えてみよう。市民的不服従の世界的な高まりといったが、（沖縄を除く）日本社会ではどこかよそ事に聞こえてしまう。北東アジアの韓国、香港、台湾などと

比較しても、市民的不服従が目に見える成果を生んでいるとはいいがたい。そもそも日本は、市民的不服従に対して不寛容な社会である。山本英弘は、市民社会の比較調査をもとに、日本で署名以外の社会運動に対する参加の経験が乏しいことを明らかにしている。また、自分が参加しないだけでなく、参加する人びとの行動を許容しないのも、日本社会の特徴である。それは、ボイコットやストライキのような運動の行使する非慣習的な（政府のような権力を有する機関との対決を伴う）行動に対する受容度が低いことに示される（山本 2019：231–232）。

このように日本社会では、議会、行政、司法のような通常の政治回路の外部でなされる政治的行為に参加する人びとが少なく、参加する人びとに対する冷ややかな見方が根強い。とりわけ市民的不服従のような非慣習的な政治行動に対しては、しばしば世論の激しい反発を受ける。本書のような外国語で書かれた理論書を日本語で読む時には、日本における不服従行動の困難さという問題を頭に入れる必要があろう。

なぜ、日本では市民的不服従を実践するのが困難なのだろうか。一つの説明の仕方は、天皇制という

（2）　それゆえに、社会運動の中では暴力の腑分け作業が試みられてきた。たとえば天野恵一は、「国家の軍隊（軍人）としての戦闘＝暴力」と、「侵略・抑圧の暴力に対抗する個々人の内側からの抵抗の暴力」とを区別している。天野は後者を「肯定されるしかない」というが、それと同時にいかなる暴力の行使も「それ自体を積極的に価値づけるという論理には反対である」と留保をつけてもいる（天野 1998：182）。暴力は人びとの抵抗の表現ではあるが、力の行使であることには変わらない。そのため、社会運動の中でも抵抗としての暴力の評価は、歯切れの悪さを伴いがちである。このことを受け入れながら、文脈に応じてその都度力の行使の意味付けをするという作業が、アクティヴィストに求められている。

政治構造に原因を求めるものである。そもそも日本では、明治時代以降、国民の同質性を強調し、異質な意見やそれを表現する行動に不寛容な政治体制や政治文化が存在してきた。共産主義者やアナキストなど、天皇制国家に対する不服従者は、警察、司法、メディアから「非国民」と名指されてきた。彼らは市民としての権利を奪われ、警察に厳しく監視され、自由を制限させられた。こうして天皇制国家は、市民的不服従を許容しない政治文化を生み出してきた。それが戦後においても再生産され、新左翼党派のような新たな「非国民」を加えた。こうして今日に至るまで、政治的権力に対する不服従の行動は、社会秩序と全体利益に対する脅威と見なされ、退けられている。

「粗大ゴミ」の抵抗

そんな日本の社会運動史にも、市民的不服従の水脈が流れている。この水脈を探ってみよう。戦後初期の主役は、労働組合である。「六〇年安保」に示されるように、ユニオンはしばしばストライキを敢行し、権威的な政治指導者や経営者に対して「仕事をしない」というやり方で不服従の意志を示した。労働者の訴えの中には、自分の労働環境の改善のためばかりではなく、人権、反戦、民主主義のような政治的な理念の実現が含まれることも少なくなかった。

不服従を行動で示したのは、農民も同じである。戦後初期から高度成長期にかけて、農家は政府の安全保障や開発の方針に振り回された。砂川や三里塚の農民たちは、基地や空港の建設のために土地を奪われることに抗い、そこに座り込むことで自らの生活の営みを守ろうとした。戦後の市民的不服従者のリストには、障がい者も含まれる。一九七七年四月には、車いすの脳性まひ者が川崎駅で乗車拒否にあったバスに座り込み、障がい者が介助者なしでもバスに乗って移動する自由を訴えた（廣野 2015）。

これも市民的不服従の一例といえる。寺島俊穂が示しているように、一九八〇年代の指紋押捺拒否運動も、日本における市民的不服従の事例として挙げられるであろう（寺島 2004）。

市民的不服従が抵抗の方法として広く認知されるようになったのは、ベトナム反戦運動が盛り上がった一九六〇年代後半以降のことである。一九七〇年代には安保拒否百人委員会（「ベトナムに平和を！市民連合（ベ平連）」の流れをくむ）、非暴力直接行動準備会（浄鏡寺の古沢宣慶を中心とする）、アナキズムの影響を受けた向井孝と水田ふうが組織したWRI-JAPAN（戦争抵抗者インターナショナル日本）など実践者たちの小グループが各地に誕生した。

市民的不服従の代表的な実践者であり思想家として挙げられるのが、哲学者の鶴見俊輔である。彼は、アメリカ大使館や羽田空港などで戦争反対の座り込みを実践しており、法破りを辞さず、非暴力に徹し、反戦を訴えてきた。鶴見は、自らの非暴力的な不服従行動について、次のような印象的な言葉を残している。「そうすると、やはり、自分を一個の粗大ゴミとして道路におくという抗議の形として、大切なものに見えてくる。そういう抗議を、はだかの自分としてなし得るという自覚が、権力への抗議のもとにあるほうがいい。それがあって、その他に（いくぶんでも）有効な他の抗議の方法をさがすというようでありたい」（鶴見 2012：15）。

この言葉は、次のように理解できるだろう。エリートの政治的な決定に疑問を持ち、それに反対したい時、人は、自らの地位や団体の力といった政治的資源を利用して彼ら権力者と主張を競い合うことを考えがちである。だが、そのようなやり方をとる時、人は、権力者と同じ土俵に立ち、そこで自分の力を誇示して成果を獲得しようとする。

自分を大きく見せようとする先に、人は暴力という手法を行使する。それは、自分の力を示す手っ取り早い方法だからである。人が暴力的な手段に訴える時、その人はもはや巨大な国家機構と比べた時の自分の弱さを忘れている。権力者は自分よりもはるかに大きな政治的資源を有しているので、力の競い合いでは常に劣勢を強いられる運命であるにもかかわらず。

鶴見のいう「粗大ゴミ」として路上に座り込むことは、自分の弱さを認識させ、うっかり権力者のように振る舞ってしまうことに対する戒めになる。鶴見のように著名な評論家で社会的な影響力がある人物であっても、それでも国家の絶大な力には比べものにならない。そこには、絶対的な力の不均衡が存在する。市民的不服従は、そんな弱き者としての抵抗の方法なのである。それは、物理的にも精神的にも、「上（権力者の側）」からではなく、「下（特別な政治的資源を持たない一人の人間の側）」から世界を見る。それは、彼に強者のふりをして力を行使することをやめさせる。自分の弱さを自覚した者は、もう力に訴えることをしない。

さらに、「粗大ゴミ」の自覚は、自分と同じく力が弱いけれども、不服従の行動をせずにはいられない、他の人びととのつながりを生み出す。特別な資源を持たない者は、他者と力を合わせないと、自分の訴えを届けられないからである。すなわち、自分の弱さの自覚は、弱い者同士の連帯を生むきっかけになるのだ。

私は、鶴見の「粗大ゴミ」になることの提案をこう理解した。鶴見の提案は、私たちに自分の弱さを受け入れ、それを媒介に人とつながるよう促す。非暴力的抵抗に徹することは、その自覚の行動上の表現である。

「非暴力の文化」をたぐり寄せる

油井大三郎は、一九六〇年代の社会運動史を振り返りながら、日本の（新）左翼運動には非暴力的抵抗（あるいは市民的不服従）の伝統が欠落していることを指摘した（油井 2019）。鶴見のような例外もあるとはいえ、この指摘は概ね妥当であるといえよう。他方で私は油井の指摘に対して、女性の社会運動に注目すると、その景色はもう少し違ったものとして見えてくるとも主張したい。

なぜ、女性の運動なのか。（とりわけ日本で）女性たちは、公式の政治制度に参加する機会を奪われている。フェミニズムの政治理論家たちが指摘しているように、そのことは、多くの女性が日常的に関わるイシュー（女性の権利、生殖、健康、子育て・介護、女性に対する暴力）を政治的議題から除外する結果をもたらしている（三浦 2016：41）。こうして国家の政治的討論と決定は、男性中心に構成される。何が重要な政治的議題であるかに関して、男性的な視点が支配的なので、合法的な手続きを積み重ねていくと、女性は自然と周辺に追いやられていく。

この状況のもとで女性が排除されたイシューを問題化しようとすると、制度外の方法に訴えざるを得ない。その方法の一つとして用いられてきたのが、市民的不服従である。女性は、公式の政治過程で周辺化されているがゆえに、市民的不服従の中心的な担い手であったのだ。(3)

たとえば、反・脱原発というイシュー（これ自体が「原発推進」が国策であった日本においては周辺化さ

（3）「女性兵士」に関する研究が指摘するように（佐藤 2015）、女性が常に非暴力的であるわけではない。ガンディーが非暴力行動の「勇敢さ」に「男らしさ」を見たように、非暴力だからといって男性性から自由になるわけではない。それでも、男性性を標準とする軍隊という制度を基盤に構築されている国家の周辺に位置づけられているからこそ、社会運動の中の女性は、暴力を批判的に捉える視点を獲得してきたとはいえるであろう。

れた政治的議題である）を見てみると、運動の中に女性たちの非暴力的抵抗の豊かな実践が見て取れる。一九七〇年代に都市部の反原発デモの中で実践された、路上（公園や歩行者天国など）のゲリラシアターの例を挙げておこう。一九七八年一〇月には、大阪の天王寺公園から阪急前歩行者天国までのデモの途中に街頭即興劇（若狭湾の地震をきっかけに原発事故が起きるというストーリー）を行っている。これを中心になって組織したのは、大阪の女性たちの反原発グループであった。

これ以外にも、女性の運動史を見ていくと、ユニークな不服従行動を発見できる。一九九一年九月には、青森県上北郡六ヶ所村で、ウラン燃料の搬入に抗議する女性たちが、核燃サイクル施設の入口の前で座り込みを行っている。この「六ヶ所村女たちのキャンプ」という行動も、日本の市民的不服従の歴史の中では見逃せない（安藤 2019）。

女性たちの行動は、核燃サイクル計画を止めるという目的を達成するための方法であるだけでなかった。彼女たちにとって非暴力は、それ自体が実現されるべき状態であった。そのため女性たちは、運動の外部者（政府、電力会社、メディアなど）に向けて非暴力のやり方で抗議すると同時に、その内部にも非暴力の関係性を広めようとしていた。彼女たちの市民的不服従は、「非暴力の文化」の創出、共有の試みであったのだ。

この行動で中心的な役割を果たした武藤類子（福島県三春町在住）は、次のようにいう。「私は弁が立ちませんし、文章を書いたり、交渉したりすることは得意ではありませんが、そこに身を置くだけで、意思表示ができるということのやり方が自分に合いました。非暴力とは単に暴力を使わないというだけではないのですね。それは怒りを冷静に伝えること、自分も相手も傷つけないこと、ユーモアを持つこと、そして自分の生き方も問うことだと学びました。それは女たちに相応しい、優しく力強い戦い方だと思います」（武藤 2014：200）。

武藤の言葉から、彼女たちの市民的不服従の行動が参加者の言葉遣いや振る舞いまで含めたコミュニケーションの全体的な様式に関わるものだったことがわかる。彼女たちは、座り込みまでの事前の約一ヶ月間、現地でキャンプを実施、非暴力的な関係性を築くよう努めている。参加者は、キャンプの中で食べる、寝る、テントを掃除するといった作業を共にし、一人ひとりの話に耳を傾ける機会を設けて、相互の信頼を深めた。

参加者の間の信頼感は、非暴力のコミュニケーションを根底で支える。それは、相手からの問いかけに答えることなく一方的に「説明」なるものをし、相手に不信感を喚起するような暴力的なコミュニケーション（最近、政治家の記者会見でよく見る光景である）とは著しい対照をなす。このように市民的不服従は、いつもその目的の達成につながるわけではないが、その過程で「非暴力の文化」という副産物をもたらす。これが市民的不服従の歴史の教えてくれることである。

私は、社会運動から生まれる「非暴力の文化」が運動の枠を超えた意義を有すると考える。歴史研究者たちは、日本社会に根差した「暴力の文化」を明らかにしてきた（藤野 2020：シナワ 2020）。今も日本社会の主流の価値や規範には、「暴力の文化」なるものが埋め込まれている。近年、学校の運動部の暴力事件がメディアで取り上げられているが、そこには「暴力の文化」の根深さを見て取れる。事件自体は厳しい批判にさらされてはいるが、その後でも教育的善導であるならば、暴力を行使することが許されると発言する（元）スポーツ選手や芸能人が続出している。正しい意図ならば力の行使を肯定できるという信念が、依然として人びとの間に根深く残っている。これ以外にも、職場や教育現場における各種ハラスメントの事件は後を絶たない。

暴力を許容する社会は、男性中心主義的でもある。「男の子」の子育ての研究が指摘するのは、男性は小さい頃から女性よりも暴力の行使に寛容に育てられる傾向がある（ギーザ 2019）。性暴力はそうした寛容さの帰結の一つであり、「フラワーデモ」に見られるように、その寛容さは、近年、女性を中心とする激しい批判にさらされている。

こうした状況にあって、私は、市民的不服従が手段としての暴力を肯定する考え方からの決別の方法であると強調したい。それは、とりわけ日本のような暴力の正当化の論理が浸透している社会の変革に有効である。非暴力的抵抗は、エリートの政治的な意思決定に影響を及ぼすだけでなく、参加者の世界観や振る舞い方に変化を引き起こす。それは、既成の文化を刷新し、新しい文化を創造するのだ。不服従者の創出する「非暴力の文化」は、社会変革の道標である。市民的不服従を今日の日本社会で議論する意義は、ここにある。

参考文献

日本語

天野恵一 1998「〈暴力〉と〈非暴力〉——運動の中の、あるいは運動としての」、フォーラム 90s 研究委員会編『20世紀の政治思想と社会運動』、社会評論社：159–184.
安藤丈将 2013『ニューレフト運動と市民社会——「六〇年代」の思想のゆくえ』、世界思想社
安藤丈将 2019『脱原発の運動史——チェルノブイリ、福島、そしてこれから』、岩波書店

エルンマン、マレーナ&エルンマン、ベアタ&トゥーンベリ、グレタ&トゥーンベリ、スヴァンテ 2019『グレタ たったひとりのストライキ』、羽根由、寺尾まち子訳、海と月社
ギーザ、レイチェル 2019『ボーイズ――男の子はなぜ「男らしく」育つのか』、冨田直子訳、DU BOOKS
酒井隆史 2016『暴力の哲学』、河出書房新社
佐藤文香 2015「闘う――戦争・軍隊とフェミニズム」、伊藤公雄、牟田和恵編『ジェンダーで学ぶ社会学』、世界思想社
シナワ、エイコ・マルコ 2020『悪党・ヤクザ・ナショナリスト――近代日本の暴力政治』藤田美菜子訳、朝日新聞出版
鶴見俊輔 2012『身ぶりとしての抵抗』、河出文庫
廣野俊輔 2015「川崎バス闘争の再検討――障害者が直面した困難とは?」、『社会福祉学』、55-4: 43-55.
寺島俊穂 2004『市民的不服従』、風光社
藤野裕子 2020『民衆暴力――一揆・暴動・虐殺の日本近代』、中央公論新社
ボヴェ、ジョゼ&デュフール、フランソワ 2001『地球は売り物じゃない!――ジャンクフードと闘う農民たち』新谷淳一訳、紀伊國屋書店
益満雄一郎 2021『香港危機の700日全記録』、筑摩書房
武藤類子 2014『どんぐりの森から――原発のない世界を求めて』、緑風出版
三浦まり編 2016『日本の女性議員――どうすれば増えるのか』、朝日新聞出版
安丸良夫 2013『出口なお――女性教祖と救済思想』、岩波現代文庫
山本英弘 2019「社会運動を受容する政治文化――社会運動に対する態度の国際比較」、後房雄、坂本治也編『現代日本の市民社会――サードセクター調査による実証分析』、法律文化社:226-51.
油井大三郎 2019『平和を我らに――越境するベトナム反戦の声』、岩波書店

英語

Case, Benjamin S., 2019, "Nonviolent civil resistance: Beyond violence and nonviolence in the age of street rebellion", in Hank Johnston, (ed.), *Social Movements, non-violent resistance, and the state*, Routledge: 190–210.

Chenoweth, Erica, and Stephan, Maria J., 2013, *Why civil resistance works: the strategic logic of nonviolent conflict*, Columbia University Press.

Livingston, Alexander, 2021, "Nonviolence and the Coercive Turn" in William E. Scheuerman (ed.), *The Cambridge companion to civil disobedience*, Cambridge University Press.

Nepstad, Sharon Erickson, 2015, *Nonviolent struggle: theories, strategies, and dynamics*, Oxford University Press.

Sharp, Gene, 1973, *The politics of nonviolent action: Part Three The Dynamics of nonviolent action*, P. Sargent Pub.

訳者あとがき

過去十数年にわたり、市民による多様な政治活動のグローバルな台頭をわれわれは目撃してきた。二〇一〇年にチュニジアではじまった「アラブの春」と呼ばれる一連の民主化運動をはじめ、権威主義諸国における反政府抗議運動、人種差別の廃絶を訴えるブラック・ライブズ・マター（BLM）運動、さらには気候変動対策を求める若者たちのトランスナショナルな活動など、その形態や主題の点できわめて多様な活動が各地で繰り広げられてきた。他方、二〇一一年三月に発生した東日本大震災および福島第一原子力発電所事故の直後から、わが国でも市民の政治参加や自発的活動に対する関心がにわかに高まった。復興ボランティアや避難者支援、脱原発デモなどに続き、いわゆる「在日特権」をめぐる嫌韓・ヘイトデモとそれに対するカウンター行動、秘密保護法や安保関連法案に対する異議申し立て、そして在日米軍基地移設をめぐる運動など、二〇一〇年代における市民の直接行動に関しては数多くの事例を挙げることができる。しかしながら最近、こうした活動は徐々に縮小の傾向を見せている。日本において市民運動の裾野が広がらないひとつの理由として、市民の政治参加の権利に対する理解の不足から、そうした活動に嫌悪をあらわにする人びとが少なくないことが挙げられる。そうした反応によって、ひとたび直接行動への参加を思い立った人びとが、実際に行動に加わることを躊躇することもあるだろう。さまざまな種類の市民の直接行動のうち、政治的正当性を認められる活動が何であり、何がそうではないのか。現在必要とされているのは、この点に関する十分な知識に基づいた公共的な議論であるように思われる。

英国の大手学術出版社ポリティ・プレスから出版されているキー・コンセプツ・シリーズは、社会科学の諸テーマに関心を抱く者に最適な入門書として定評がある。その一冊である本書（*Civil Disobedience*, Polity Press, 2018）は、一般に「市民的不服従」と呼ばれる政治的行為の理路と、現代世界におけるその可能性を問う著作である。著者のウィリアム・E・ショイアマンは、インディアナ大学ブルーミントン校の政治学・国際関係学教授であり、現代政治理論や二〇世紀ドイツ政治思想に関する複数の研究書を著している。彼の研究活動の中心を占めるのは、一般に後期近代と呼ばれる社会‐政治的諸状況のもと、われわれが真に民主的な社会を構築するために必要とされる制度と実践についての問いであり、市民的不服従論はその重要な一角を占めている。彼は以下の七冊の単著のほか、複数の共著と編著、および多数の論文を世に送り出している。

Between the Norm and the Exception: The Frankfurt School and the Rule of Law (The MIT Press, 1994).
Carl Schmitt: The End of Law (Rowman & Littlefield, 1999; expanded ed. 2019).
Liberal Democracy and the Social Acceleration of Time (The Johns Hopkins University Press, 2004).

Frankfurt School Perspectives on Globalization, Democracy, and the Law (Routledge, 2008).
Hans J. Morgenthau: Realism and Beyond (Polity Press, 2009).
The Realist Case for Global Reform (Polity Press, 2011).
Civil Disobedience (Polity Press, 2018).

本書『市民的不服従』は、彼の最新の単著であり、日本語版のほか、スペイン語版（*Desobediencia civil*, Madrid: Alianza Editorial, 2019）が刊行されている。本書の特筆すべき点として、第一に、市民的不服従という概念に関する体系的かつ幅広い叙述が挙げられる。他の多くの政治的概念と同様に、市民的不服従は「本質的に論争的な概念」であり、この語の下に複数の互いに競合する理論および実践が積み重ねられてきた。本書は、マハトマ・ガンディーとマーティン・ルーサー・キングの宗教的理想主義を起点として、ベトナム反戦運動の時期に書かれたジョン・ロールズの『正義論』を中心とする市民的不服従のリベラルな諸理論、ハンナ・アーレントの共和主義的な見解、政治的義務という観念に根本的な挑戦を投げかけるアナキズムの見方、そしてユルゲン・ハーバーマスの民主主義理論における市民的不服従の位置づけにそれぞれ詳細な検討を加えたのち、近年の反グローバル運動や「ハクティビズム」の評価へと進む。このように本書は、一見すると市民的不服従論の歴史的発展——以前の立場の批判的継承——を描いているのであるが、それは必ずしも以前の立場が「乗り越えられた」ことを意味しない。本書序論にある通り、市民的不服従をめぐるこれら複数の見解は、それぞれ相互に還元できない固有の「モデル」を構成しており、現在なお一定の政治的影響力をそなえている。たとえばキングに見られるキリスト教的要素がアメリカの現実政治において依然として大きな影響力を保ち続けているという事実は、ジョージ・フロイドの死を契機とした二〇二〇年の大規模な抗議運動において再確認された。[1]このように本書は、市民的不服従の概念をめぐる論争の歴史を俯瞰するための材料を豊富に提供している。[2]

本書の第二の特色として、市民的不服従という行為の政治的正当性に関する入念な理論的考察が挙げられる。著者は、明快な類型論に基づき、市民的不服従の宗教的‐霊的モデル、自由主義モデル、民主主義モデル、そしてアナキズム・モデルの特徴をそれぞれ浮き彫りにしている。ロールズに代表されるリベラルな見方において、市民的不服従は、統治の正統性が損なわれた状況において例外的に許容される行為として、消極的な位置づけを与えられる。他方でアーレントやハーバーマスらは、民主的な統治を下支えする「活動的シティズンシップ」の理念の一角を構成する要素として、市民的不服従を積極的に評価する。現代の自由民主主義社会における市民的不服従という行為の正当性に関する議論は、このリベラルな見方と民主主義的な見方を中心に展開されていると言える。これらに加え、著者は両者よりもさらにラディカルな見方をも検討することにより、この政治的正当性の問いを掘り下げている。「不服従」以前に、われわれにはそもそも服すべき政治的義務というものがあるのかどうかという問いは、H・D・ソローに端を発し、近年注目されるジョン・シモンズの哲学的アナキズムに継承されている。かれらの主張は非常に論争的ではあるものの、政治的権威への服従という問いをその根本から考え直す契機を提供している点で重要である。わが国の政治理論および法哲学の分野でも、近年、遵法責務論や哲学的アナキズムの研究が増加しているが、本書の理論的洞察はそれらの研究成果と接続可能であるだろう。また第七章では、二〇一〇年代の主要な市民的不服従論を取り上げながらこれを批判的に考察することで、著者の立場をあらためて鮮明にしている。

第三に、とりわけ近年の「デジタル」領域における論争的な出来事——ウィキリークスやマニング裁判——をどのように理解すべきかに関して、本書は類書には見られない踏み込んだ議論を展開している。各国政府はこうしたインターネット上の活動を概して「違法行為」として厳しく処罰してきた。しかしながら著者によれば、この領域において「法の支配」を形骸化させてきたのはむしろ政府のほうである。すなわち、「国家安全保障」の名のもとに、市民のプライバシー権や、民主主義の実践に必要不可欠な「知る権利」が制限されてきたのである。著者は、市民的不服従という行為の前提条件となる「法の尊重」という観念に含まれる規範的要素を再考することを通じて、現代のハクティヴィズムをも正当に評価するための枠組みを提供することを試みている。

最後に、「法の支配」の観念の再考は、グローバル化に伴う諸状況に市民が応答する際にも重要となる。「民主主義の赤字」が常態化している現代政治において、（伝統的に国家と個人の関係を前提としてきた）市民的不服従を取り巻く状況が複雑化していると著者は指摘する。今日の民主的活動家たちは、一方における国家権力との対峙と、他方におけるグローバルな経済的権力への異議申し立てという二正面作戦を取ることを余儀なくされる。そこでは従来の（たとえばロールズ『正義論』における、主権国家の枠組みを前提とした）市民的不服従論をそのまま適用することはできない。しかしながら著者は、従来の図式に適切な修正を加えることで、この新たな状況に応答することが可能であるとしている。すなわち、

（1） 井上弘貴「全米抗議デモ、ついにトランプは「宗教保守」からも見放され始めた——アメリカと「宗教」の複雑な関係」、『現代ビジネス』二〇二〇年六月八日（https://gendai.ismedia.jp/articles/-/73148）

（2） 一九六〇年代を中心とする合衆国における市民的不服従をめぐる政治論争と、政治理論家たちによる市民的不服従の哲学的考察との対応関係については、たとえば Katrina Forrester, *In the Shadow of Justice* (Princeton University Press, 2019) でも詳説されている。

「法の支配」をグローバルな「力の政治」に対抗するための規範的根拠として、「公共圏」をグローバル化とデジタル化の時代にふさわしいトランスナショナルな市民活動の場として、それぞれ位置づけ直すことである。

以上のように本書は、市民的不服従をめぐる過去の思想的蓄積と現在の政治的諸実践との接続箇所を特定することで、両者の間の連続性と変化を読者に知らしめることができる著作である。たしかに、ガンディーやキングの生涯と思想に関する研究はすでに数多く存在するし、ロールズやハーバーマスの市民的不服従論を詳細に検討した研究も上梓されている。しかしながら、かれらの思想が異なる時代や社会にどのように受け継がれ、どのような変容を被ってきたのかについて、本書のような幅広い観点から、かつ分析的に論じた書物は少ない。また市民的不服従の概念を軸とした政治学と社会運動論との理論的架橋もいまだ発展途上の領域である。その意味で、本書の貢献は大きい。本書に不足する部分があるとすれば、著者も序文の中で認めているように、近年の東アジアにおける市民運動の評価を挙げることができるかもしれないが、この点はむしろ本邦をはじめアジア圏の研究者による著作が期待されるところであろう[3]。本書に収録した安藤丈将の論考もあわせてご参考いただきたい。

また最近、オックスフォード大学出版局の What Everyone Needs to Know® シリーズの一冊として、Erica Chenoweth, *Civil Resistance* (Oxford University Press, 2021) が公刊されたが、こちらは暴政に反対する市民による多様な抵抗活動という、市民的不服従よりも広いカテゴリーを、主として経験的な観点から取り扱う著作となっており、「法の尊重」に基づく法律違反という行為の政治的正統性をめぐる議論を軸とした本書『市民的不服従』とはアプローチを異にしている。しかしながら、両者はいずれも昨今の市民による直接行動の活発化に刺激を受けて生まれた作品であることは間違いなく、それゆえ、現代の多様な市民的政治運動を理解するために必要不可欠な知見を提供する著作であるだろう。

本書刊行の後、ショイアマンの編集による *The Cambridge Companion to Civil Disobedience* (Cambridge University Press, 2021) が出版されている。同書は、本書で著者が提示した類型論を共通の枠組みとして、市民的不服従の概念から導かれる複数の理論構想とその実践的含意を、多彩な論者の手によってさらに深く掘り下げている。市民的不服従をめぐるさらに広範な議論に踏み込むための入り口として、この翻訳書が何らかの助けとなれば幸いである。

本書の翻訳を手がけるきっかけとなったのは、藤井、安藤、森、そして小須田翔（早稲田大学）が参加する研究会にて、刊行間もない本書を輪読したことである。学術書の刊行が厳しい昨今の出版事情の中、本書の刊行にご尽力いただいた人文書院の各位、また校正作業を手際よく進めてくださった松岡隆浩さんに感謝申し上げたい。本書のために序文を用意してくれた著者のショイアマン教授は、引用箇所等に関する訳者の質問にも快くご回答いただき、また翻訳作業の遅れにもかかわらず、たびたび訳者を励ましてくださった。あらためて御礼を申し上げたい。翻訳の分担は以下のようになされた。第二章を秋田、第三章と第五章を藤井、第四章と第六章を井上、残りを森が担当し、下訳を相互にチェックしたのち、森が全体の調整作業として訳語や文体の統一などの取りまとめをおこなった。したがって、訳文に関する最終的な責任は森にある。おそらく残されているであろう誤訳について、読者の方々のご指摘をいただければ、大変ありがたく思う。

（3）たとえば、周保松・倉田徹・石井知章（著）、薫雲（写真）『香港雨傘運動と市民的不服従――「一国二制度」のゆくえ』社会評論社、二〇一九年。

翻訳の方針は以下の通りである。上述の通り、本書は本格的な研究書に劣らぬ内容をそなえているが、あくまで入門書シリーズの一冊であるため、訳文はなるべく読みやすいものになるように心がけた。各思想家特有の用語の訳出については既存の邦訳をできるかぎり参照したが、本書の全体的な議論の観点から一部変更している箇所があることをお断りしておきたい。原文の［　］による補足は［　］、訳者による補足は〔　〕で示した。また、文章の構造や意味内容をわかりやすくするために、適宜〈　〉を用いた。ひとつの単語が複数の意味をもつ場合や、文脈により異なる訳語を与える必要がある箇所では、ルビを振るか原語を併記するかした。

市民的不服従をめぐる議論の中で重要な概念のひとつが「正統性」ないし「正当性」である。政治理論分野では legitimacy という語の理解をめぐる議論が続けられており、本書でもその研究蓄積を前提とした考察がなされている。ここでは正統性をめぐる議論自体の詳細に立ち入ることはできないが、参考のため、本書では legitimacy を「正統性」、legitimation を「正統化」、正義の文脈における just を「正しい」または「正義に適う」、そして justification を「正当化」、validity を「妥当性」としていることを記しておきたい。他の政治概念については日本語としての読みやすさを優先して訳語の統一はせず、たとえば liberalism の訳語には「自由主義」と「リベラリズム」のいずれかを、democratic の訳語には「民主（的）」と「民主主義的」のいずれかを充てている。

ユルゲン・ハーバーマスは、市民的不服従行為に対する取り扱いが、民主的自己統治の実践において「一種のリトマス試験」の役割を果たす、と表現した。(4) わが国における民主主義の成熟に本書が少しでも貢献するところがあれば、訳者一同にとって、この上ない喜びである。

二〇二二年一月

訳者を代表して　森達也

（4）　ユルゲン・ハーバーマス『自然主義と宗教の間』庄司信・日暮雅夫・池田成一・福山隆夫訳、法政大学出版局、二〇一四年、二八八頁。

Zashin, Elliot M. (1972). *Civil Disobedience and Democracy*. New York: Free Press.

Zerilli, Linda (2014). "Against Civility: A Feminist Perspective." In Austin Sarat (ed.) *Civility, Legality, and Justice in America*. New York: Cambridge University Press, pp. 107–31.

Zinn, Howard (1971). "The Conspiracy of Law." In Robert P. Wolff (ed.) *The Rule of Law*. New York: Simon & Schuster, pp. 1–12.

Zinn, Howard (1990). Declarations of Independence: Cross-Examining American Ideology. New York: HarperCollins.〔飯野正子・高村宏子訳『甦れ独立宣言——アメリカ理想主義の検証』人文書院、1993年〕

Zinn, Howard (2002 [1968]). *Disobedience and Democracy: Nine Fallacies on Law and Order*. Cambridge, MA: South End Press.

Zohlhöfer, Reimut and Ohringer, Herbert (2006). "Selling Off the 'Family Silver': The Politics of Privatization." *World Political Science Review* 2: 30–52.

Züger, Theresa (2015). "Three Ways to Understanding Civil Disobedience in a Digitized World," June 19. Available at: https://www.hiig.de/blog/three-ways-to-understanding-civil-disobedience-in-a-digitized-world/

Zwiebach, Burton (1975). *Civility and Disobedience*. Cambridge: Cambridge University Press.

About It. New York: Cambridge University Press.
Vinthagen, Stellan (2015). *A Theory of Nonviolent Action: How Civil Resistance Works*. London: Zed Books.
Volpp, Leti (2014). "Civility and the Undocumented Alien." In Austin Sarat (ed.) *Civility, Legality, and Justice in America*. New York: Cambridge University Press, pp. 69-106.
Waldron, Jeremy (1999). *The Dignity of Legislation*. New York: Cambridge University Press.〔長谷部恭男・愛敬浩二・谷口功一訳『立法の復権——議会主義の政治哲学』岩波書店、2003年〕
Waldron, Jeremy (2011). "The Rule of Law and the Importance of Procedure." In James E. Fleming (ed.) *Getting to the Rule of Law*. New York: New York University Press, pp. 3-31.
Walzer, Michael (1970 [1969]). *Obligations: Essays on Disobedience, War, and Citizenship*. New York: Simon & Schuster.〔山口晃訳『義務に関する11の試論——不服従、戦争、市民性』而立書房、1993年〕
Weber, Max (2004 [1919]). "Politics as a Vocation." In David Owen and Tracy Strong (eds.), The Vocation Lectures. Indianapolis, IN: Hackett.〔野口雅弘訳『仕事としての学問 仕事としての政治』講談社、2018年〕
Weber, Thomas (2004). *Gandhi as Disciple and Mentor*. Cambridge: Cambridge University Press.
Welchman, Jennifer (2001). "Is Ecosabotage Civil Disobedience?" *Philosophy and Geography* 4(1): 97-107.
White, Jonathan (2015). "Emergency Europe," *Political Studies* 63(2): 300-18.
White, Stephen and Farr, Eva Robert (2012). "'No-Saying' in Habermas," *Political Theory* 40(19): 32-57.
Whittington, Keith (2000). "In Defense of Legislatures," *Political Theory* 28: 690-702.
Wolff, Robert Paul (1970). *In Defense of Anarchism*. New York: Harper & Row.
Woodcock, George (1966). *Civil Disobedience*. Toronto: Canadian Broadcasting Corporation.
Woozley, A. D. (1976). "Civil Disobedience and Punishment," *Ethics* 86(4): 323-31.
Yingling, M. Patrick (2016). "Civil Disobedience to Overcome Corruption: The Case of Occupy Wall Street," *Indiana Journal of Law and Social Equality* 4(2): 121-34.

BCE to the Present. Chicago, IL: University of Chicago Press.

Sparks, Holloway (1997). "Dissident Citizenship: Democratic Theory, Political Courage, and Activist Women," *Hypatia* 12(1): 74–110.

Specter, Matthew G. (2010). *Habermas: An Intellectual Biography.* New York: Cambridge University Press.

Starnes, Todd (2016). "Hey, Black Lives Matter, Stop Terrorizing Our Cities," July 11. Available at: http://www.foxnews.com/opinion/2016/07/11/hey-black-lives-matter-stop-terrorizing-our-cities.html

Stevick, Daniel B. (1969). *Civil Disobedience and the Christian.* New York: Seabury Press.

Stone, Geoffrey (2004). *Perilous Times: Free Speech in Wartime - From the Sedition Act of 1798 to the War on Terrorism.* New York: Norton.

Storing, Herbert (1991 [1969]). "The Case Against Civil Disobedience." In Hugo A. Bedau (ed.) *Civil Disobedience in Focus.* New York: Routledge, pp. 85–102.

Sutterlüty, Ferdinand (2014). "The Hidden Morale of the 2005 French and 2011 English Riots," *Thesis Eleven* 121(1): 38–56.

Tamanaha, Brian (2004). *On the Rule of Law: History, Politics, Theory.* New York: Cambridge University Press.

Tarrow, Sidney (2005). *The New Transnational Activism.* Cambridge: Cambridge University Press.

Taylor, Bob Pepperman (1996). *America's Bachelor Uncle: Thoreau and the American Polity.* Lawrence, KS: University of Kansas Press.

Taylor, Bob Pepperman (2015). *The Routledge Guidebook to Thoreau's Civil Disobedience.* London: Routledge.

Terchek, Ronald J. (1998). *Gandhi: Struggling for Autonomy.* Lanham, MD: Rowman & Littlefield.

Thomassen, Lasse (2007). "Within the Limits of Deliberative Reason Alone: Habermas, Civil Disobedience and Constitutional Democracy," *European Journal of Political Theory* 6(2): 200–18.

Thoreau, Henry (1996). *Thoreau: Political Writings,* Nancy Rosenblum (ed.). New York: Cambridge University Press.

Tolstoy, Leo (1967). *Tolstoy's Writings on Civil Disobedience and Non-Violence.* New York: Signet.

Velasco, Juan Carlos (2016). "Revitalizing Democracy Through Civil Disobedience," *Filosofia Unisinos* 17(2): 111–20.

Verkuil, Paul R. (2007). *Outsourcing Sovereignty: Why Privatization of Government Functions Threatens Democracy and What We Can Do*

Simmons, A. John (2005). "Civil Disobedience and the Duty to Obey the Law." In R. G. Frey and Christopher Heath Wellman (eds.) *A Companion to Applied Ethics*. Chichester: Wiley.

Simmons, A. John (2010). "Disobedience and Its Objects," *Boston University Law Review* 90: 1805-31.

Singer, Peter (1973). *Democracy and Disobedience*. Oxford: Clarendon Press.

Sitze, Adam (2013). "Foreword." In Raddaele Laudani, *Disobedience in Western Political Thought: A Genealogy*. Cambridge: Cambridge University Press, pp. vii-xxvi.

Smart, Barry (1991 [1978]). "Defining Civil Disobedience." In Hugo A. Bedau (ed.) *Civil Disobedience in Focus*. New York: Routledge, pp. 189-211.

Smith, Jackie (2007). *Social Movements for Global Democracy*. Baltimore, MD: Johns Hopkins University Press.

Smith, M. B. E. (1973). "Is There a Prima Facie Obligation to Obey the Law?" *Yale Law Journal* 82: 950-76.

Smith, Verity (2009). "Hannah Arendt on Civil Disobedience and Constitutional Patriotism." In Roger Berkowitz, Jeffrey Katz, and Thomas Keenan (eds.) *Thinking in Dark Times: Hannah Arendt on Ethics and Politics*. New York: Fordham University Press, pp. 105-12.

Smith, William (2008). "Civil Disobedience and Social Power: Reflections on Habermas," *Contemporary Political Theory* 7: 72-89.

Smith, William (2012). "A Constitutional Niche for Civil Disobedience? Reflections on Arendt." In Marco Goldoni and Christopher McCorkindale (eds.) *Hannah Arendt and the Law*. Oxford: Hart, pp. 133-50.

Smith, William (2013). *Civil Disobedience and Deliberative Democracy*. Abingdon: Routledge.

Smith, William (2015). "Global Civil Disobedience: Cabrera on Unauthorized Economic Migration," *Contemporary Political Theory* 14: 90-9.

Snowden, Edward (2013). "Statement by Edward Snowden to Human Rights Groups at Moscow's Sheremetyevo Airport," July 12. Available at: https://wikileaks.org/Statement-by-Edward-Snowden-to.html〔「スノーデン氏の声明全文――ウィキリークス公表」、『The Wall Street Journal 日本語版』2013年7月2日、available at: https://jp.wsj.com/articles/SB10001424127887323751804578580223743573906〕

Sorabji, Richard (2014). *Moral Conscience Through the Ages: Fifth Century

Nondemocracies. Minneapolis, MN: University of Minnesota Press.
Schock, Kurt (2015). *Civil Resistance Today*. Cambridge: Polity.
Schuppert, Gunnar (2010). *Staat als Prozess*. Frankfurt: Campus.
Sebastian, Simone (2015). "Don't Criticize Black Lives Matter for Provoking Violence. The Civil Rights Movement Did, Too," *Washington Post*, October 1.
Senor, Thomas D. (1987). "What If There Are No Political Obligations? A Reply to A. J. Simmons," *Philosophy and Public Affairs*, 16(3): 260-8.
Sharp, Gene (1973). *The Politics of Nonviolent Action*. Boston, MA: Sargent Publishers.
Shelby, Tommie (2007). "Justice, Deviance, and the Dark Ghetto," *Philosophy and Public Affairs*, 35(2): 126-60.
Shelby, Tommie (2016). *Dark Ghettos: Injustice, Dissent, and Reform*. Cambridge, MA: Belknap Press of Harvard University Press.
Shklar, Judith N. (1986 [1964]). *Legalism: Law, Morals, and Political Trials*. Cambridge, MA: Harvard University Press. 〔田中成明訳『リーガリズム――法と道徳・政治』(岩波モダンクラシックス) 岩波書店、2000年〕
Shorrock, Tim (2008). *Spies for Hire: The Secret World of Intelligence Outsourcing*. New York: Simon & Schuster.
Shridharani, Krishnalal (1972 [1939]). *War Without Violence: A Study of Gandhi's Method and Its Accomplishments*. New York: Garland.
Sibley, Mulford Q. (1972 [1965]). "On Political Obligation and Civil Disobedience." In Michael P. Smith and Kenneth L. Deutsch (eds.) *Political Obligation and Civil Disobedience: Readings*. New York: Thomas Crowell, pp. 21-34.
Simmons, A. John (1979). *Moral Principles and Political Obligation*. Princeton, NJ: Princeton University Press.
Simmons, A. John (1987). "The Anarchist Position," *Philosophy and Public Affairs* 16(3): 269-79.
Simmons, A. John (1993). *On the Edge of Anarchy: Locke, Consent, and the Limits of Society*. Princeton, NJ: Princeton University Press.
Simmons, A. John (1996). "Philosophical Anarchism." In John T. Sanders and Jan Narveson (eds.) *For and Against the State: New Philosophical Readings*. Lanham, MD: Rowman & Littlefield, pp. 19-39.
Simmons, A. John (2001). *Justification and Legitimacy: Essays on Rights and Obligations*. Cambridge: Cambridge University Press.

〔「市民としての反抗」、『世界』184号（1961年4月）、108-111頁〕
Sabl, Andrew (2001). "Looking Forward to Justice: Rawlsian Civil Disobedience and Its Non-Rawlsian Lessons," *Journal of Political Philosophy* 9(3): 307-30.
Sauter, Molly (2014). *The Coming Swarm: DDoS Actions, Hacktivism, and Civil Disobedience on the Internet.* London: Bloomsbury.
Scalmer, Sean (2011). *Gandhi in the West: The Mahatma and the Rise of Radical Protest.* Cambridge: Cambridge University Press.
Schauer, Frederick (2015). *The Force of Law.* Cambridge, MA: Harvard University Press.
Scheuerman, William E. (1995). "Majority Rule and the Environmental Crisis: Critical Reflections on the German Debate," *German Politics & Society* 13(2): 35-59.
Scheuerman, William E. (1999). "Economic Globalization and the Rule of Law," *Constellations* 6(1): 3-25.
Scheuerman, William E. (2004). *Liberal Democracy and the Social Acceleration of Time.* Baltimore, MD: Johns Hopkins University Press.
Scheuerman, William E. (2014a). "Cosmopolitanism and the World State," *Review of International Studies* 40(3): 419-41.
Scheuerman, William E. (2014b). "Whistleblowing as Civil Disobedience: The Case of Edward Snowden," *Philosophy and Social Criticism* 40(7): 609-28.
Scheuerman, William E. (2015). "From Global Governance to Global Stateness." In Robert Schuett and Peter M. R. Stirk (eds.) *The Concept of the State in International Relations: Philosophy, Sovereignty, Cosmopolitanism.* Edinburgh: Edinburgh University Press, pp. 187-220.
Scheuerman, William E. (2016). "Crises and Extralegality from Above and from Below." In Poul F. Kjaer and Niklas Olsen (eds.) *Critical Theories of Crisis in Europe.* Lanham, MD: Rowman & Littlefield, pp. 197-212.
Scheuerman, William E. (2017). "What is Political Resistance?" Available at: http://www.publicseminar.org/2017/02/what-is-political-resistance/#.WSBqd9y1uUk
Schneiderman, David (2001). "Investment Rules and the Rule of Law," *Constellation* 8(4): 521-37.
Schock, Kurt (2005). *Unarmed Insurrections: People Power Movements in*

Routledge-Cavendish.
Rawls, John (1969 [1966]). “The Justification of Civil Disobedience.” In Hugo A. Bedau (ed.) *Civil Disobedience: Theory and Practice*. Indianapolis, IN: Bobbs-Merrill, pp. 240–55.
Rawls, John (1971). *A Theory of Justice*. Cambridge, MA: Harvard University Press.〔川本隆史・福間聡・神島裕子訳『正義論 改訂版』、紀伊國屋書店、2010年〕
Rawls, John (1993). *Political Liberalism*. Cambridge, MA: Harvard University Press.〔神島裕子・福間聡訳、川本隆史解説『政治的リベラリズム 増補版』筑摩書房、2022年〕
Raz, Joseph (2009 [1979]). *The Authority of Law*. Oxford: Oxford University Press.
Reiman, Jeffrey H. (1972). *In Defense of Political Philosophy*. New York: Harper & Row.
Reynolds, Barbara (2015). “I Was a Civil Rights Activist in the 1960s. But it's Hard for Me to Get Behind Black Lives Matter,” *Washington Post*, August 24.
Richards, David A. J. (2004). “Ethical Religion and the Struggle of Human Rights: The Case of Martin Luther King, Jr.,” *Fordham Law Review* 72(5): 2105–52.
Risen, James and Thomas, Judy L. (1998). *Wrath of Angels: The American Abortion War*. New York: Basic Books.
Ritter, Alan (1980). *Anarchism: A Theoretical Analysis*. Cambridge: Cambridge University Press.
Roberts, Adam and Garton Ash, Timothy (eds.) (2011). *Civil Resistance and Power Politics: The Experience of Non-violent Action from Gandhi to the Present*. Oxford: Oxford University Press.
Rosa, Hartmut and Scheuerman, William E. (eds.) (2009). *HighSpeed Society: Social Acceleration, Power, and Modernity*. University Park, PA: Pennsylvania State University Press.
Rosen, Michael (2012). *Dignity: Its History and Meaning*. Cambridge, MA: Harvard University Press.
Rosenblum, Nancy (1981). “Thoreau's Militant Conscience,” *Political Theory* 9(1): 81–110.
Rudolph, Susanne Hoeber and Rudolph, Lloyd (1967). Gandhi: The Traditional Roots of Charisma. Chicago, IL: University of Chicago Press.
Russell, Bertrand (1961). “Civil Disobedience,” *New Statesman* 61: 245–6.

Newman, Saul (2016). *Postanarchism*. Cambridge: Polity.
Nimtz, August (2016). "Violence and/or Nonviolence in the Success of the Civil Rights Movement: The Malcolm X-Martin Luther King, Jr. Nexus," *New Political Science* 38(1): 1-22.
Ogunye, Temi (2015). "Transnational Civil Disobedience and Global Justice," *Ethics and Global Politics* 8(1): 1-23.
Owen, Taylor (2015). *Disruptive Power: The Crisis of the State in the Digital Age*. New York: Oxford University Press.
Parekh, Bhikhu (1989). *Gandhi's Political Philosophy: A Critical Examination*. New York: Springer.
Pateman, Carole (1970). *Participation and Democratic Theory*. Cambridge: Cambridge University Press.〔寄本勝美訳『参加と民主主義理論』早稲田大学出版部、1977年〕
Pateman, Carole (1985 [1979]). *The Problem of Political Obligation: A Critique of Liberal Theory*. Berkeley, CA: University of California Press.
Perrine, Aaron (2001). "The First Amendment Versus the World Trade Organization: Emergency Powers and the Battle of Seattle," *Washington Law Review*, 76 (2001): 635-68.
Perry, Lewis (2013). *Civil Disobedience: An American Tradition*. New Haven, CT: Yale University Press.
Peterson, Andrea (2015). "Edward Snowden Says He Would Go to Jail to Come Back to the US," *Washington Post*, October 6.
Petherbridge, Danielle (2016). "Between Thinking and Action: Arendt on Conscience and Civil Disobedience," *Philosophy and Social Criticism* 42(10): 971-81.
Pettit, Philip (1997). *Republicanism: A Theory of Freedom and Government*. New York: Oxford University Press.
Pineda, Erin (2015). "Civil Disobedience and Punishment: (Mis)reading Justification and Strategy from SNCC to Snowden," *History of the Present* 5(1): 1-30.
Pogge, Thomas (1988). *Realizing Rawls*. Ithaca, NY: Cornell University Press.
Preuss, Ulrich (1995). *Constitutional Revolution: The Link Between Constitutionalism and Progress*. Atlantic Highlands, NJ: Humanities Press.
Quint, Peter (2008). *Civil Disobedience and the German Courts: The Pershing Missile Protests in Comparative Perspective*. Abingdon:

Political and Legal Obligation. New York: New York University Press, pp. 370–400.

Madar, Chase (2013). *The Passion of Bradley Manning*. London: Verso.

Mantena, Karuna (2012). "Another Realism: The Politics of Gandhian Nonviolence." *American Political Science Review* 106(2): 455–70.

Markovits, Daniel (2005). "Democratic Disobedience," *Yale Law Journal* 114: 1897–952.

Maus, Ingeborg (1992). *Zur Aufklärung der Demokratietheorie*. Frankfurt: Suhrkamp.

Maxwell, Carol J.C. (2002). *Pro-Life Activists in America: Meaning, Motivation, and Direct Action*. Cambridge: Cambridge University Press.

May, Todd (2015). *Nonviolent Resistance: A Philosophical Introduction*. Cambridge: Polity.

McWilliams, Wilson Carey (1969). "Civil Disobedience and Contemporary Constitutionalism: The American Case," *Comparative Politics* 1(2): 211–27.

Medsger, Betty (2014). *The Burglary: The Discovery of J. Edgar Hoover's Secret FBI*. New York: Vintage.

Metzger, Gillian E. (2009). "Private Delegations, Due Process, and the Duty to Supervise." In Jody Freeman and Martha Minow (eds.) *Government by Contract: Outsourcing and American Democracy*. Cambridge, MA: Harvard University Press, pp. 291–309.

Miller, David (1984). *Anarchism*. London: J.M. Dent.

Miller, Nathan (2015). "International Civil Disobedience: Unauthorized Interventions and the Conscience of the International Community," *Maryland Law Review* 74: 315–76.

Milligan, Tony (2013). *Civil Disobedience: Protest, Justification, and the Law*. London: Bloomsbury.

Moulin-Dos, Claire (2015). *Civic Disobedience: Taking Politics Seriously*. Baden-Baden: Nomos.

Neumann, Franz L. (1957). *The Democratic and Authoritarian State*. Glencoe, IL: Free Press.〔内山秀夫・三辺博之他訳『民主主義と権威主義国家』河出書房新社、1977年〕

Newman, Saul (2011). "Postanarchism: A Politics of Anti-Politics," *Journal of Political Ideologies* 16(3): 313–27.

Newman, Saul (2012). "Anarchism and Law: Towards a Post-Anarchist Ethics of Disobedience," *Griffith Law Review* 21(2): 307–29.

Democratic Politics. Princeton, NJ: Princeton University Press.
Kohn, Margaret (2013). "Privatization and Protest: Occupy Wall Street, Occupy Toronto, and the Occupation of Public Space in a Democracy," *Perspectives on Politics*, 11(1): 99–109.
Kopstein, Joshua (2013). "Hacker with a Cause," *The New Yorker*, November 21. Available at: http://www.newyorker.com/tech/elements/hacker-with-a-cause
Kornhauser, Anne M. (2015). *Debating the American State: Liberal Anxieties and the New Leviathan, 1930–1970*. Philadelphia, PA: University of Pennsylvania Press.
Kosek, Joseph Kip (2008). *Acts of Conscience: Christian Nonviolence and Modern American Democracy*. New York: Columbia University Press.
Kramnick, Isaac and Moore, R. Laurence (2005). *The Godless Constitution: A Moral Defense of the Secular State*. New York: Norton.
Kraut, Richard (1984). *Socrates and the State*. Princeton, NJ: Princeton University Press.
Laker, Thomas (1986). *Ziviler Ungehorsam. Geschichte-Begriff-Rechtfertigung*. Baden-Baden: Nomos.
Laudani, Raffaele (2013). *Disobedience in Western Political Thought: A Genealogy*. Cambridge: Cambridge University Press.
Lefkowitz, David (2007). "On a Moral Right to Civil Disobedience," *Ethics* 117: 202–33.
Leigh, David and Harding, Luke (2011). *Wikileaks: Inside Julian Assange's War on Secrecy*. New York: PublicAffairs.
Lovell, Jarret S. (2009). *Crimes of Dissent: Civil Disobedience, Criminal Justice, and the Politics of Conscience*. New York: New York University Press.
Lowery, Wesley (2016). *"They Can't Kill Us All": Ferguson, Baltimore, and a New Era in America's Racial Justice Movement*. New York: Little, Brown and Company.
Ludlow, Peter (2013). "The Strange Case of Barrett Brown," *The Nation*, June 18. Available at: https://www.thenation.com/article/strange-case-barrett-brown/
Lyons, David (2013). *Confronting Injustice: Moral History and Political Theory*. Oxford: Oxford University Press.
MacCallum, Gerald C. (1970). "Some Truths and Untruths About Civil Disobedience." In J. Roland Pennock and John Chapman (eds.)

Hurrelmann, Achim, Leibfried, Stephan, Martens, Kerstin, and Mayer, Peter (eds.) (2007). *Transforming the Golden-Age Nation State*. Basingstoke: Palgrave Macmillan.

Isaac, Jeffrey (1992). *Arendt, Camus, and Modern Rebellion*. New Haven, CT: Yale University Press.

Isserman, Maurice (1987). *If I Had a Hammer...: The Death of the Old Left and the Birth of the New Left*. New York: Basic Books.

Jackson, Thomas F. (2007). *From Civil Rights to Human Rights: Martin Luther King, Jr., and the Struggle for Economic Justice*. Philadelphia, PA: University of Pennsylvania Press.

James, Gene G. (1973). "The Orthodox Theory of Civil Disobedience," *Social Theory and Practice*, 2(4): 475–98.

Joerges, Christian (2012). "Europe's Economic Constitution in Crisis." Bremen: ZenTra Working Papers in Transnational Studies 06/2012.

Kalyvas, Andreas (2008). *Democracy and the Politics of the Extraordinary: Max Weber, Carl Schmitt, and Hannah Arendt*. New York: Cambridge University Press.

Kapur, Sudarshan (1992). *Raising Up a Prophet: The African-American Encounter with Gandhi*. Boston, MA: Beacon Press.

Kateb, George (1983). *Hannah Arendt: Politics, Conscience, Evil*. Totowa, NJ: Rowman & Allanheld.

Kateb, George (2006). *Patriotism and other Mistakes*. New Haven, CT: Yale University Press.

Kennedy, Randall (2015). "Lifting as We Climb: a Progressive Defense of Respectability Politics," *Harper's Magazine*, October: 24, 26–34.

King, Martin Luther (1986a [1958]). *Stride Toward Freedom: The Montgomery Story*. New York: Harper & Row.〔雪山慶正訳『自由への大いなる歩み――非暴力で闘った黒人たち』岩波書店、1959年〕

King, Martin Luther (1986b). *A Testament of Hope: The Essential Writings and Speeches of Martin Luther King, Jr.*, James M. Washington (ed.). New York: Harper & Row.

King, Martin Luther (1991 [1963]). "Letter from Birmingham City Jail." In Hugo Bedau (ed.) *Civil Disobedience in Focus*. New York: Routledge, pp. 68–84.〔「バーミングハムの獄中から答える」、中島和子・古川博巳訳『黒人はなぜ待てないか』みすず書房、1966年、所収〕

King, Martin Luther (2016). *The Radical King*, Cornel West (ed.). Boston, MA: Beacon Press.

Kirkpatrick, Jennet (2008). *Uncivil Disobedience: Studies in Violence and*

Public Sphere: An Inquiry into a Category of Bourgeois Society, Thomas Burger (trans.). Cambridge, MA: MIT Press.〔細谷貞雄・山田正行訳『公共性の構造転換——市民社会の一カテゴリーについての探究（第二版)』未來社、1994年〕

Habermas, Jürgen (1996 [1992]). *Between Facts and Norms: Contributions to a Discourse Theory of Law and Democracy*, William Rehg (trans.). Cambridge, MA: MIT Press.〔河上倫逸・耳野健二訳『事実性と妥当性——法と民主的法治国家の討議理論にかんする研究（上・下)』未來社、2003年〕

Habermas, Jürgen (2004). "Religious Tolerance: The Pacemaker for Cultural Rights," *Philosophy* 79: 5-18.〔「宗教的寛容——文化的諸権利のペースメーカー」、庄司信・日暮雅夫・池田成一・福山隆夫訳『自然主義と宗教の間——哲学論集』法政大学出版局、2014年、所収〕

Haksar, Vinit (1986). *Civil Disobedience, Threats and Offers: Gandhi and Rawls*. Delhi: Oxford University Press.

Haksar, Vinit (2003). "The Right to Civil Disobedience," *Osgoode Hall Law Journal* 41 (2-3): 408-26.

Hanson, Russell L. (2017). "A Brief Conceptual History of Civil Disobedience, from Thoreau to Gandhi and King," presented at Midwest Political Science Association Annual Meeting, Chicago, April 6-9.

Harcourt, Bernard E. (2012). "Political Disobedience," *Critical Inquiry* 39(1): 33-55.

Harcourt, Bernard E. (2015). *Exposed: Desire and Disobedience in the Digital Age*. Cambridge, MA: Harvard University Press.

Harris, Edward A. (1991). "Fighting Philosophical Anarchism with Fairness: The Moral Claims of Law in the Liberal State," *Columbia Law Review* 91: 919-64.

Hatzopoulos, Pavlos and Patelis, Korinna (2013). "The Comrade is Violent: Liberal Discourse of Violence in Anti-Austerity Greece," *Theory & Event*, 16(1).

Held, David (2006). *Models of Democracy*, 3rd edn. Cambridge: Polity.〔中谷義和訳『民主政の諸類型』御茶の水書房、1998年〕

Hill, Jason (2013). *Civil Disobedience and the Politics of Identity: When We Should Not Get Along*. New York: Palgrave.

Horton, John (2010). *Political Obligation*, 2nd edn. London: Palgrave.

Hughes, Michael L. (2014). "Civil Disobedience in Transnational Perspective: American and West German Anti-Nuclear-Power Protesters, 1975-1982," *Historical Social Research* 39: 236-53.

Green-Globalization-Civil-Disobedience-and-the-Rule-of-Law-2006.pdf
Greenawalt, Kent (1989). *Conflicts of Law and Morality*. Oxford: Oxford University Press.
Greenberg, Andy (2012). *This Machine Kills Secrets: Julian Assange, the Cypherpunks, and Their Fight to Empower Whistleblowers*. New York: Penguin.
Greenwald, Glenn, Ewan, MacAskill, and Poitras, Laura (2013). "Edward Snowden: The Whistleblower Behind the NSA Surveillance Revelations," *The Guardian*, June 9.
Gregg, Richard B. (1970 [1959]). *The Power of Nonviolence*. New York: Schocken Books.
Guggenberger, Bernd and Offe, Claus (eds.) (1984). *An den Grenzen der Mehrheitsdemokratie*. Opladen: Westdeutscher Verlag.
Habermas, Jürgen (1975 [1973]). *Legitimation Crisis*, Thomas McCarthy (trans.). Cambridge, MA: MIT Press.〔山田正行・金慧訳『後期資本主義における正統化の問題』岩波書店、2018年〕
Habermas, Jürgen (1985a [1979]). "Introduction." In *Observations on "The Spiritual Situation of the Age,"* Andrew Buchwalter (trans.). Cambridge, MA: MIT Press, pp. 1-30.
Habermas, Jürgen (1985b [1983]). "Civil Disobedience: Litmus Test for the Democratic Constitutional State," John Torpey (trans.). *Berkeley Journal of Sociology* 30: 95-116.〔「市民的不服従——民主的法治国家のテストケース」、河上倫逸監訳『新たなる不透明性』松籟社、1995年、所収/「核時代の市民的不服従」、三島憲一訳『近代　未完のプロジェクト』岩波現代文庫、2000年、所収〕
Habermas, Jürgen (1985c [1984]). "Right and Violence: A German Trauma," Martha Calhoun (trans.). *Cultural Critique* 1: 125-39.〔「法と権力(暴力)——ドイツ(人)のトラウマ」、河上倫逸監訳『新たなる不透明性』松籟社、1995年、所収〕
Habermas, Jürgen (1986 [1976]). "Hannah Arendt's Communications Concept of Power." In Steven Lukes (ed.) *Power*. New York: New York University Press, pp. 75-93.〔「ハンナ・アレントによる権力概念」、小牧治・村上隆夫訳『哲学的・政治的プロフィール(上)——現代ヨーロッパの哲学者たち』未來社、1984年、所収〕
Habermas, Jürgen (1987 [1986]) "Über Moral, Recht, ziviler Ungehorsam und Moderne." In *Eine Art Schadensabwicklung*. Frankfurt: Suhrkamp, pp. 64-9.
Habermas, Jürgen (1989 [1962]). *The Structural Transformation of the*

Press.
Gandhi, Mohandas K. (1986b). *The Moral and Political Writings of Mahatma Gandhi*, Vol. II, Raghavan Iyer (ed.). Oxford: Oxford University Press.
Gandhi, Mohandas K. (1987). *The Moral and Political Writings of Mahatma Gandhi*, Vol. III, Raghavan Iyer (ed.). Oxford: Oxford University Press.
Gandhi, Mohandas K. (1993 [1957]). *An Autobiography: The Story of My Experiments with Truth*. Boston, MA: Beacon Press.〔蠟山芳郎訳『ガンジー自伝』中央公論新社、2004年〕
Gandhi, Mohandas K. (2008). *The Essential Writings*, Judith M. Brown (ed.). Oxford: Oxford University Press.
Gans, Chaim (1992). *Philosophical Anarchism and Political Disobedience*. Cambridge: Cambridge University Press.
Garber, Megan (2015). "The Revolutionary Aims of Black Lives Matter," *The Atlantic*, September 30. Available at: https://www.theatlantic.com/politics/archive/2015/09/black-lives-matter-revolution/408160/
Genschel, Philipp and Zangl, Bernhard (2008). "Metamorphosen des Staates - vom Herrschaftsmonopolisten zum Herrschaftsmanager," *Leviathan* 36: 430–54.
Ginsberg, Benjamin (2013). *The Value of Violence*. Amherst, NY: Prometheus Books.
Goodin, Robert (2005). "Toward an International Rule of Law: Distinguishing International Law-Breakers from Would-be Lawmakers," *Journal of Ethics* 9(1): 225–46.
Goodman, Paul (1970). *New Reformation: Notes of a Neolithic Conservative*. New York: Random House.
Goodway, David (2012). "Not Protest But Direct Action: Anarchism Past and Present," *History & Policy*. Available at: http://www.historyandpolicy.org/policy-papers/papers/not-protest-but-direct-action-anarchism-past-and-present
Gould-Wartofsky, Max (2015). *The Occupiers: The Making of the 99 Percent Movement*. New York: Oxford University Press.
Graeber, David (2002). "The New Anarchists," *New Left Review* 13: 61–73.
Graeber, David (2009). *Direct Action: An Ethnography*. Edinburgh: AK Press.
Green, Leslie (1988). *The Authority of the State*. Oxford: Clarendon Press.
Green, Leslie (2002). "Globalization, Disobedience, and the Rule of Law." Available at: http://www.iilj.org/wp-content/uploads/2016/11/

Books.
Epstein, Barbara (1991). *Political Protest and Cultural Revolution: Nonviolent Direct Action in the 1970s and 1980s*. Berkeley, CA: University of California Press.
Farmer, James (1965). *Freedom, When?* New York: Random House.
Feinberg, Joel (1979). "Civil Disobedience in the Modern World," *Humanities in Society* 2(1): 37-60.
Ferrara, Alessandro (2014). *The Democratic Horizon: Hyperpluralism and the Renewal of Political Liberalism*. Cambridge: Cambridge University Press.
Foley, Michael S. (2003). *Confronting the War Machine: Draft Resistance During the Vietnam War*. Chapel Hill, NC: University of North Carolina Press.
Fortas, Abe (1968). *Concerning Dissent and Civil Disobedience*. New York: Signet.
Fraenkel, Ernst (2017 [1941]). *The Dual State: A Contribution to the Theory of Dictatorship* (with introduction by Jens Meierhenrich). Oxford: Oxford University Press.
Franceschet, Antonio (2015). "Theorizing State Civil Disobedience in International Politics," *Journal of International Political Theory* 11(2): 239-56.
Frankenberg, Günter (1984). "Ziviler Ungehorsam und rechtsstaatliche Demokratie," *JuristenZeitung* 39(6): 266-75.
Fraser, Nancy (2009). *Scales of Justice: Reimagining Political Space in a Globalizing World*. New York: Columbia University Press. 〔向山恭一訳『正義の秤――グローバル化する世界で政治空間を再想像すること』法政大学出版局、2013年〕
Freeman, Harrop (1966). "Civil Disobedience and the Law," *Rutgers Law Review* 21(1): 17-27.
Freeman, Jody and Minow, Martha (eds.) (2009). *Government by Contract: Outsourcing and American Democracy*. Cambridge, MA: Harvard University Press.
Fuller, Lon (1964). *The Morality of Law*. New Haven, CT: Yale University Press.
Galtung, Johan (1969). "Violence, Peace, and Peace Research," *Journal of Peace Research* 6(3): 167-91.
Gandhi, Mohandas K. (1986a). *The Moral and Political Writings of Mahatma Gandhi*, Vol. I, Raghavan Iyer (ed.). Oxford: Oxford University

Dalton, Dennis (1993). *Mahatma Gandhi: Nonviolent Power in Action*. New York: Columbia University Press.

Del Signore, John (2012). "Occupy Wall Street Activist Explains Why Protesters Break the Law," *Gothamist*, April 27.

Della Porta, Donatella, Andretta, Massimiliano, Mosca, Lorenzo, and Reiter, Herbert (2006). *Globalization from Below: Transnational Activists and Protest Networks*. Minneapolis, MN: University of Minnesota Press.

Delmas, Candice (2015). "The Ethics of Government Whistleblowing," *Social Theory and Practice* 14(1): 77-105.

Delmas, Candice (2016). "Civil Disobedience," *Philosophy Compass* 11: 681-91.

DiSalvo, Charles R. (1991). "Abortion and Consensus: The Futility of Speech, the Power of Disobedience," *Washington and Lee Law Review* 48: 219-34.

Douzinas, Costas (2013). *Philosophy and Resistance in the Crisis*. Cambridge: Polity.

Dreier, Ralf (1983). "Widerstand und ziviler Ungehorsam im Rechtsstaat." In Peter Glotz (ed.) *Ziviler Ungehorsam im Rechtsstaat*. Frankfurt: Suhrkamp, pp. 54-75.

Dworkin, Ronald (1977). *Taking Rights Seriously*. Cambridge, MA: Harvard University Press.〔木下毅・小林公・野坂泰司訳『権利論』増補版、木鐸社、2003年〕

Dworkin, Ronald (1985). *A Matter of Principle*. Cambridge, MA: Harvard University Press.〔森村進・鳥澤円訳『原理の問題』岩波書店、2012年〕

Dyer, Justin B. and Stuart, Kevin E. (2013). "Rawlsian Public Reason and the Theological Framework of Martin Luther King's 'Letter from Birmingham City Jail'," *Politics and Religion* 6: 145-63.

Dyson, Michael E. (2000). *I May Not Get There with You: The True Martin Luther King, Jr*. New York: Free Press.

Edgar, Harold and Schmidt, Benno C. Jr. (1973) "The Espionage Statutes and Publication of Defense Information," *Columbia Law Review* 73(5): 929-1087.

Egoumenides, Magda (2014). *Philosophical Anarchism and Political Obligation*. London: Bloomsbury Academic.

Engler, Mark and Engler, Paul (2016). *This is an Uprising: How Nonviolent Revolt is Shaping the Twenty-First Century*. New York: Nation

Contestation: Beyond the Liberal Paradigm," *Constellations* 23(1): 37-45.

Celikates, Robin (2016b). "Democratizing Civil Disobedience," *Philosophy and Social Criticism* 42(10): 982-94.

Chakrabarty, Bidyut (2013). *Confluence of Thought: Mahatma Gandhi and Martin Luther King, Jr.* Oxford: Oxford University Press.

Chenoweth, Erica and Stephan, Maria J. (2013). *Why Civil Resistance Works: The Strategic Logic of Nonviolent Conflict.* New York: Columbia University Press.

Chumley, Cheryl K. (2013). "Donald Trump on Edward Snowden: Kill the 'Traitor'," *Washington Times*, July 2.

Cidam, Cigdem (2017). "Radical Democracy Without Risks? Habermas on Constitutional Patriotism and Civil Disobedience," *New German Critique* 44: 105-32.

Coady, C. A. J. (1986). "The Idea of Violence," *Journal of Applied Philosophy* 3(1): 3-19.

Cohen, Carl (1966). "Civil Disobedience and the Law," *Rutgers Law Review* 21(1): 1-17.

Cohen, Carl (1971). *Civil Disobedience: Conscience, Tactics, and the Law.* New York: Columbia University Press.

Cohen, Marshall (1969). "Civil Disobedience in a Constitutional Democracy," *Massachusetts Review* 10: 211-26.

Cohen, Marshall (1972). "Liberalism and Disobedience," *Philosophy and Public Affairs* 1: 283-314.

Coleman, Gabriella (2014). *Hacker, Hoaxer, Whistleblower, Spy: The Many Faces of Anonymous.* New York: Verso.

Conway, Janet (2003). "Civil Resistance and the 'Diversity of Tactics' in the Anti-Globalization Movement: Problems of Violence, Science, and Solidarity in Activist Politics," *Osgoode Hall Law Journal* 41 (2-3): 506-30.

Cooke, Maeve (2016). "Civil Obedience and Disobedience," *Philosophy and Social Criticism* 42(10): 995-1003.

Cooke, Maeve (2017). "Conscience in Public Life." In Cécile Laborde and Aurélia Bardo (eds.) *Religion in Liberal Political Philosophy.* Oxford: Oxford University Press, pp. 295-308.

Cutler, Claire (2003). *Private Power and Global Authority: Transnational Merchant Law in the Global Political Economy.* Cambridge: Cambridge University Press.

of Conflict. Princeton, NJ: Princeton University Press.
Brouwer, Daniel C. (2001). "ACT-ing UP in Congressional Hearings." In Robert Asen and Daniel C. Brouwer (eds.) *Counterpublics and the State*. Albany, NY: SUNY Press, pp. 87–109.
Brown, Judith M. (1977). *Gandhi and Civil Disobedience: The Mahatma in Indian Politics 1928–1934*. Cambridge: Cambridge University Press.
Brown, Judith M. (1989). *Gandhi: Prisoner of Hope*. New Haven, CT: Yale University Press.
Brownlee, Kimberley (2012a). *Conscience and Conviction: The Case for Civil Disobedience*. Oxford: Oxford University Press.
Brownlee, Kimberley (2012b). "Conscientious Objection and Civil Disobedience." In Andrei Marmor (ed.) *The Routledge Companion to Philosophy of Law*. New York: Routledge, pp. 527–39.
Brownlee, Kimberley (2016). "The Civil Disobedience of Edward Snowden: A Reply to William Scheuerman," *Philosophy and Social Criticism* 42(10): 965–70.
Cabrera, Luis (2010). *The Practice of Global Citizenship*. Cambridge: Cambridge University Press.
Caney, Simon (2015). "Responding to Global Injustice: On the Right of Resistance," *Social Philosophy & Policy* 32(1): 51–73.
Carter, April (1971). *The Political Theory of Anarchism*. New York: Harper & Row.
Carter, April (1973). *Direct Action and Liberal Democracy*. New York: Harper & Row.
Carter, April (2005). *Direct Action and Democracy Today*. Cambridge: Polity.
Cate, Fred (2015). "Edward Snowden and the NSA: Law, Policy, and Politics." In David P. Fidler (ed.) *The Snowden Reader*. Bloomington, IN: Indiana University Press, pp. 26–44.
Caygill, Howard (2013). *On Resistance*. London: Bloomsbury.
Celikates, Robin (2010). "Ziviler Ungehorsam und radikale Demokratie. Konstituierende vs. konstituierte Macht?" In Thomas Bedorfand Kurt Röttgers (eds.) *Das Politische und die Politik*. Berlin: Suhrkamp, pp. 274-300.
Celikates, Robin (2013). "Civil Disobedience as a Practice of Civil Freedom." In James Tully (ed.) *Global Citizenship: James Tully in Dialogue*. London: Bloomsbury, pp. 211–28.
Celikates, Robin (2016a). "Rethinking Civil Disobedience as a Practice of

Bay, Christian (1971 [1967]). "Civil Disobedience Prerequisites for Democracy in a Mass Society." In Jeffrie G. Murphy (ed.) *Civil Disobedience and Violence*. Belmont, CA: Wadsworth, pp. 73–92.

Bedau, Hugo A. (1961). "On Civil Disobedience," *Journal of Philosophy* 58: 653–65.

Bedau, Hugo A. (1991). "Introduction." In Hugo Bedau (ed.) *Civil Disobedience in Focus*. New York: Routledge, pp. 1–12.

Bedau, Hugo A. (1991 [1970]). "Civil Disobedience and Personal Responsibility for Injustice." In Hugo Bedau (ed.) *Civil Disobedience in Focus*. New York: Routledge, pp. 49–67.

Beitz, Charles (1979). *Political Theory and International Relations*. Princeton, NJ: Princeton University Press.〔進藤榮一訳『国際秩序と正義』岩波書店、1989年〕

Bell, Duncan (2014). "What is Liberalism?" *Political Theory* 42: 682–715.〔馬路智仁・古田拓也・上村剛訳「リベラリズムとは何か」、『思想』2021年4月（1164号）7-46頁〕

Benhabib, Seyla (2002). *The Reluctant Modernism of Hannah Arendt*. Lanham, MD: Rowman & Littlefield.

Bernstein, Jay (2009). "Promising and Civil Disobedience." In R. Berkowitz, J. Katz, and T. Keenan (eds.) *Thinking in Dark Times: Hannah Arendt on Ethics and Politics*. New York: Fordham University Press, pp. 115–27.

Bernstein, Richard J. (2013). *Violence: Thinking Without Banisters*. Cambridge: Polity.〔齋藤元紀監訳、梅田孝太・大久保歩・大森一三・川口茂雄・渡辺和典訳『暴力——手すりなき思考』法政大学出版局、2020年〕

Berrigan, Daniel (2009). *Essential Writings*. Maryknoll, NY: Orbis.

Biondi, Martha (2016). "The Radicalism of Black Lives Matter," *In These Times* (September). Available at: http://inthesetimes.com/features/black-lives-matter-history-police-brutality.html

Black Lives Matter (2015). "11 Major Misconceptions About the Black Lives Matter Movement." Available at: http://blacklivesmatter.com/11-major-misconceptions-about-the-black-lives-mattermovement/

Bleyer, Peter (2000). "The Other Battle in Seattle," *Studies in Political Economy* 62 (Summer): 25–33.

Bobbio, Norberto (1987). *The Future of Democracy: A Defense of the Rules of the Game*. Minneapolis, MN: University of Minnesota Press.

Bondurant, Joan V. (1958). *Conquest of Violence: The Gandhian Philosophy*

参考文献

Abrahamsen, Rita and Williams, Michael (2011). *Security Beyond the State: Private Security in International Politics*. Cambridge: Cambridge University Press.

Alford, C. Fred (2001). *Whistleblowers: Broken Lives and Organizational Power*. Ithaca, NY: Cornell University Press.

Allen, Francis A. (1967). "Civil Disobedience and the Legal Order," *University of Cincinnati Law Review* 36(1): 1-33.

Arato, Andrew and Cohen, Jean L. (1992). *Civil Society and Political Theory*. Cambridge, MA: MIT Press.

Arendt, Hannah (1958). *The Human Condition*. Chicago, IL: University of Chicago Press.〔志水速雄訳『人間の条件』筑摩書房、1994年〕

Arendt, Hannah (1963). *On Revolution*. New York: Penguin.〔志水速雄訳『革命について』筑摩書房、1995年〕

Arendt, Hannah (1972 [1970a]). "Civil Disobedience." In *Crises of the Republic*. New York: Harcourt, Brace, pp. 49-102.〔「市民的不服従」、山田正行訳『暴力について——共和国の危機』みすず書房、2000年、所収〕

Arendt, Hannah (1972 [1970b]). "On Violence." In *Crises of the Republic*. New York: Harcourt, Brace, pp. 103-99.〔同上〕

Arendt, Hannah (1972 [1971]). "Lying in Politics: Reflections on the Pentagon Papers." In *Crises of the Republic*. New York: Harcourt, Brace, pp. 1-48.〔同上〕

Arendt, Hannah (2016). *Denktagebuch, 1950-1973*, Vols. I-II. Munich: Piper Verlag.〔ウルズラ・ルッツ、インゲボルク・ノルトマン編、青木隆嘉訳『思索日記 I〈新装版〉1950-1953』『思索日記 II〈新装版〉1953-1973』法政大学出版局、2017年〕

Balibar, Etienne (2002). "Sur la désobéissance civique." In *Droit de cité*. Paris: Quadrige/PUF, pp. 17-22.

Balibar, Etienne (2012). "Lenin and Gandhi: A Missed Encounter?" *Radical Philosophy* 172: 9-17.

Balibar, Etienne (2014). *Equaliberty: Political Essays*. Durham, NC: Duke University Press.

Barber, Benjamin (2011). "Occupy Wall Street: 'We Are What Democracy Looks Like!'" *Logos* 10(4). Available at: http://logosjournal.com/2011/fall_barber/

ハ 行

マ 行

ラ 行

人名索引

ア 行

カ 行

サ 行

タ 行

著者紹介

ウィリアム・E・ショイアマン（William E. Scheuerman）

インディアナ大学ブルーミントン校教授。専門は政治思想、民主主義、国際政治理論。主な著作に *Liberal Democracy and the Social Acceleration of Time*（Johns Hopkins Univ Press, 2004）, *Frankfurt School Perspectives on Globalization, Democracy, and the Law*（Routledge 2008）, *Hans J. Morgenthau: Realism and Beyond*（Polity, 2009）, *The Realist Case for Global Reform*（Polity, 2011）, *The Cambridge Companion to Civil Disobedience*（Cambridge University Press, 2021）など。

訳者紹介

井上弘貴（いのうえ　ひろたか）

1973年生まれ。神戸大学大学院国際文化学研究科教授。専門は政治理論、アメリカ政治思想史。著書『アメリカ保守主義の思想史』（青土社、2020年）。翻訳にP・ギルロイ『ユニオンジャックに黒はない――人種と国民をめぐる文化政治』（共訳、月曜社、2017年）。

藤井達夫（ふじい　たつお）

1973年生まれ。東京医科歯科大学教授。専門は西洋政治思想、現代政治理論。著書『日本が壊れる前に――「貧困」の現場から見えるネオリベの構造』（共著、亜紀書房、2020年）、『代表制民主主義はなぜ失敗したのか』（集英社新書、2021年）。

秋田真吾（あきた　しんご）

1975年生まれ。神戸大学国際文化学研究推進インスティテュート協力研究員。専門はアメリカ政治史。翻訳にジョン・ギャスティル、ピーター・レヴィーン『熟議民主主義ハンドブック』（共訳、現代人文社、2013年）。

監訳者紹介

森達也（もり　たつや）

1974年生まれ。神戸学院大学法学部准教授。専門は政治学、政治思想史。著書『思想の政治学――アイザィア・バーリン研究』（早稲田大学出版部、2018年）。翻訳にマイケル・フリーデン『リベラリズムとは何か』（共訳、ちくま学芸文庫、2021年）。

解説者紹介

安藤丈将（あんどう　たけまさ）

1976年生まれ。武蔵大学社会学部教授。専門は政治社会学、社会運動史。著書『ニューレフト運動と市民社会――「六〇年代」の思想のゆくえ』（世界思想社、2013年）、『脱原発の運動史――チェルノブイリ、福島、そしてこれから』（岩波書店、2019年）。

Printed in Japan
ISBN978-4-409-24148-6　C1036

市民的不服従

二〇二二年七月二〇日　初版第一刷印刷
二〇二二年七月三〇日　初版第一刷発行

著　者　ウィリアム・E・ショイアマン
監訳者　森　達也
訳　者　井上弘貴
　　　　藤井達夫
　　　　秋田真吾

発行者　渡辺博史
発行所　人文書院
〒六一二-八四四七
京都市伏見区竹田西内畑町九
電話〇七五・六〇三・一三四四
振替〇一〇〇〇-八-一一〇三
印刷所　創栄図書印刷株式会社
装　丁　上野かおる

パトリシア・ヒル・コリンズ、スルマ・ビルゲ著
小原理及訳／下地ローレンス吉孝監訳

インターセクショナリティ

交差性とは何か？　ジェンダー、人種、階級などいくつもの要因が絡み合う複雑な権力関係を捉える、現代社会の最重要概念、その初めての解説書。

四一八〇円
（本体＋税10％）